中国之治 终结 西方时代

奥利弗·施廷克尔（Oliver Stuenkel）◎著

宋伟◎译

POST
WESTERN
WORLD

How Emerging Powers Are Remaking Global Order

中国友谊出版公司

图书在版编目（CIP）数据

中国之治终结西方时代 / (巴西) 奥利弗·施廷克尔著；
宋伟译. -- 北京：中国友谊出版公司, 2017.10
　书名原文：Post-Western World：How Emerging
Powers Are Remaking Global Order
　ISBN 978-7-5057-4205-5

　Ⅰ.①中… Ⅱ.①奥… ②宋… Ⅲ.①国际关系 – 研究
Ⅳ.①D82

中国版本图书馆CIP数据核字（2017）第230568号

著作权合同登记号：01-2017-5851

书名	中国之治终结西方时代
作者	［巴西］奥利弗·施廷克尔
译者	宋　伟
出版	中国友谊出版公司
发行	中国友谊出版公司
经销	北京时代华语国际传媒股份有限公司
印刷	北京富达印务有限公司
规格	690×980 毫米　16 开
	15.5 印张　　210 千字
版次	2017 年 10 月第 1 版
印次	2017 年 10 月第 1 次印刷
书号	ISBN 978-7-5057-4205-5
定价	48.00 元
地址	北京市朝阳区西坝河南里 17-1 号楼
邮编	100028
电话	（010）64668676

致中国读者信

To all my friends and readers in China,
It is a great honor to be launching this
book in the Middle Kingdom. Welcome to
the Post-Western World!

Oliver Stuenkel

致我的中国朋友和读者：

很荣幸本书能够在中国出版。欢迎来到后西方时代！

奥利弗·施廷克尔

目 录

引　言...001

第1章　西方中心主义的兴起..001

西方崛起前的全球秩序 005

西方的崛起 009

西方文明的东方源头 013

西方势力的狂妄自大和西方中心主义的兴起...................................016

"西方秩序"的起源 023

结　论 026

第2章 权力的迁移和其他势力的崛起：

中国能否取代美国？..................................029

经济多极化进程中最核心的要素：中国的崛起..................032

中国未来发展轨迹的三种设想..............................033

"绿色中国"在行动......................................035

应对人口结构压力......................................036

中国的创新能力在提升..................................037

"中国崩溃论"不攻自破..................................038

区域战争的风险..038

管控中国的经济转型....................................040

中国保持经济领先地位：不对称的双极化能否持久？

　　能否和平展开？....................................044

结　论..055

第3章 中国的软实力是如何硬起来的..................057

从硬实力到软实力：新兴势力的软实力战略..................060

软实力需要强大的硬实力做基础支撑........................064

中国软实力提升取得长足进步 065

中国正尝试设定全球议程 069

任重而道远的软实力提升之路 070

结 论 072

第4章 中国引领国际新秩序：金融、贸易和投资 075

金融：亚洲基础设施投资银行（AIIB）等 078

贸易和投资：亚太自由贸易区（FTAAP）等 098

结 论 100

第5章 中国引领国际新秩序：安全、外交和基础设施 103

安全：上海合作组织（SCO）等 105

外交：博鳌亚洲论坛（BFA）等 109

基础设施："一带一路"（OBOR）等 115

结 论 123

第 6 章　后西方时代来临......................127

　　对自由主义秩序下西方特权的质疑......129

　　走向全球竞争性多边主义......132

　　结　论......137

第 7 章　世界期盼中国之治......................141

　　习近平在利马和达沃斯......143

　　金砖国家凸显"金砖"力量......146

　　中美新型大国关系的建立......152

　　结　论......155

第 8 章　全书总结......................159

注　释......................168

致　谢......................215

引　言

我们对当今世界的理解处于一种异常的历史背景下。过去一个半世纪里[1]，西方在经济和军事上都处于统治地位。更重要的是，很多国际关系学者提出的用于解释国际关系的核心概念——在理解过去，分析现在，或预测未来时——也都有深刻的西方中心论烙印。价值中立和具有普世价值的国际事务阐释并非主流，大多数英语文化圈的国际事务分析师所做的分析都为偏颇之论，宣扬和维护西方文明，将其标榜为全球政治的主题和理想的规范标准。[2]

对于这些思想家而言，在谈及过去的时候，非西方的思想在思想史上几乎不会起到决定性的作用。所谓的"全球对话"大体都局限于身处美国的评论员、学者和外交政策制定者之间。圈内普遍认为标准规范以西方为中心，向周边逐步辐射。非西方的行为体或接受了这些新思想，或加以抵制，但是他们极少能成为发展的媒介。根据这种普遍认可的"西方传播论"模型，历史被看作是由西方引导的过程，而非西方对全球秩序观念的贡献则很少引起关注。早已被全球历史学、人类学和其他学科学者采纳了数十年的精微视角，至今在国际关系学科中仍然没有体现[3]。因此，对于国际事务历史的主流分析大多都伴随着西方的崛起而发端，西方崛起前或非西方历史的关注度很低，甚至被彻底忽略。[4]

这样有很大的问题，因为全球秩序历史中的一些重要事件——比如从帝国统治到民族国家多边秩序的转变等——并非是由西方引导的过程，而是西方与非西方行为体之间反复博弈的结果。通常认为即使是殖民统治者往往也无法通过自上而下的强制方式推行制度。其中最重要的一例就是民族自决的兴起。民族自决是当今自由主义国际秩序的基础，其产生并非源自西方思想家而是反殖民运动。早在伍德罗·威尔逊（Woodrow Wilson）之前很久，民族自决就一直在对抗西方利益——尤其是在二战后数十年里西方统治地位达到高峰时成功地建立了全球规范，而传统历史记录中对二战后这段时期的描述里，非西方的势力是完全缺席的。[5] 横贯历史，其思想的传播远远比我们想象中更加动态、多层次、复杂混乱和分散化。

美国在二战后秩序的建立中起到核心作用，亨利·基辛格（Henry Kissinger）的话有些是对的，他称，其他任何国家都不具备美国的理想主义和资源应对如此多样化的挑战，也没有能力在如此多的方面取得成功。美国理想主义和例外主义对于新国际秩序的建立是至关重要的。[6] 然而，在解释二战后秩序兴起时，尤其是美国自由主义国际关系学者，往往臆断世界自愿将权柄交于美国。在这种背景下，人们经常忽视合法性和威压之间的区别，这是有问题的，因为后者是巩固自由秩序的重要因素——在之前任何体系中都如出一辙。[7] 这种秩序的建立涉及美军在战败轴心国驻军；对法国和意大利的共产主义者加以威胁和暴力打击；推翻拉丁美洲、非洲和亚洲的反抗政府；还有在全球范围内系统化地推行美国政治和经济偏好。[8]

这种具有选择性的历史解读造成对西方势力、所有权和文化吸引力的过分强调，弱化了军事力量在当今全球秩序的建立和维护中起到的决定性作用。从更广的范围来讲，诸如冷战或所谓的"阿拉伯之春"的终结等有利的历史大事件——有些人认为自由的亲西方力量在其中起到主导作用——被解读成西方主张的有力支撑；而近年来埃及、泰国和俄罗斯的民主终结等不利的历史事件，并没有败坏自由主张和准则，而仅仅被解读为历史发展的低层次结果或暂时性的轨道偏离。[9]

哈佛大学的格雷厄姆·艾利森（Graham Allison）将过去的一千年称作"欧洲为世界政治中心的千年"。[10] 这种论断严重低估了非西方思想家和文化所做的贡献，也忽视了西方在经济和政治发展中对外来——比如来自中国和伊斯兰世界的知识、科技、思想和规范的依赖[11]。他们还对另外一件事实全然漠视，其实上一个千年的大部分时间里，是由非西方势力控制着世界经济。历史上有很多重要事件发生在欧洲之外，比如奥斯曼和蒙古帝国的建立和持续壮大等事件。国际准则和规范的演变受很多西方外事件的深远影响，比如十六世纪莫卧儿王朝阿克巴大帝在印度推行的宗教宽容政策，再比如十九世纪初期激励了全美洲奴隶的海地反抗殖民主义运动。然而这些事件往往难以融入西方中心论的历史叙事中。[12] 实际上，西方中心论使我们被动地将诸如民主、人权和外交等很多影响深远的思想和规范归为西方的，将当今西方的优势地位追溯至以往，由此创造出简单的目的论历史，枉顾此类思想往往在很多不同的地方同时萌芽，或互为基础发展，因此并没有单一源头的事实。[13]

当今时代也有同样的问题，大多数观察家都认为西方是维护全球稳定的关键。七国集团（G7）、经济合作与发展组织（OECD）和北约（NATO）等西方领导的组织，往往被看作是温和与友善的；而没有西方国家参与的组织要么被看作是低效的（七十七国集团 [G77]），要么就是古怪荒谬的（金砖国家 [BRICS]），要么就是有威胁且心怀恶意的（亚洲基础设施投资银行 [简称"亚投行"，AIIB] 或上海合作组织 [简称"上合组织"，Shanghai Cooperation Organization] ）。

很少有分析家关心此类组织对全球公共关系的贡献，他们普遍对这些组织持怀疑态度。尽管很少有人明言，但这种状况也指向潜在的西方天然享有权力思想，非西方领导的工作缺乏正统性。同样地，全球计划的制定——在经济或安全领域某一特定政策问题的发起、合法化和成功宣传——也往往被看作是西方行为体所专享。在构建现代世界正统知识体系时，非西方思想很少被纳入源头的考虑范畴。[14]

最关键的是（也是本书的主要论点之一），我们对当今秩序形成和现有形态的理解及对未来的预测都有很大的局限，因为他们对"后西方世界"的猜想是基于狭隘的西方中心论角度展开的。这种视角由主流现代国际关系学者共同

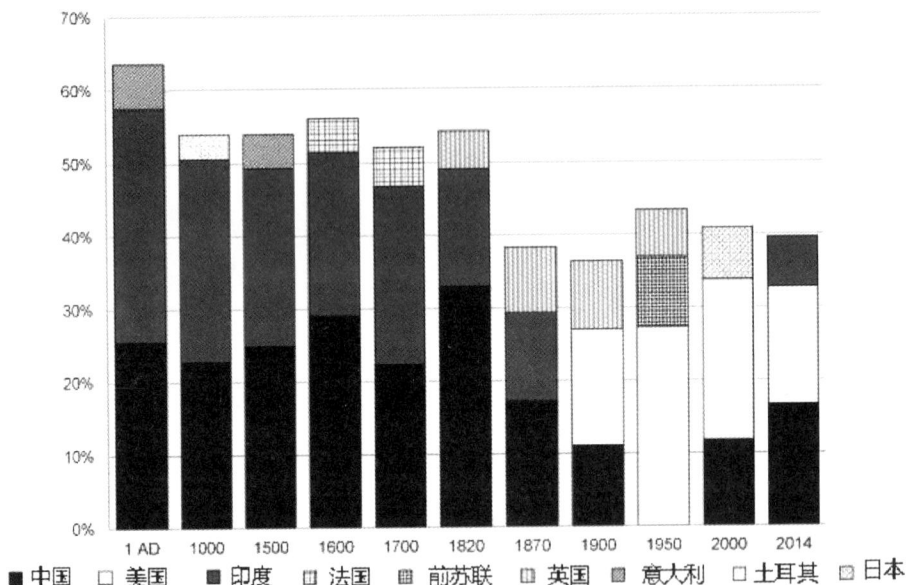

图表 0.1　世界三大经济体，国内生产总值按购买力平价计算占全球总量的币种；在现代国家边界内的历史产出。来源：世界银行，安格斯·麦迪森（Angus Maddison）

建立，惯常于将西方普世主义和非西方特殊主义、现代西方和传统非西方割裂来看。主流西方叙述下仍然认为有一种先行的现代化、一种理想型的西方现代化将主导世界。非西方行为体被看作是国际社会中相对被动的规则接受者——或是抵制现存秩序或是融入其中——但是很少被看作是正统的或有助益的规则制定者和制度建设者。很多著名的美国学者预测西方全球领导地位的确立将与全球秩序中大国兴衰周期性的结束相吻合，这并非巧合。[15]

　　总体而言，只有无法适应西方标准或对西方造成根本性威胁时——比如百年之前针对中国爆发的"黄祸"，非洲的反殖民运动，来自伊斯兰世界的恐怖分子，或是伊朗带来的核武器威胁，非西方行为体才会得到重视。[16] 另外，有时对非西方思想的重视是为了将西方与一些当今认为不合宜或危险的理念撇清关系，比如对斯大林主义和毛泽东思想的攻击等等 。然而，共产主义根本不是反西方的，反而是正宗的西方思想；其诞生源自乌托邦实验，追本溯源要归因于欧洲启蒙运动的激进思想，而卡尔·马克思的思想从根本上讲也是西方中心化的，也是具有区域性的。[17]

走向后西方的混乱年代？

因此，普遍认为未来全球秩序——可能已经不再遵循西方规则——将是混乱的、漫无方向的和危险的。比如，查塔姆研究所（Chatham House）2015 年伦敦会议的第一次会议中明确的基本假设和交流基调就是，单极化的结束将不可避免地导致"无领导"且危险的世界。开场辩论的一个讨论点这样问道："我们是否会面临……无政府状态的蔓延？"

面对西方的相对衰落，这种悲观情绪非常普遍。著名的现实主义学者约翰·米尔斯海默（John Mearsheimer）认为"爆发战争的可能性相当大"（他称这种前景"令人沮丧"），[18] 兰德尔·斯维勒（Randall Schweller）认为全球体系将会崩解，从美国领导的秩序时代陷入混乱。他写道，国际关系将无构架，没有领导者，没有追随者，各国无法有效地合作。他断言："权力在全球的分布更加平均……这将导致团结一致完成某项事业更加困难。"他又进一步警示称："旧思想将被淘汰，经过时间检验的问题解决方法也不再有效……没有准则将逐渐成为新常态。"美国领导之外只有一种结果，"陈腐混乱，失范疏离，缺乏稳定进而动荡，从有序堕入无序"。[19] 他没能解释为什么在相对的多极秩序下合作会更难，也没有解释为什么全球规范会消失。然而他仍然坚称有一点似乎是不可避免的：没有任何国家或群体能够像此前西方社会那样维持全球秩序。这种断言也从根本上错误地将过去数十年定义为和平时期；代理战争，中东地区的不稳定，阿富汗、越南、朝鲜和很多非洲国家的血腥冲突，这些都是明证，暗示着全球数以百万计的人并不认同美国领导的自由秩序是和平稳定的。任何单一的观点都无法代表整个国际关系领域，而以现实主义者为突出代表的一些国际关系学者，论断大国协作可以实现稳定。[20] 然而在权威专家和政策导向型的学者中（往往有很大的影响力）则以危言耸听者居多。

2014 年的《经济学人》如实地阐述了在西方达成的广泛共识："不幸的是，美式和平正让路于权力平衡，由此激起对抗和不安。"[21] 虽然确实可能出现混乱和无序，但是西方中心论从根本上阻碍了我们分析塑造未来数十年全球秩序的动态变化。报纸认为这种论断是不言自明的，因此不需要进一步解释，仅是简单地报道近期"一架中国战斗机与一架美国侦察机相距 20 英尺擦身而过，险些相撞"。这条报道作为后美国混乱的证据很难让人信服；它仅仅证明了西方在当今权力不均的时代下的利己主义本性。确实，乍一看来，西方在多极化进程中的损失最大。西方世界普遍将中国比作威廉明娜治下的荷兰，因此自然而然地将其看作是威胁，但是如果我们后退一步自问，能否将现代中国比作十九世纪末的美国，或许会有所帮助。马斯坦杜诺（Mastanduno）将其描述为"一个体量巨大的国家，首先自己定位为地区势力，其经济高速发展，即将和平取代前一个时代的主导经济体，其与此前主导势力保持着协作的安全关系"。[22]

2009 年至 2014 年任北约秘书长的安诺斯·福格·拉斯穆森（Anders Fogh Rasmussen）断言"美国退出，恐怖主义和独裁者将盛行"。[23] 然而几乎没有任何证据证明中东等地区当前的不稳定与美国减少在该地区的行动之间有任何关联。恰恰相反，该地区当前面临的困难可以看作是乔治·W. 布什总统在任期间美国过于活跃的政策造成的后果。但是，2015 年《经济学人》还是以撕裂的美国国旗为封面，称美国"一定不能抛弃"中东。[24] 尽管记录在册对其他地区稳定的作用有很大差异，但还是有很多人坚信西方的介入是避免其他地区秩序彻底崩坏所必需的。另一方面，非西方势力介入其他地区事务——比如中国在非洲和拉丁美洲不断增强的存在感，俄罗斯干预中东事务，或是巴西试图与伊朗洽商核协议——在西方观察者眼中就成了破坏稳定或支持独裁的行为。然而，这种情绪在世界很多地区并没有得到认同。

事实上，很多巴西、南非或印度政策制定者被问及国际稳定的最大威胁时并没有指向朝鲜、伊朗或中国，而是指向美国，听到这种结果往往令很多西方分析师备感困惑。

要充分评估全球秩序如何发展，就不能局限于主流国际关系著述所创造的西方中心论世界观，而需要有更加全面的论述，既要考虑美欧的观点，也要考虑中国和其他的例外主义和中心主义国家的态度，它们并没有把西方国家在过去、现在和将来的作用摆得那么高。与此类似的，在国际关系学科中也有必要引入全球历史——区域局限性小很多的一个学科的很多洞见。[25]

在本书中，我探讨了何谓未来全球秩序的多极化相关的一些核心问题，力图越过西方中心论的观点。对全球秩序历史更均衡的阅读是如何改变我们对于未来的探讨的？

多极化趋势对于军事力量的分布、影响力之战以及产出新思想和设定全球计划的能力意味着什么？此类变化将怎样影响国际制度？我们的世界是否会变得冲突不断，或是西方统治的结束——当然会在世界的某些地方造成暂时的混乱和不安——将使世界更加和平？我不可能全面地探讨上述所有问题，并令人点头赞许，本书将探讨众多权威思想家的分析中固有的西方中心论，对我们理解这些问题产生了怎样的影响。

出于上述问题的考虑，本书共分为八个章节：第 1 章简要分析西方崛起前的全球秩序以及西方和西方中心主义的崛起。第 2 章简要评述甚嚣尘上的"其他势力的崛起"，介绍其在经济和军事领域带来的影响，探寻后单极秩序能否持久和平。[26] 第 3 章论述新兴势力将不断发展的硬实力转化为实际影响力、正统性和软实力的能力远比普遍印象中要强得多。第 4 章和第 5 章分析了以中国为代表的非西方势力为了完善现有制度并争取更多的自主权而开始建立的全球和地区性制度。第 6 章将探讨全球制度和规范的影响。第 7 章着眼于最新全球发展情况并对中国在其中发挥的作用进行评估，探讨中国是否可以引领全球及其面临的挑战及应对策略。最后，第 8 章对全书进行总结。

简而言之，本书讨论了五个核心问题，按章节如下安排：

首先，西方中心论的世界观不仅诱导我们低估了非西方行为体在过去（全球秩序的历史并不像我们笃信的一般是纯粹西方的）和当代国际政治中起的作用，同时也低估了它们在未来很有可能扮演的建设性角色。有中国等国家提供全球化的公共产品，后西方秩序——具有"受控性对抗"的典型特点，我将这种状态称作"不对称双极性"——并不一定会比当今全球秩序更动荡（第1章谈过去，第2章和第6章谈未来）。

第二，经济上"其他势力的崛起"，尤其以中国为代表，将使其军事实力得到提升，并最终强化其国际影响力和软实力。领域内普遍认为中国不可能真正成为像美国一样的全球性大国，[27] 我对这种观点提出了疑义，因为我认为软实力在很大程度上是由硬实力决定的。随着中国和其他新兴国家的经济崛起，很可能会交到更多的朋友和盟友，就如西方在过去靠着提供实在利益的做法一样（第2章和第3章）。

第三，以中国为先导的新兴国家不会直接挑战现有制度，而是会韬光养晦，默默地打造所谓"平行秩序"的基本模块，最初只是对当今的国际制度进行补充完善，或许某一天会对其发起挑战。这种秩序已经在逐步形成；其中包括金砖国家领导的新开发银行（New Development Bank）和亚洲基础设施投资银行（对世界银行的补充）、世界信用评级集团（对穆迪和标准普尔的补充）、中国银联（对万事达和维萨的补充）、人民币跨境支付系统（对环球银行金融电信协会的补充）以及金砖国家（对七国集团的补充）等二十多个机构组织，我们将在第4章和第5章中详述。[28]

第四，这些机构组织的出现并不是因为中国和其他国家有了解决全球挑战的变革性新思想，也不是因为他们试图改变全球秩序和规范；他们创建这些组织是为了更好地发挥其影响力，和先行的西方行为体当年的做法是一样的。这些组织的兴起还有一个原因在于当今秩序下的社会流动有局限，现有机构没有能力充分整合新兴势力。新兴势力会继续投资现有机构组织，承认当今秩序的实力，以此为对冲策略。新兴势力积极接纳当今"自由层级秩序"下的大部分要素，但同时也在寻求改变体系中的层级，尝试获取目前仅有美国享受的领导特权（比如不需要申请同意书便可行动的权利）。此外，几个以中国为中心的组织的创立能够避免草率行事或简单极端化，既不对抗现有秩序，也不全然加入其中，使中国能够着手打造具有自身特色的竞争性多边主义，根据自身国家利益，从灵活的框架中做选择（第 6 章）。

第五，亚洲作为二十一世纪的经济中心，将成为"美式和平"（美国霸权下的和平）的未来和决定中国中心主义世界秩序的所在。中国已经启动了一系列涉及邻国机构设置的举措，如亚投行、丝绸之路经济带等，这些举措如获成功，将有助于创造一个中心偏重中国的亚洲。而美国试图挫败亚投行的失败以及退出"跨太平洋伙伴关系协定"表明，美国计划在亚洲保持强大的政治影响力，建立遏制中国的联盟面临许多障碍。这个地区的很多国家，越来越信赖中国的经济，从而降低了反对中国的意愿。因此，一个问题逐渐浮现：中国会接过引领全球的角色吗？毫无疑问，中国面临的内外挑战是艰巨的（第 7 章）。

西方中心主义影响了我们看世界的方式，也影响了我们对当今政治发展的解读。最直观凸显这一点的就是现今全球广泛使用的墨卡托地图（地图 0.1），这种地图扭曲了世界，突出了西方的地位，靠近赤道的地区看起来比实际要小很多。比如格陵兰岛看起来和非洲大陆一样大，比印度或伊朗大得多。甚至连斯堪的纳维亚半岛看起来也比印度大。

然而格陵兰岛的实际面积为 216.6 万平方公里，非洲的面积为 3020 万平方公里，比格陵兰岛大十四倍。即便是印度也明显比格陵兰岛或斯堪的纳维亚半岛大很多。但是所有二维地图都无法充分投影全球，奥博－戴尔世界投影图（地图 0.2）能相对更好地显示各大洲的实际面积，描绘出了非洲面积相比欧洲的幅员辽阔。

更令一些人困惑的是在阿根廷和巴西等国家，大多数欧洲人认为是"上下颠倒"的地图也算不上罕见——尽管看起来不同寻常，但相比北极在上的地图，其真实有效性并不差。（地图 0.3）

很矛盾的是，不仅仅西方分析家持西方中心主义观点，其实反西方的

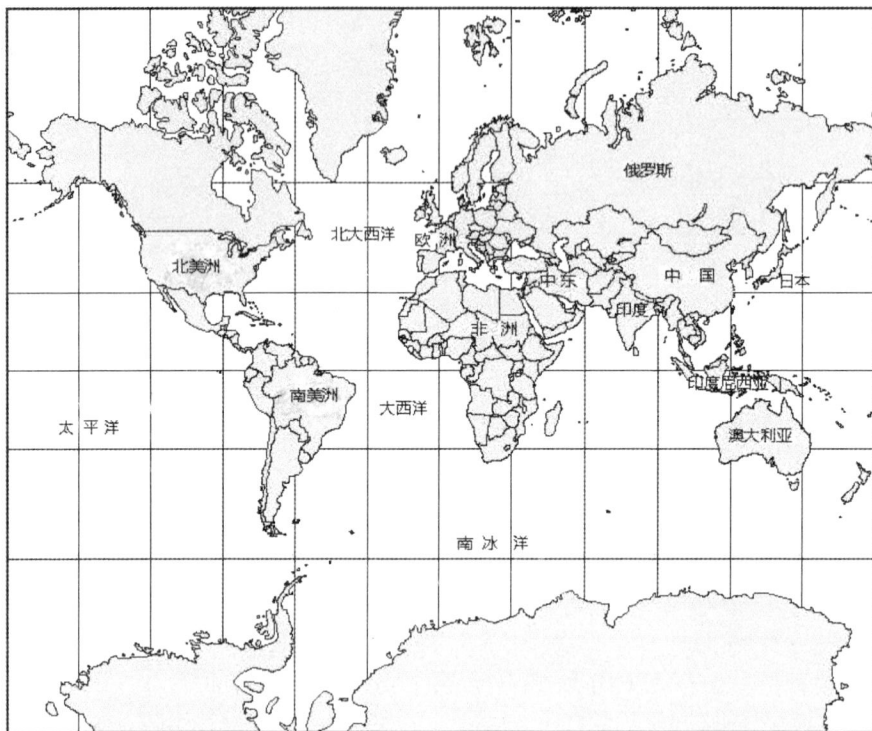

地图 0.1　墨卡托地图

思想家也同样持有西方中心论的思想，有时甚至更甚，其显著特点就是忽略了非西方的事务。比如，肯尼亚、印尼和巴拉圭的学生在学习拿破仑的时候，却忽略了十九世纪相当长时间里统管中国事务的慈禧，而慈禧的行为对于理解现代中国是至关重要的。与西方交流较少的非西方伟大领导者，比如1654—1722年间的中国皇帝康熙，或是公元1486年至1502年阿兹特克人的领袖威佐特，往往会被彻底忽略；不仅是在西方，而是在几乎世界任何地方。然而他们的遗产和影响对于理解非西方势力在当今和未来的行为是至关重要的。

比如，在美国几乎所有国际关系学者写的世界历史书都分析了1905年日本战胜俄国对欧洲的影响，但是很少会论及日本的军事胜利——最早一批

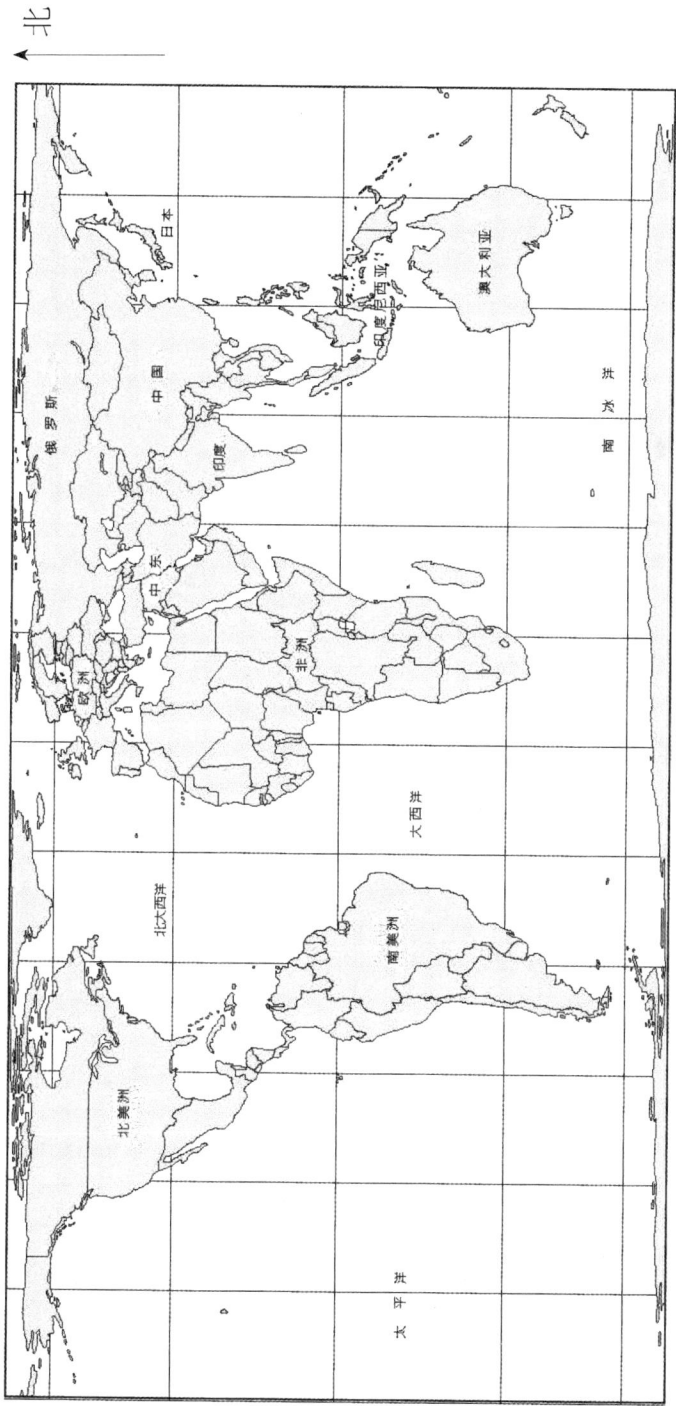

北

俄罗斯

中国

日本

印度

印度尼西亚

中东

欧洲

非洲

澳大利亚

印度洋

北大西洋

大西洋

南美洲

北美洲

太平洋

地图 0.2 奥博－戴尔世界投影图

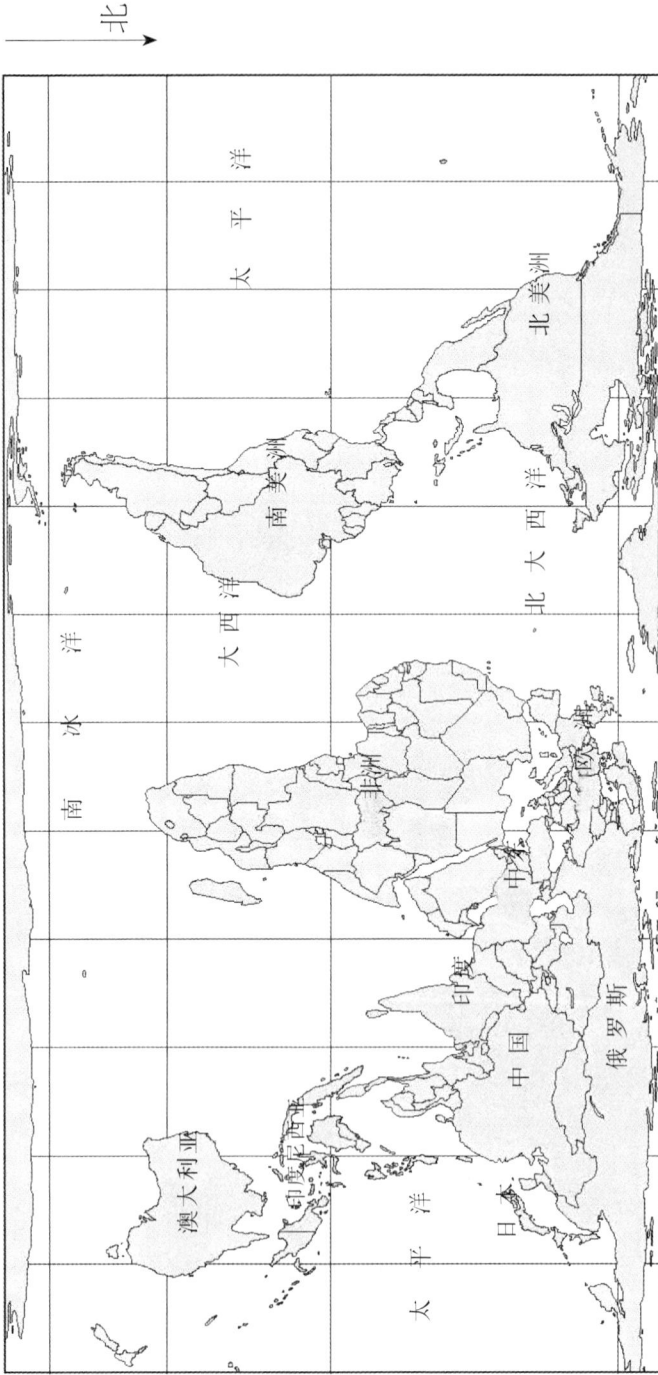

北

大 平 洋

北 美 洲

南 美 洲

北 大 西 洋

大 西 洋

南 冰 洋

非洲

欧洲

中东

印度

中国

俄 罗 斯

日本

印度尼西亚

澳大利亚

太 平 洋

地图 0.3 奥博－戴尔世界投影图／"南半球视角地图"

非西方的军队击败现代西方国家的案例（另外还有十年前埃塞俄比亚战胜意大利）——冲击了整个亚洲，激励了这片大陆上引领潮流的思想家。罗宾德拉纳特·泰戈尔、孙中山、莫汉达斯·甘地、当年十六岁的贾瓦哈拉尔·尼赫鲁、青年军官穆斯塔法·凯末尔（后来成为阿塔土克——译者注：1934年11月24日，土耳其国会向凯末尔赐予"Atatürk"一姓，在土耳其语"Ata"就是父亲，"Atatürk"就是"土耳其人之父"之意）和一位名为毛泽东的学生都欣喜若狂，梦想着亚洲的崛起。新生孩起名东乡（Togo），致敬对马岛战役中率军取胜的日军将军。杰米尔·艾丁（Cemil Aydin）写道："日俄战争这一全球性事件影响了国际历史，它一举打破了欧洲关于种族层级的论述，进而打破了既有世界秩序的正统性，鼓励了其他愿景的出现。"[29] 日本的例子证明非西方的民族也能够在实现现代化的同时不丢失自己的文化特征。恰恰是此类信息才是把握全球动态、理解现代潮流、对未来发展做出有意义的预测所必需的。

因此矛盾的是，在亚洲、非洲和拉丁美洲学者眼中，后西方世界也很可能是古怪的，因为他们在很大程度上持有西方中心论的视角（往往是反西方的）。两方——醉心于西方的人和将历史上一切不幸都归咎于西方的后殖民时代思想家——都限于固化的西方中心论，对理解过去、现在和未来都没有助益。就连批评西方言辞最激烈的俄罗斯，从根本上讲也是西方中心化的。从俄罗斯的常识视角看，他们期望从自由扭曲下寻求的复兴，投射出来的与西方的景象并无太大不同。对抗"错误的"欧洲（在俄罗斯人看来，遭受了同性恋和无神论等"后基督教"潮流的折磨）翻译过来就是建立以俄罗斯为中心的"真正的"欧洲，而不是一个全新的非西方国家。[30]

当代论争中西方中心主义的危害

为什么这些关乎紧要呢？摆脱西方中心论的视角，使我们能够欣赏全球秩序以及从人道主义干预到金砖国家集团和新兴国家供给全球公共产品等核心事件的多样化解读。这些关乎紧要因为对于核心国际事件的非西方观点几乎得不到关注。

1973 号决议之后对利比亚的干预就是很好的一例。美国观察家将其描述成"模范型干预",[31] 但从金砖国家的角度看,西方破坏了原则,将保护的责任转化为政权更迭的任务。[32] 巴西和印度抨击北约执行利比亚干预行动的方式,华盛顿当局却有些惊讶,因为他们根深蒂固的观念认为,只有西方势力愿意且能够领导"困难的"干预行动,甘愿派出自己的士兵犯险,其他国家只能作为此类事务相关论争的参与者。[33] 然而,从巴西利亚、德里和比勒陀利亚当局的角度看,三大常任理事国对该事件的处理方式——包括法国在武器禁运的情况下决定向反对派提供武器,而且不愿共享有关轰炸行动及轰炸何时停止的信息——象征着一种触及实质利益就不关心制度和规范的单极思维,凸显了当今全球秩序的不包容性。

同样地,土耳其和巴西发起与伊朗的核协议会谈被美国否决,其中有一部分原因就是在华盛顿当局的政策制定者眼中,这两个国家没有足够的权威来引导这样一项敏感的工作(或是没有足够的能量达成这样一份协议)。[34] 美国外交关系委员会学者查尔斯·库普干(Charles Kupchan)写到,时任巴西前总统路易斯·伊纳西奥·卢拉·达席尔瓦(Luiz Inácio Lula da Silva)决定会见伊朗总统马哈茂德·艾哈迈迪 – 内贾德就是巴西"不接受西方全球秩序"的明证。[35] 土耳其与以色列的口角也被推定是土耳其"脱离西方"的证据,而印度在联合国上的投票行为也显示了"其作为新兴势力的利益和地位在外交政策的制定中比起民主制度更为重要",由此暗示在美国政策制定者看来,美国的民主制度在某种程度上比国家利益更加重要。但现实中美国经常会为了国家利益而与非民主政权建立强有力的合作关系,此类外交政策比比皆是:比如,在中东地区,沙特仍然是美国重要的同盟。这种高度美国中心化的论断凸显了美国的态度,想要华盛顿当局的政策制定者接受真正的多极世界,美国只作为若干重要行为体中的一个是非常困难的。[36] 巴西、土耳其和印度的行为从任何角度看都是反体系的,但是他们遭到的指责却是因为没有按照美国的利益行动。只有那些将美国领导而非体系规则和功能看作当今秩序决定因素的势力，才会将新兴势力称作修正主义。

与之相类似的，保护的责任（R2P）的理念以及关于主权的论争都是围绕西方弥漫说的构架而展开的。R2P 通常被看作是一个西方理念，而西方评论员经常指责"修正主义"和"不负责任"的非西方势力不愿分担全球责任，没有真正支持 R2P。多数西方观察家将 R2P 的本质看作是西方开明自由思想的表达。对于他们而言，最大的挑战在于说服新兴势力认同这个理念的有效性。恰如赫德利·布尔（Hedley Bull）和亚当·沃森（Adam Watson）在他们的重要著作的开篇所写，当今的制度和规范从本质上可看作是"欧洲国家国际社会圈向全球其他地区的扩张"。[37]

这种观点忽略了 R2P 部分起源于非洲的事实，忽略了包括金砖国家在内的各国政府都在 2005 年的联合国全球峰会上致力于推行 R2P，使其成为一个真正的全球化理念。相比广泛认为非西方的新兴势力不愿接纳 R2P 的想法，正在崛起的国家对这种规范的态度就更加微妙了。西方世界将金砖国家描述成不负责任的利益相关方具有误导性，因为新兴国家在绝大多数情况下都是支持 R2P 的。[38] 此外，恰如埃塞克·特瓦斯·桑普森（Isaac Terwase Sampson）所写的："尽管 R2P 被宣扬为国际社会应对严重人权灾难的新范式，但其实如今的 R2P 有很多要素早已在非洲成为惯例，特别是西非国家经济共同体（ECOWAS）地区。"[39] 全球各地很多政策分析家仍然将 R2P 误认为是人道主义干预(R2P 的理念要宽泛得多，还涉及一国保护本国国民的责任)，而"ECOWAS 已经建立了相应的冲突防控、管理和决议机制，并开始行动，取得了显著的成果"。[40]

强权西方对阵弱势的其他国家这种错误的两分法不仅仅局限于 R2P 的支持者。这种理念的批评者也分为两个阵营。如拉胡尔·拉奥（Rahul Rao）所写，其中一个阵营属于"政治正确的西方左翼，对西方帝国主义犯下的罪行感到羞愧，发现自己无法谴责第三世界政权的行为"。[41] 第二个阵营大多位于全球南方（Global South），认为这种理念是强权国家的帝国主义阴谋，旨在掩盖保护经济利益而采取的军事干涉行动。两个阵营都错误地认定 R2P 的准则是一种西方理念，服务于西方利益，却忘记了非西方思想家和领导者对其发展的重要贡献。

认为非西方国家绝对反对为本国利益而干预他国事务的论点是与历史证据不符的。1964 年，印度成为第一个正式向联合国提出种族隔离问题的国家。1966 年，巴西组织了第一次重要的联合国种族隔离研讨会，极大地促成了联合国大会通过外交隔离南非的行动——这种极强的干涉主义立场遭到很多西方国家的抨击。同样地，印度在 1971 年介入东巴基斯坦事务——帮助制止了对当地百姓的屠杀——不但遭到西方国家的强烈谴责，也使印度遭到暂时性的外交孤立。所幸苏联一票否决，联合国安理会才没有制裁印度。因此，简单粗暴的"西方 vs. 其他"的二分法以及认定 R2P 为西方理念的想法（隐含意味着需要说服非西方行为体相信其用途），从历史、理论和政策角度来看都是没有助益的。

同样，在谈及安全领域全球公共产品的供给时，非西方国家的贡献也经常被忽视。比如，过去十年里，中国已经成为联合国五大常任理事国中维和行动军事贡献最大的一家。中国组建常备 8000 名维和官兵，承诺未来五年向非盟捐献 1 亿美元，用于建立应急反应部队，同时还将在未来十年里捐献 10 亿美元，设立中国–联合国"和平和发展基金"。[42]

2015 年，大约五分之一的联合国维和人员来自中国。印度甚至派出了更多的部队。在印度洋打击海盗的活动中，中国海军贡献巨大。与美国不同，中国在过去几年里没有对联合国的累积欠费。最近，中国派出一支队伍赶赴南苏丹，伊拉克也有中国军事顾问协助稳定国家局势。尽管没有一致认同的具体数字，但是中国在数十年里提供了大量的经济发展和人道援助，而且近期还推行了一系列举措，强化其所在地区的基础设施联通，比如"一带一路"倡议，我们将在第 5 章详述。同样，印度也被称作"新兴捐赠体"，在其周边地区和非洲的援助项目也逐步增加。最后，中国首次确定了碳排放量最高峰年份——2030 年。中国（或印度）在全球事务中的行动时刻提醒我们，不能再简单地将世界第二大经济体和其他新兴国家归类为"免费搭车者""逃避责任者"或"崛起的搅局者"，我们也不会像很多西方分析家所说的那样将面临后西方时代的混乱阴霾。再也不能一概而论地说中国不愿承担任何国际责任，或是说其在当今制度和规范框架下的行动相比美国要少很多。

西方中心主义不能客观地评估新兴势力对全球公共产品的贡献，而是经常引导分析家关注中国政治崩溃的虚假期望。从西方的角度看，很难理解中国共产党如何能够掌握政权如此之久，因为他们认为中共的做法与广泛认可的经济发展需西方化和民主化的期望相悖——尽管历史上能够佐证这种断言的证据很有限。[43] 普林斯顿大学教授阿伦·佛里德伯格（Aaron Friedberg）有一定的政策制定经验，他写道："美国策略的终极目标是加速实现一场革命，即使是和平革命也可，以此扫清中国的一党执政政体，建立一个自由民主的国家取而代之。"[44] 他断言当中国发生意义深远的政治变革时，"毫无疑问会对美国长期的参与政策有所亏欠"，这种说法严重夸大了美国对中国内部事务的影响力。[45]

金砖国家（BRICS）：并非乌合之众

金砖国家集团的崛起提供了一个终极有效的案例，供研究西方中心主义如何扭曲了我们充分评估政治发展的能力。最初，西方分析家例行地将BRICS描述为"不相容的四方"[46]"乌合之众"[47] 或是"古怪的集团"[48]。根据这种叙述，BRICS组成集团的想法是有很大缺陷的；在他们看来金砖国家成员国之间的差异太大，根本不可能联合起来。[49] 随着金砖国家集团的制度化，有些评论员又开始将其看作西方统治的潜在威胁，但也仅对其年度领导人峰会进行分析，然而这些是远远不够的。事实上，金砖国家集团的历史可以分为三个阶段。第一阶段（2001—2007），"BRIC"（当时南非还没有加入）代表的仅仅是高盛所谓投资领域联盟。第二阶段（2008—2014）

BRICS 逐渐成为一个政治平台，尽管主要还是以非正式的形式存在。向第三阶段的过渡始于 2015 年，标志性事件就是制度化的进程和新开发银行的设立。

如今，BRICS 国家将这个集团看作强化南－南联系的一种工具，看作是一种推行更加多元化秩序的方式，每年要召开二十多次 BRICS 内部会议，会议议题囊括农业、健康和教育等各领域。成员国往往是在这些会议上才第一次参与到范围如此之广的问题中。[50] 然而，西方并没有以中立的立场分析新兴势力所创建的体系——比如金砖国家领导的新开发银行或是亚洲基础设施投资银行——将有哪些影响，反而经常会先问一个问题，它们是否会颠覆或损害现有秩序。[51] 西方学者会认同新兴势力作为个体有其重要性，但是欧美大多数分析家都认为集团（作为一种制度现象）只是一种古怪的联合，必将是昙花一现，因此不需过多关注。西方中心主义因此大幅降低分析力度，不去深入理解，设身处地去预判非西方势力的行为，也不愿切实地吸引他们参与到现有秩序中。

"替代秩序"一词经常出现在 BRICS 相关的分析文本中，这个词本身就有威胁的内涵，然而这种方式错误地认为非西方行动都会带来失稳作用。金砖国家并没有直接攻击美国的领导权，但是他们挑战西方自以为是的对现有体系的永久管理权，因为在新兴势力看来，他们的统治已经不具备合理性，特别是在经济治理领域。

北京、德里和全球南方其他地区的政策制定者正在现有框架下寻求更重要的角色，他们不认为发达国家愿意给他们足够的权力和责任；世界银行和国际货币基金组织的改革很缓慢，而且不够深入。世界银行尽管名为世界，但在新兴势力眼中本质上还是一个西方统治的机构，而且在可见的未来这种现状基本不会有变化。二十一世纪头十年的制度改革计划已经基本宣告失败。正是这种对全球结构改革的抵触强烈地刺激了下述平行秩序的萌芽。恰如西方利用世界银行和国际货币基金组织等国际机构来投射其权力，将各国纳入他们的势力范围，中国和其他非西方势力也将利用这些新机构来稳固与其他国家初步达成的具有向心性的紧密经济联系，最终将形成更为强大的政治影响力。另外，他们还会加强非西方势力根据自身利益掌控国际体系的能力，一事一议，挑选合适的体系。中国和其他新兴势力不会像某些分析家认为的那样，[52] 建立自己"全新的规则、制度和货币体系，抵制自由全球化的核心信条，特别是会排斥为政治或军事干预正名的全球公民社会概念"，相反，他们构建体系时很可能会秉持与西方势力相类似的范式和出发点——同时吸纳这些构架中内含的利益和不连贯性。

当今的秩序：易于融入——作为跟随者

所有这一切都指向一个更加根本的分歧点，即当今的全球秩序：对于西方而言，一个"易于融入但难以颠覆"的世界秩序根本不需要新的构建。用伊肯伯里（Ikenberry）的话说，当今的秩序是"世界历史上最成功的秩序……权力和规则并非敌人，二者可为朋友，而且同为创造自由秩序所必需"。[53] 没有人质疑当今的世界秩序在人道主义层面有非凡的成就。如果不是当前所处的全球环境能使发展中国家在开放市场中相对受益，在其他任何历史时期，中国想带领如此多的人口走出贫困也是不可能的。[54] 同样地，二战后的秩序在避免大国之间开战方面也取得了相当的成功。伊肯伯里将二战后的秩序称作"控制与互惠、制约与妥协的特色融合"，美国在其中扮演着"自由领导者"的角色。今天的秩序不是扁平化的自由秩序（类似于美国总统伍德罗·威尔逊在一战后的设想），而是围绕制度化的层级划分建立起来的，但这种体系里还嵌入了"基于互相妥协的逻辑"。

然而，层级和规则的模糊不清，使得伊肯伯里希望中国和其他新兴势力融入当今秩序的愿望听起来有些不够诚恳，因为他没有说清中国在这个社会等级中应该排在什么位置，而且暗示美国仍将保持总管的地位。正是因为这个问题，当听闻西方号召新兴势力成为"有担当的利益相关方"时，巴西利亚、德里和北京的政策制定者才备感烦恼。事实上，多个新兴国家都明确发声，表达了对层级秩序的不满，他们认为在这种秩序中强者往往享受特权，而现有的体系又很难为新来者提供足够的空间——由此自然会滋生纷争。

这也反映了非西方势力对自由民族主义两面性的历史性关切：国际主义者倒向西方之后，就会成为枉顾非西方利益的帝国主义者；这种矛盾在1919 年时影响力还很高，当时伍德罗·威尔逊的自由法令并没有适用于寻求自由的非欧洲民族；另在 1945 年，联合国的自由之说也没有适用于法国和英国的殖民地。威尔逊在二十世纪被看作是自由思想的象征，如今也被认为是具有远见的外交政策制定者，但他也曾有过恶名昭彰的宣言称他将"教育南美的共和国如何选举出好人"。[55] 这种模棱两可和道德的不连贯性正是自由主义的阿喀琉斯之踵，特别是在全球南方，自由国际主义的说辞仍被看作是强权国家推行国家利益的遮羞布：在欧洲，民主意味着和平，欧洲之外则是暴力。[56] 威尔逊一方面立志建立"公开公平"的国际秩序，但却否决了日本在《国际联盟盟约》（Covenant of the League of Nations）中加入种族平等的提议，此外他也没有谴责给予西方国家在中国等地享有治外法权特权的不同等条约。全球法律和全球治理往往用于将新的主权阶层和分级制度化，使破坏政治自治和自决的行为合法化，有时不禁让人联想起十九世纪的帝国主义。[57]

其实，有一种合理的论证认为当代世界大同主义的实践——确信国际空间是安全的，必须消除边界，为世界上少数倒退的社群带来启蒙——依赖于国际体系中权力的分配不均。从历史上看，启蒙世界主义者经常会先营造道德合理性，为后续的帝国主义行为做铺垫。同样地，自由国际主义对话也是在冷战结束后形成的单极领导时才盛行。[58]

从这层意义上讲，单极化的结束或许会被看作是世界主义计划和普遍主义西方理论的存亡威胁，因为那时西方将缺少特权资源（或许某天会动用武力）摆脱按照自身愿景公开重塑世界的罪责。西方和其他地区的很多思想家都表达了各自的关切，担忧人性的力量能否在这样一个新环境中避免战争，使各国联合起来解决问题。事实上，如此的发展对于民主和人权的未来到底意味着什么，人们对此心怀忧虑也是很合理的。在全球权力从发达国家移向新兴行为体的大背景下，全球各地的政策制定者可能会越来越不愿容忍欧洲和美国的融资机构在海外公开推行所谓的"民主"。[59]

本书的目的不是为了在西方和非西方之间站队（我希望以一些棘手的问题开篇），也不是为了谴责西方在过去或现在犯下的劣迹和傲慢的表现。这样只能描绘出西方的一个方面，很具有片面性。[60] 毕竟，后现代对于差异的迷恋，特别是处于西方和非西方并行的环境下，可能会使人们过分关注差异性，而这样的关注是不实际的。[61] 相反，我尝试说明大多数观察家（西方和反西方的都算）都夸大了西方在过去起的作用。我希望本书能够在如何适应多极秩序的讨论中有所贡献，在多极秩序中关键决策不能由一些思想相类的西方自由民主群体做出。在此必须强调，这种必要的前景不能依赖预测者对于中国或印度未来发展轨迹不切实际的期望。当今后单极秩序已经促使我们调整视角和体系，助力我们应对全球挑战。在由亚洲领导的全球经济中，对于全球秩序下很多经济和政治分析家很看重的中心和外围的概念，将需要有根本性的调整。

本书认为，随着权力分布愈发平均，世界将面临强化合作、史无前例地吸纳更多声音的机会，尽管管理这样一个体系会复杂很多。另外还有一个好处经常被忽视：后西方世界——很大程度上得益于发展中国家在经济上的赶超——将更加繁荣，相比此前任何秩序下，全球范围的贫穷状况都将大幅改善。最急需的是更广范围的论争，为不同的观点提供空间，或许会对一些广泛接受的概念产生冲击。与此同时，我们必须避免单方面看待西方和非西方的贡献，理解为何不同历史和文化背景下的观点会有更广的联系。[62]

所有民族都会对本族、国家或文明创建历史相关的神话加以演化和维护。这类神话有个关键要素在于证明这个群体为何具有独特性，为什么它应在全球历史中享有特殊地位。西方也和其他文明一样，发展出一种强烈的例外主义情绪，坚信他们需要对世界有与众不同的贡献。[63]这样的叙事是完全正常的，在某种程度上甚至应该受到欢迎，认为西方统治的结束将不可避免地带来混乱，这种思想会局限我们的能力，使我们无法辨别和利用未来合作的机会。

越过危言耸听之言

展望后西方世界，莫伊塞斯·纳伊姆（Moisés Naím）预测在二十一世纪"权力将更易分裂，更难团结"，未来的趋势将令人不安，全球体系韧性大幅降低，国家和国际制度也更不牢靠。纳伊姆写道："如果未来权力落入分裂和纷争，而不是协同和团结，我们还会有机会见证稳定吗？"[64] 库普干预测："世界正走向各执己见的路。"[65] 同样地，斯维勒似乎已经听天由命，转而发出了哲学般的思考："无序并不一定是令人恐惧或厌恶的。我们也可以接纳未知，拥抱我们这个难解的世界，我们无谓地挣扎终于屈服于它的高深莫测。"[66] 这种言论恰是明证，既证明了西方的狭隘主义，同时也证明在全球秩序中西方从来未曾真正将其他势力纳入同一平台或建立切实的对话。西方霸权如此根深蒂固，无处不在，使我们以为其存在是自然的，使我们无法客观地评估其衰落所带来的影响。[67]

拓宽建设性思路以强化未来的合作将至关重要，因为尽管也有些许成功的案例，但国际社会在非常广泛的问题上都是彻头彻尾的失败，从环境变化和移民问题到有组织的犯罪和冲突地区平民的保护，此类问题我们再也忽略不得。要抓准更好的合作机会需要开放的思维，不仅要求对现在进行多方位解读，还要求有对过去和未来的认识。

从某种意义上讲，后西方秩序具有一定的误导性，其中部分原因在于过去和现在的体系比普遍印象中的西方化程度要低很多（世界秩序中很多规则和规范是西方和非西方思想碰撞的产物）。向真正的多极化转变会使很多人陷入迷惑。然而，新的秩序下也很可能会比全球历史上任何时期都更加民主，可以进行更高层次的切实对话，进行更广泛的知识传播，采用更具有创新性和高效性的方式解决未来数十年我们将要面对的诸多全球挑战。

第 1 章

西方中心主义的兴起

在大多数国际关系学者眼中，是西方的崛起才促使历史上第一个全球秩序的诞生。全球历史中关于世界秩序的主流叙事发端于现代初期，1492 年克里斯托弗·哥伦布 "发现" 美洲时，这个事件标志着西方向全球扩张的开始；1648 年，威斯特伐利亚和约（Peace Treaty of Westphalia）建立起的很多民族国家成为国际秩序的核心模块。赫德利·布尔和亚当·沃森应广泛共识，在西方崛起之前写道："在任何两个地区国际体系的分界上都不会有单一、普遍认可的规则和制度主体运行，更不要说在整个世界里了。"[1] 恰如库普干所写的，十九世纪欧洲的主要国家：

输出了欧洲关于主权、行政、法律、外交和商业的理念。从这层意义上讲，欧洲不仅领先并统治着世界其他国家，它还根据欧洲特有的价值观和制度建立起了全球秩序。欧洲人在全球层面有效地复刻了本地区秩序建立时遵从的基础准则。[2]

在《基督教欧洲的崛起》（*The Rise of Christian Europe*）一书中，历史学家修·特维罗伯（Hugh Trevor-Roper）这样预测：

世界的新统治者不管是谁，都会继承由欧洲且仅由欧洲构建起的一种地位。正是欧洲技术、欧洲案例、欧洲思想推动欧洲以外的世界脱离过去——非洲走出蛮荒，亚洲摒弃古老、低效且浮夸的文明；而过去五个世纪的世界历史，凡有非凡之处，尽皆欧洲历史。[3]

对于那些所谓英国学派（English School）的思想家，"国际社会扩张"这一重要的国际关系理论意指一种过程，欧洲的规则和规范受拉丁基督教世界（Latin Christendom）的启发，逐步向世界其他地区扩张，并将其纳入到统一的普世规范下。这对当代关于全球秩序的论争有莫大关系，因为这种视角塑造了当代思想家，而民主和公民解放等理念还经常被暗指至今也难为非西方世界所熟知。G.J. 伊肯伯里和丹尼尔·杜德尼（Daniel Deudney）预测"文明差异"将会破坏世界的连接，"人权和政治民主不仅仅源自西方，而且本质亦为西方，这些的实现与非西方文明的核心价值是不兼容的"[4]。坚信西方民主和非西方独裁二分法的罗伯特·卡根（Robert Kagan）也明确地表达过同样的观点。[5]

这种典型的西方中心论观点无意间采用了一种普遍但却非常畸形的历史解读，其依据是很有问题的元叙事：西方民族是进步的媒介，是创新和开明思想的传播者，为其他地区带来进步。事实上，我们对西方在全球历史中的决定性作用有着极强的信念，以至于亨利·基辛格的《大外交》（*Diplomacy*）出版时，在书的前言中并没有提及这本书是关于西方外交的，忽略了世界其他地区及其历史，只有当其暂时成为西方利益的目标时才会有所涉猎。基辛格的书与过去数十年、数个世纪里国际事务学者所写的很多世界历史几乎没有区别，他们都想当然地认为在欧洲发现新大陆和威斯特伐利亚和约（除过希腊之外）之前很少有值得记录的事情。[6]

本章提出三点，尝试解释为什么这种世界观在探讨当代全球秩序时是很有问题的。首先，我简要描述了西方崛起之前全球秩序的本质。这项分析证明了国际秩序早已存在，尽管经常被国际事务学者忽略。此外，宗教自由、人权和主权等理念早已在欧洲之外得到广泛探讨。[7]将这一点纳入更广的历史分析中，对于理解西方的角色是必要的，西方并非全球秩序的创造者，而是众多重要的行为体中很有争议的一个。当然，库普干论断认为西方的贡献是独一无二的确属事实——然而同样的，中国人、穆斯林、犹太人和非洲人的贡献也都是独一无二的，任何一方的发展都免不了受到其他各方的深刻影响。

因此，对于中东、非洲和亚洲的民族，国际秩序和全球化并不是随着西方的崛起而开始的。西方统治仅仅是漫长历史进程中的一个章节。尽管西方思想家经常将中国称作"崛起的大国"或"新兴国家"，但其实这种描述往往是不充分的，中国是一个全球性大国，历史沿承比任何西方行为体都要悠久得多。毕竟，在中国的十四个朝代中，有十个朝代的统治时间比美国的整个历史还要长。因此，西方全球秩序有时会被看作是历史偏离轨迹。

本章的第二部分将简要分析历史上弱小且不团结、经济地位也不重要的欧洲为什么在公元 1500 年前后突然急速发展，之后四个世纪取得了此前任何文明都未曾实现的全球统治力。大多数历史学家都指向欧洲当时的自然或文化优势，促成了新思想和新技术的出现。然而，这种分析质疑了主流叙事——主流叙事认定欧洲独立开疆辟土得以发展，而东方一直是被动的旁观者。比如，统治伊比利亚半岛（Iberian Peninsula）绝大部分地区数世纪的穆斯林王朝创立者阿卜杜·拉赫曼一世（Abd al-Rahman I）所推行的政策，为西方在中世纪中期和文艺复兴时期的绽放播下了种子。这种分析对于我们的探讨非常重要，因为它说明了西方自以为起源纯粹的普遍认识是不准确的。和其他文明一样，西方文明的源头也是很多不同行为体之间复杂的、相互影响的产物，其中很多行为体是非西方的。这种相互影响不会全盘接受或否定西方思想，将成为未来的主流动态。

最后本章论证了，尽管近年来西方发现自己深陷困境，开始采用外来规范，但是它们从十九世纪中期开始成为第一个主导全球文明的角色，强化了其现代化化身的自我认知，这种倾向既给西方国家带来了极度的自信，同时也使得它们变得教条和狭隘。因此，虽然过去两个世纪里西方在军事和经济上取得了非凡的成就，但欧洲和美国的思想家和政策制定者却变得无法分辨现代化和西方化的区别。[8] 与此同时，冷战的结束造成了极度的狂妄自大，使它们从根本上认为西方现代化之外的所有道路都是死路。西方认为全球其他国家理解这一现实只是时间问题。了解这一背景，对于当前的论争非常重要；这种思维趋向的核心要素一直延续至今，影响着国际关系学者对非西方势力崛起的思考。结果造成西方对实现当今全球秩序的规则和规范极强的占有感。换言之，西方中心论版本的历史引导了当今国际关系的理论发展。

西方中心论假定西方与其他任何地区都有本质区别，创造出将全球分割为西方和其他（或中心和边缘）的智识前提。这样将"其他"降等为一个群体，其基本特征就在于其另类，即它们为非西方。这引导我们忽略了发展中国家的区别，也忽略了亚非等各地区之间的频密交流。思想的传播是非常多向性的，很难归类，并非惯常使用的简单中心-边缘轴所能展现的。比如甘地关于非暴力不合作的思想对非洲-美洲的民权运动产生了深远的影响，而这种历史性的现象在今日被看作是美国自我知觉的一种核心要素。反过来，甘地的部分思想也受到托尔斯泰自给自足的乡村乌托邦愿景影响。[9]最近，研究人员发现自由女神像的设计深受埃及建筑的影响；1855 年，弗雷德里克·奥古斯特·巴托尔迪（Frederic Auguste Bartholdi）旅行至埃及时，埃及建筑给他留下了深刻的印象（自由女神像原本设计用来做苏伊士运河上的灯塔）。[10]

最后，学者和政策制定者将西方的力量溯及以往，加之当前西方的统治地位，认为西方的崛起是一种纯粹的内生现象，并不依靠其他文明的贡献。这种对历史的彻底歪曲创造了西方的智识框架，在欧洲很多自由思想涌现的同时，也出现了最不自由的产物：帝国主义。

西方崛起前的全球秩序

值得注意的是，一般观察家对西方崛起之前的全球经济或全球秩序知之甚少，而学者在构建理论时也极少参考 1492 年或 1648 年之前发生的事件。其中一个明显的例外是古希腊，它被塑造成西方文明的源头。大多数学者认为西方之前没有全球性的经济体系，然而事实恰恰相反，西方崛起前的全球秩序之所以没有彻底实现全球化的唯一原因就是当时并没有将西半球纳入体系中。欧洲经济并没有主导建立全球经济体系，而是加入了既有的经济体系。阿布－卢格霍德（Abu-Lughod）写道，欧洲是"历史大潮边缘的新贵"。[11] 中国八宝太监郑和的 2 万人舰队在十五世纪初驶达红海和东非海岸，比欧洲航海家掌握航海技术抵达南美和南大西洋更早。

欧洲人在 1492 年之前经常与非欧洲的政治和经济行为体交流。公元后初期的几百年里，罗马船队经常驶往南印度，购买香料和丝绸，通常用银两支付。南印度国王曾一度派出使者至罗马，帮助罗马帝国解决支付平衡问题。印度洋贸易在公元前三世纪高速发展，不仅实现了广泛的货物交换，还促进了文化和宗教思想的交流，使印度梵语宗教得以在该地区传播。围绕高度世界化的印度洋产生的洲际贸易远比西方的贸易更有规范和制度化，所靠的并不是掠夺而是供需。最近，克隆（Cologne）铸造出产的罗马硬币在泰国出土，证明了当时贸易网络的广泛分布。[12] 广泛传播的伊斯兰法律传统也助力创造了一系列规则和规范，支撑起近乎全球化的经济，当时已经有了商业信用所需的法律文本，这也是当今国际秩序的重要因素。[13]

几个世纪以来，欧洲商人在非洲和亚洲不得不在当地政治权力的构架下经营，同时也遵从了其背后的规则和规范。在中国、日本和莫卧儿王朝就属于这种情况。十六世纪中期，随着莫卧儿王朝的建立，欧洲商人和印度本地商人一样接受了从属地位——当地人挑拨欧洲人互相倾轧，以获得贸易优惠（后来东印度公司也学着采用了同样的做法）。这样做他们就接受了莫卧儿王朝统治者的主权和合法性，因此也就代表着在西方统治之前就已经存在具备公认规则和规范的国际体系。1750 年至 1850 年之间，英国在亚非与欧洲之外的若干个政治实体签订过条约，这也暗示了一个互相认可主权、相对清晰的体系的存在：即全球秩序的存在。[14]

即使是 1492 年之后，欧洲人在与亚洲人或非洲人做贸易时，交易和谈判过程也往往是基于欧洲人的弱势和局限性而展开的。与普遍的认识相反，即使在十九世纪中期帝国主义巅峰时，世界大部分地区仍处于欧洲的直接控制之外。西方势力几乎没有完整统治过非洲，经常要依靠当地伙伴的帮助。

这也就意味着奴隶贸易之类的体系根本不是欧洲自主完成的事业。事实上，这种做法早在欧洲人到来之前在非洲就已经有很悠久的传统了，欧洲人要着力依靠当地非洲头领的协作，双方往往是平等的关系。比如在现代贝宁的南部港口维达（Ouidah），法国、英国和葡萄牙都建有基地，但是法律却是这样写的：

总之欧洲国家基地属当地管辖，而不是代表欧洲国家的独立中心，这一点毫无疑问。在韦达（Hueda）国王的政策中明确规定，即使驻扎在王国内的欧洲人所属国在欧洲处于战争状态，各国欧洲人之间也禁止争斗。[15]

西方领导的世界秩序自滥觞之时，就并非一味将欧洲的喜好和计划强加于外方，它的发展同时还伴随着复杂的谈判和妥协，对互相作用的两方的规范都产生了影响。英国对印度的殖民统治也有类似的特点，其统治更多的是（双方）对私利追求的产物，而并非由伦敦当局设计的长期战略。英国从道义上不得不将西方的规范引入到印度的想法是在很久之后才产生的。同样地，英国东印度公司并非从零开始建立起印度的行政体系：相反，在普拉西战役（the Battle of Plassey，1757）之后的一个世纪里，正是莫卧儿王朝留下的财税体系提供了财政基础，助力英国实现了对印度次大陆的统治。[16]即使在鼎盛时期，欧洲殖民统治者也未能实现彻底的领土统治，也未能从根本上改变亚洲。

在数个世纪的时间里，非西方地区在很多方面都比欧洲更为发达。公元七世纪，亚洲拥有一所现代化的大学（印度那烂陀寺），大约有1万名学生，学科设置包括佛教哲学、语言、文学、建筑学、医学和公共健康等。经过七个多世纪的教学实践，那烂陀寺和巴连弗邑周边其他高等教育机构在十二世纪九十年代被入侵的突厥军队拆毁。教员和僧侣全部惨遭屠杀，所有的象征器物——佛像和一座九层的图书馆——都被破坏。当时，欧洲没有可与之相比的机构：那烂陀寺消失的时间介于1167年牛津大学建立和1209年剑桥大学建立之间。[17]

1650 年，伊斯坦布尔有 70 万居民，是当时世界最大的城市，北京是第二大城市。穆斯林北非的城市化水平也比欧洲高：巴黎在公元 1500 年前后有 12.5 万居民，而菲斯（Fez）人口虽然从 25 万开始有所下降，但开罗仍有将近 50 万居民。印度加尔各答有 50 万人口，缅甸的勃固和柬埔寨的吴哥都是大城市。[18] 直到 1850 年，伦敦才取代北京成为世界上最大的城市。[19] 公元 1800 年，中国的人均 GDP 仍然高于西欧，长江三角洲的生活水平和平均寿命也与英国相当。[20]

十六、十七和十八世纪，东亚是全球经济发展的重要中心。[21] 根据经济史学家安格斯·麦迪森的研究，1820 年中国的 GDP 为 2286 亿美元——几乎比 1600 年多四倍。[22] 历史数据显示，一直到 1870 年，中国都是世界第一大经济体。

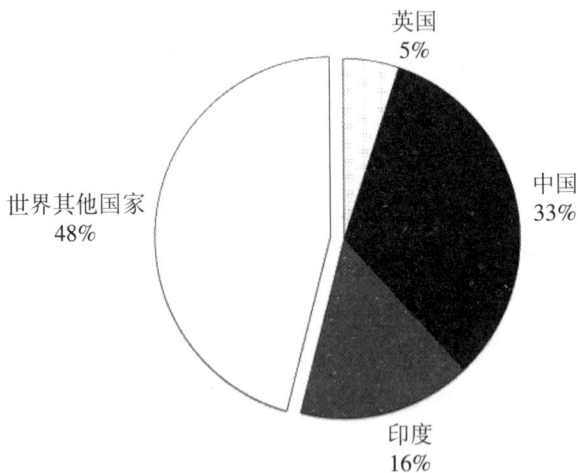

图表 1.1 1820 年世界三大经济体购买力平价。来源：世界银行，安格斯·麦迪森[23]

鉴于十九世纪之前的世界秩序为多极化的，我们没有理由认为西方是塑造当今国际体系之思想和规范的唯一创造者。事实上，有很多可靠的历史证据证明，诸如基于领土的政治权力垄断、战争的社会管控和现代外交——

在独立政治主体的代表间建立永久的交流渠道——等核心要素不仅仅是在欧洲，而是在全球很多地方都会出现。恰如马科斯·托里诺所写的："即便是相对主流的国际法律历史（以欧洲为中心，遵从一般的扩张逻辑）也举出一些早期规范建立的事例，其建立过程与后来在欧洲的进程很相似。"[24] 这一点在思考西方实际统治时间远远少于普遍假设的时候尤其值得关注。正如弗兰克所指出的："公元1400—1800年间，被看作是'欧洲扩张'和'原始积累'走向全面资本主义的年代，但实际全球经济主要还是受控于亚洲。"[25] 没有此前亚洲、中东和北非的发展，欧洲就不可能崛起。同样，中国在二十一世纪重回巅峰也部分受益于西方在过去两个世纪里带来的很多进步。在两个案例中，都不是内生性的、所谓的"纯粹"因素引导的地区崛起，而是靠的持续复杂的相互影响。

西方的崛起

欧洲的经济和文化曾一潭死水，其崛起之路举世瞩目。殖民主义开始（公元1492年）之前，欧洲并不比其他地区更发达或更进步，因此并不是欧洲的文化或科技优越性使其现代化影响力波及全球。如果说其他地区对欧洲如此熟悉，那么为什么欧洲能够挺立潮头呢？

主流西方世界观认为，因为允许新教教义、理性、制度、创业精神、科技、政治和宗教权力的分立等欧洲特征——简而言之，文明例外主义在其他地区有缺失，所以世界其他地区注定将停滞不前。由此欧洲中心主义将永远"不发展的铁律"加之于东方国家。卡尔·马克思等很多重要欧洲思想家的思想都遵循了这种西方中心论的逻辑。

主流观点仍然认为欧洲的发展可以仅通过内生性因素解释，欧洲是凭空崛起的。然而，依据存在已久的原生因素——不管是种族还是文化——的解释从理论和实践上都难以令人满意，因为差异的产生非常晚。此外，这种观点可看作是以目的论方式解释历史这一更宏大论争的一部分，这意味着通过现在的视角解释过去，将现有的优势投射到过去，而且经常会使用近乎宗教式或神话的描述。[26] 由当代思想溯及以往，甚至违背历史证据，所得到的结果往往令人费解：比如萨缪尔·亨廷顿（Samuel Huntington）称贯穿西方历史，法制都起到决定性作用，尽管在很长一段时间里，"法制并未用于实践，而是支离破碎"。[27]

有很多例子显示欧洲并不像普遍认定的那样超乎寻常。比如，阿育王（Ashoka）在公元三世纪力促宗教权力，在任何地方都属于最早通过政治保护宗教宽容的行动。后来在公元十六世纪九十年代，印度国王阿克巴在阿格拉颁布类似的决定时，欧洲的宗教裁判所仍然盛行，异教徒要被绑在柱子上烧死。[28] 这并非意味着印度是人权的"真正"发源地；相反，争论此类思想的起源地本身就表明缺乏对持续多向性交流如何塑造全球历史的认识，也未能理解当前的论争中不应将人权等思想仅仅归类为"西方的"。

使欧洲走向成功的并不是西方中心论叙事下特别强调的一系列独有的文明因素，而看起来更可能是一些特定因素的组合创造出稍纵即逝的发展机遇：亚洲的发展减缓，独享美洲的大量资源和非洲的奴隶，由于欧洲内部和殖民地不断发生的争斗使得军事力量更强，国家体制能更好地接纳创新和工业化。

亚洲的发展减缓

与欧洲罗马帝国分崩离析之后一样，亚洲在欧洲崛起的一段时间里进入了混乱期。其中部分原因在于内部破坏，比如阿拉伯控制的亚洲地区，在公元 1400 年前后被突厥－蒙古征服者帖木儿击溃。[29] 亚洲所面临的经济困难——部分原因在于中国为防止来自北方的持续威胁，封锁了海港——导致上一个复杂体系的崩溃。尽管亚洲还在继续发展，但当新玩家葡萄牙在公元1500 年之后不久进入印度洋时，这个地区已经变弱了。如果再早一两个世纪，葡萄牙人就几乎不可能将势力渗透到印度洋区域。尽管如此，西方探险家发现的土地上并不是毫无规则和规范的。恰恰相反，有大量证据显示，在陆上和海上都有非常复杂的贸易线路。西方征服者从被征服之地的地方知识中获益匪浅。

亚洲积弱的另一个关键因素是中国的经济衰退。经过数个世纪的王朝更迭，清代（1644—1912）后期经济一直不景气。政府面临着太多的内部挑战，无暇思考帝国的发展计划。扩张往往被理解成要在大陆上进行，不是靠舰队完成的，而新思想又主要是靠舰队传播来。帝国挣扎于经济现代化的泥潭，整个十九世纪几乎没有任何发展。特别是十九世纪后半段，政治不稳定和外国控制造成了经济萧条。此外，中国的经济腹地也开始遭受人口过剩和可耕地不足之苦。理论上中国有煤炭，可强化经济发展，但煤矿的分布离沿海经济中心区太远。

欧洲国家更容易获取资源

相比之下，欧洲就幸运多了。英国发现大量易于开采的煤矿。这样一来减少了对木材的需求，支撑了英国的工业革命。更重要的是，西半球特有的廉价土地和自然资源以及以奴隶为主的廉价劳动力（用每周收获的糖作为报酬），对欧洲经济的腾飞起到至关重要的作用。欧洲占用美洲和非洲资源同时迎头赶上，减少了对亚洲的贸易逆差。公元1500年至1800年之间，全球85%的银产出和70%的金产出都来自西半球。虽然西方国际关系学者经常断言英国在帝国内欣然推行自由贸易，但殖民地却并没有实现现代化，而是受到限制一直贫穷不堪，这样殖民地才能提供商品，支撑欧洲的现代化。[30] 在英国统治的两个世纪里，印度的人均GDP仅增长5.5%——基本停滞不前——但是独立之后，印度经济增长立刻进入快通道。想要理解到底奴隶贸易的影响有多大，我们可以看一项估测数据，据估测由于奴隶输出加之欧洲的占领，非洲人口减少了近50%。[31] 显然，中国和印度都不具备此等资源。布劳特写道，如果南印度中心区相比欧洲中心区更易于抵达美洲，那么印度就可以"成为资本主义的源头，资产阶级革命的基地，以及世界的统治者"。[32] 从这层意义上讲，偶然性成为决定性因素。

更强的军事力量和对技术革新的开放态度

欧洲相比亚洲的军事优势从十八世纪开始逐步扩大。欧洲大陆频繁的战事以及为争夺殖民地而产生的竞争促使军事投入加大，因此政府制定出复杂的税务体系，提高了官僚机构的效率，建起了自己的军工厂——当然，所有这一切都因为利润极高的奴隶贸易和来自西半球的自然资源而变得更加简单。[33] 因此，欧洲军队很快就远远超越了亚洲军队。正如约翰·达文所说："或许并非欧洲的现代化取得了胜利，而是超强的组织暴力能力取得了胜利。"[34]

中国也确实拥有了一些新的领土，但多半位于内陆，物产不丰，而且离海岸线太远，对于经济增长没有太多实际意义。而且中国也没有像欧洲一样进行大规模的奴隶贸易。矛盾的是，中国政府本有很好的理由强化军事力量，因为有大批的中国人迁移到其他地区。然而很大程度上由于中国自视为大陆国家而非海洋国家，因此没有效仿英国的扩张历程。此外，从传统上讲，中国政府的领导者更关注内部团结和稳定，而欧洲政府则更愿意冒险，积极推行商业资本主义，最终使得他们能够更好地响应技术创新所带来的机会。[35] 因此欧洲相比中国及其他亚洲国家的优势是一系列偶然因素的结果，而并非优势文明的爆发式展现。上述因素即使缺少其一，西方也难以如此崛起。但是，我们对历史的理解仍然被霍布森所谓的"原始西方的神话"所左右：

欧洲人通过其优越的独创性、理性和社会民主属性，在没有任何东方国家帮助的情况下，开拓进取，实现了自身发展，所以他们突破性地实现现代资本主义的成功是不可避免的。[36]

西方文明的东方源头

因此，离开东方国家，西方国家的主要发展步骤就根本不可能出现。伊斯兰对欧洲社会经济发展所起到的重要作用，有力地证明了西方的崛起受益于其他文明之巨。公元 732 年阿拉伯人在普瓦捷（Poitiers）差一点就击败了法兰克人，爱德华·吉本（Edward Gibbon）思考至此备感担忧，他在《罗马帝国衰亡史》（*The Decline and Fall of the Roman Empire*）中写道如果穆斯林取得这场著名战役的胜利：

> 阿拉伯舰队就可能不会受到任何海军拦阻，驶入泰晤士河河口。或许现在牛津大学就要讲授《古兰经》释义了，而讲道坛或许要向受过割礼的人展示穆罕默德启示录的圣洁和真理。[37]

然而，公元 732 年法兰克人（由奥都公爵和查理曼大帝的祖父查理·马特领导）在普瓦捷战胜阿拉伯－柏柏人联军（由拉赫曼一世领导）这场著名的战役——很多历史学家盛赞这场战役是西方抵抗伊斯兰的决定性胜利——是否真的使西方受益仍不清晰。毕竟，如果穆斯林取得胜利将会在欧洲大陆上传播知识，包括天文学、代数学［这个术语取自花拉子密（Al-Khwarizm）的著作《代数学》（*Al-Jabr wa al-Muqabalah*）］、三角法、十进制（公元后最初的几个世纪里在印度逐步演化）、希腊哲学和医学。拉丁西方世界对于经典世界的认识大部分是通过西班牙的穆斯林学者传入欧洲的。利弗林·刘易斯（Levering Lewis）写道，法兰克人的胜利"肯定是对于经济迟滞、势力割据、同族互戕的欧洲的诞生起到了极大作用，这样的欧洲自称与伊斯兰相反，将宗教迫害、文化特殊主义和世袭贵族制度看作是美德"。[38]

事实上，中世纪的穆斯林文化在很多方面都比同时期的欧洲更先进，而且欧洲概念最初诞生也要部分归功于阿拉伯人占领伊比利亚半岛并继续尝试占领今日的法国地区。有一位记录员在公元 754 年用拉丁文做的记录中将普瓦捷的胜利者称作欧洲人（Europenses），这是第一次关于欧洲人民的拉丁文字记录。毫不奇怪的是，这份记录是在安达卢斯（al-Andalus）完成的。

安达卢斯的统治者追求文明多元主义，允许多种多样的习俗、信仰和体系存在，在西方国家直到奥古斯都统治的罗马时期才出现了类似的政策。虽然阿拉伯语逐渐成为法律和商业主要语言，但是并没有任何强压基督教主流群体转换信仰伊斯兰教的状况。或许最能说明这种宽容态度的莫过于公元711年穆斯林占领西班牙后，科尔多瓦的西哥特教堂根据合约分为两部分，分别用于穆斯林和天主教教徒使用，两种宗教的信徒在同一屋檐下祈祷。犹太教徒和天主教徒在政府中占据了非常多的岗位：比如科尔多瓦驻君士坦丁堡的大使就是一位天主教主教。诚然，尽管有这些自由要素，但是安达卢斯并非民主之地：不信教的人需要戴上徽章以作区分，而且只有事先得到许可才能骑马。在妇女权利等某些方面，安达卢斯比欧洲其他地区自由度要低一些，特别是查理曼大帝开始废止一夫多妻制之后。

然而，正是穆斯林翻越比利牛斯山，入侵"伟大之地"，才促成了欧洲身份的确立。拦阻穆斯林翻越伊比利亚半岛继续前进的并不是普瓦捷战役，而是伊斯兰内部的派系争斗，给了查理曼大帝足够的时间巩固帝国，为欧洲文明打下了基础。事实上，法国卡洛林王朝（Carolingian）的统治者几乎没有和撒克逊人（以反对基督教而闻名）打过仗，是意大利的伦巴第人（Lombards）继续了讨伐异教徒的扩张行动。

金钱经济是拉赫曼一世治下安达卢斯的一个重要方面；相反，查理曼大帝统治的帝国是基于物易物和服务安排而运转的，大幅减少了税收收入。拉赫曼一世将安达卢斯建成一个渠道，古典时代的科学和哲学在伊斯兰教世界（Dar al-Islam）得以保存和累积，并稳步输入到西方世界。亨利·皮朗（Henri Pirenne）在1935年指出如果"没有穆罕默德就不会有查理曼大帝"[39]，以此强调了欧洲对外部世界的依赖。

然而，恰如将西方看作民主和自由之摇篮是错误的，认为其起源为非西方的也同样有误导之嫌。其实，普遍认为引导今日自由秩序形成的所谓西方思想，围绕其源头的论争可以用彼得·卡赞斯坦（Peter Katzenstein）"幸运饼干历史"的寓言很好地解释，这个寓言指出将民主或人权等宽泛思想指向特定的历史起源，是无劳之功：

幸运饼干是十九世纪出自日本的故事。当时没有人想过要围绕这个故事做文章：二十世纪二十年代和二十世纪三十年代，美籍华人会去加利福尼亚的日本甜品店买日本幸运饼干。日本饼干在二十世纪四十年代完全中国化，主要原因可能是因为珍珠港事件后美籍日本人多半被拘留。日本人经营的商店都倒闭或搬迁了，留传下的一点点智慧都用英文记录而不是日文。到二十世纪四十年代，幸运饼干在旧金山和现代加利福尼亚已经很普遍，特别是休假的美国大兵对其尤为喜爱，很快就要求在全美供应。至1946年，当时人们将其称作"中国幸运茶点"，从美国物价管理局的管制清单中移除。幸运饼干开始进入美国餐馆，后来又传遍欧洲和全世界——除了中国……整个故事充满意外，迂回曲折，反映了跨越东西方的多样化进程。[40]

其实并不是一个文明主导另外一个文明或将其观点强加于其他，而是如卡赞斯坦所说的，即使势力极度不均衡也是"互谅互让"。穆斯林接受了伊比利亚半岛本地人的很多习惯，欧洲帝国主义者也同样从其统治的亚洲和非洲吸收了很多新的文化。

转而，当西方变得强大，开始统治其他地区时，同样的多向性过程再次出现。西方影响使亚洲的发展遭到严重阻力，最初通过便宜的欧洲产品倾销阻碍了亚洲的工业化。欧洲医药品的到来导致亚洲人口膨胀，但又无相应的经济发展，最终导致贫穷加剧。与此同时，西方的影响引领亚洲走向融合创新，恰如伊斯兰帮助欧洲走向现代化一样。贾马尔丁·阿富汗尼（Jamal al-Din al-Afghani，1838—1897）是由西方经济崛起而激发的泛亚知识分子、思想家、漫游者和活动家，他在阿拉伯世界创立了数家报社，寻求伊斯兰现代化，积极创造共同认同，以期印度、埃及和土耳其的人民能与欧洲竞争。中国思想家梁启超（1873—1929）苦苦求索部分吸收西方优点同时保持儒家思想的道路，为中国社会提供了政治和社会基础。能否在不破坏中国自豪的文化认同的情况下，建立一个现代化的中国？民族主义或世界主义的泛亚主义能否解决这个问题？罗宾德拉纳特·泰戈尔也面临过类似的挑战。他犹疑其他亚洲国家是否应该追随现代化日本的脚步——日本被很多亚洲国家视为榜样。泰戈尔在东京与日本首相举行的一次招待会中称："新日本仅仅是对西方的模仿。"他在东方文明身上看到很多萎靡不振、无人性的功利主义西方所不具备的优势，然而最后他震惊于日本的扩张主义倾向，对于泛亚思想的热情也因此减弱。[41]

西方势力的狂妄自大和西方中心主义的兴起

欧洲知识分子最初接触中国时，欧洲经济相较中国处于弱势。启蒙运动的大部分思想家都积极接纳中国及其思想，包括蒙田、马勒伯朗士、莱布尼兹、魁奈、沃尔夫和休姆。伏尔泰有一句名言："任何想要认识全球进程的思想家，都要先着眼于东方，那里是艺术的摇篮，西方的一切都源于此。"[42] 认为中国是世界最领先的文明的观点并非伏尔泰独有。德国知识精英很早以前就开始了解中国并钦佩不已。他们同时还迫切地学习印度宗教、文学和艺术。1789 年，迦梨陀娑（Kālidāsa）的梵文戏剧《沙恭达罗》（The Recognition of Sakuntala）被翻译成英文和德文。约翰·沃尔夫冈·冯·歌德（Johann Wolfgang von Goethe）表达了自己对印度文化的迷恋——同样也是他在欧洲知识精英中普及了哈菲兹的波斯文诗歌和中国文学。

莱布尼兹写道："事实上，一切精致和美好的都源自东印度群岛……学识渊博的人认为全世界的商业没有能与中国匹敌的。"[43] 东印度公司官员带回来的史前古器物引起约翰·戈特弗里德·冯·赫德尔（Johann Gottfried von Herder）和弗里德里希·施莱格尔（Friedrich Schlegel）的极大兴趣。两人都用了大量时间学习梵文，成为未来德国思想中浪漫主义的经验主义语言学和宗教试金石。[44] 亚当·斯密（Adam Smith）将中国视为以市场为导向发展的典范，并发现 1776 年的中国比欧洲任何国家都富有得多，经济也发达得多。

然而，十九世纪中叶，欧洲的统治达到前所未有的高峰。当时欧洲的工业化和殖民主义发端，而后从根本上改变了欧洲对自身在全球事务中的角色认定，使亚洲和中东的声誉遭到极大的损害。

十八世纪在英国的统治阶级中仍然有很多人喜爱印度，但是到十九世纪，伦敦对于印度则多表现出负面态度。詹姆斯·穆勒（James Mill）的著作塑造了英国对印度次大陆的理解（尽管他从未去过印度），他写道，尽管之前欧洲将印度看作"高度文明的民族……但事实上他们仅在文明进程中迈出了最初的几步"。[45] T.B. 麦考利（T.B. Macaulay）称他"从未发现 [任何人]……可以否认，一家好的欧洲图书馆中仅仅一架书就相当于印度和阿拉伯所有的本土著述"。[46]

至于中国，最早认识的转变开始于 1839 年至 1842 年的第一次鸦片战争。当今中国将这场战争看作是"百年屈辱史"的开端，直到在二战中战胜日本，毛泽东宣布中华人民共和国成立才得以摆脱。至十九世纪末，中国被看作是"殖民主义的最后前线"，一个积极参与竞争，经济前景广阔，但却政治混乱的行为体，愈发难以摆脱外国势力的控制。晚清政府的政治阴谋和各省的腐败使得社会问题急剧恶化。现代化的高效铁路的建设，使得数百万依靠运输业过活的年轻人失去工作，导致了社会动荡。严重的干旱，加之外国势力范围扩张造成的犯罪率上升和经济腐败，导致 1899 年至 1901 年义和团排外和民族主义运动的兴起，积极反对帝国主义和基督教教义。

很快，义和团开始在全国攻击外国人和铁路工人，造成恐惧和混乱，皇太后慈禧最初不愿镇压，到后期则无能为力。德国驻华公使克莱门斯·冯·克林德男爵（Baron August Freiherr von Ketteler）被杀和慈禧要求所有外国使节离开北京的最后通牒，最终导致战争，中国的禁军与义和团联合起来。为了羞辱中国，八国联军横穿紫禁城。而后议和的《辛丑条约》如预期一样对中国极为严苛。欧洲的领导者嘲弄了中华文明，西方军队轻松地征服了一个世纪前还被知识分子称作世界上最先进的文明。中国的形势又继续恶化了五十年。至 1913 年，中国的 GDP 为 2413 亿美元；1950 年则跌至 2399 亿美元。[47]

全球统治对于智力劳动有相当的威胁，特别是对于历史学家和社科学者，滋生凯旋主义的风险大幅增加。欧洲和美国的技术进步从根本上改变了他们的社会，使其与亚洲相应的国家看起来有很大的不同。这样会增强本民族与世界其他民族相区别的自我认知；而从这种视角看来，成功的根源会追溯至远远久于实际的以往。这一面对于全球秩序本质的改变要强于任何事。在这种环境下，欧洲经济和军事的成功使得知识分子相比十九世纪初期更加自我陶醉。欧洲人的期待是永久控制世界。同样的现象在一个世纪之后也可以观察到：冷战的结束使美国的思想家思考世界的历史是否已经走向尽头——恰恰适逢美国独霸全球领导权的时机。

正如古迪（Goody）所观察到的：

这种关于差异和分歧的思想主要是由欧洲人制造出来的……在十八世纪和十九世纪，欧洲工业革命使这片大陆相比世界其他地区有着明显的经济优势……换言之，欧洲宣称其传统在更早的年代便很突出，其后续优势地位可看作有源头，这种说法的背后是有很强的科技因素的。[48]

似乎欧洲经济的崛起，使欧洲思想家对世界其他地区的看法愈发扭曲。欧洲人从最初将中国看作是模范和榜样，到后来将中国称作永远固步不前的民族。事实上，工业革命的到来以及欧洲对亚洲殖民主义的开始似乎制造出一种难以抗拒的叙事，大多数知识分子都认可西方寻到了普世的真理，有道义责任去引导世界其他地区。一种夸张的唯我独尊之感萌生。（尽管多位重要的知识分子在殖民事业中有经济利益。）

正是这种优越感导致边沁、米尔斯和麦考利等自由、进步的思想家维护英国在全球构建的不民主、不具备代表性的布局。自由主义和帝国并不矛盾，而且紧密相关：辛格·梅塔（Singh Mehta）将大英帝国治下的自由主义描述为教条的"自由主义"，全球主义者表现超然，冷漠之人领会陌生，不关心实质，只关注强调将成为现实和应当的结果。[49]

1818 年刚过，英国人镇压了马拉地人（Marathas），解决了在印度要面对的最后一个真正威胁；而后十九世纪三十年代，随着辉格党（the Whigs）的重新掌权，自由思想以慈父的姿态自居：奇怪地融合了性格成熟、家族性问题和对于引导能力的潜在关注，必要时还会加以胁迫控制。当时的自由主义作家经常使用童年时期的比喻，将印度的宗教虔诚看作是迷信。约翰·斯图尔特·密尔（John Stuart Mill）经常说，印度是一个"倒退社会"，需要保护监督。自由思想从根本上是由欧洲和世界其他地区的不平等关系塑造出来的。特别是在此与传统自由主义对各民族个体和群体特征的善意忽略形成鲜明对比，令人最为震惊。

同样地，自由主义倡导自由要具备普遍性，但现实中却长期政治排斥多种群体和"类型"的人。这样的矛盾当然逃不过观察家的眼睛。比如亨利·梅因爵士（Sir Henry Maine）当时写道："这种矛盾的地位在特殊的实践中必须接受，驻印英国政府其实就是一个自由民族的从属专制政府。"自由主义从根本上的排他性由此暴露（恰如洛克所写的："政治包容取决于足够的推理能力。"）[50]：鉴于本性中要改善世界的冲动，与诸如宽容等其他自由概念间始终存在冲突。

西方中心论视角自十九世纪出现，一直延续至今，它不仅仅局限于西方思想家中间，在后殖民主义或反西方的作家身上也同样有所体现，他们往往过分高估西方在全球历史中的重要性，促成了执着于西方的人生观气候。[51]霍布森又发现两种细分类型：一种是帝国主义者，另外一种是反帝国主义者。

以前的我说"专断的欧洲中心主义"，这种说法将欧洲社会至于先驱地位，可以自动创造或自主发展至现代化；而与之相反，东方社会则被看作处于从属地位，无法自动创造或自主发展……相反，反帝国主义者则支持各种形式的反专断的欧洲中心主义。[52]

其实，反专断的欧洲中心主义痴迷于与过往殖民势力没必要的关联，这样经常导致非西方国家在尝试妖魔化某种思想的时候，刻意将其称作西方的，忽略了自身历史的重要部分：这种处理方式曾对准过民主、科学或人权等理念。这已经成为发展中国家的保守宗教和政治精英手中的强力武器，降低了全球范围内对民主的支持，阿玛蒂亚·森（Amartya Sen）将这种动态称作"殖民思想的辩证逻辑"。[53]

卡尔·马克思的著作或许是最有趣的一例，证明了欧洲中心主义根本不局限于那些支持资本主义或帝国主义的人群中。马克思曾断言：

印度社会没有任何历史，至少没有为人所知的历史。所谓的印度历史不过是接替到来的入侵者，在这个不抵抗、无变化的消极社会里建立起的各自王朝。因此，问题不在于英国人有没有权力占领印度，而在于相比英国人占领的印度，我们是不是更喜欢土耳其人、波斯人，和俄国人占领的印度……英国在印度需要完成双重使命：一项是破坏，另外一项是重建——消灭旧的亚洲社会，同时在亚洲打下欧洲社会的基础。[54]

与马克思一样，黑格尔将中国称作一个"腐败的半文明"，他还说印度和中国注定要"永远处于自然无所作为的状态"，除非西方为其带来进步。[55] 这些观点说明在马克思、列宁、罗莎·卢森堡（Rosa Luxemburg）和当时其他自由帝国资本主义者之间有相当的相似性。列宁将西方称作超帝国主义代理人，而其他势力几乎被完全淘汰，只能做被动的受害者。在文明之间进行建设性的对话和互相学习的欲望，为早期的思想家所珍视，但却被狂妄自大抹杀。

马克思或许对资本主义和殖民主义持批判态度，但是他认为这两种社会形式是必要的步骤，为新的社会形式打下了基础，非西方社会靠自身永远也无法实现。世界体系理论之父伊曼努尔·沃勒斯坦（Immanuel Wallerstein）经常被看作是反西方的，但是他也持欧洲中心论相似的观点，将西方的崛起看作是内生性现象，而不是利用了很多其他地区萌发的思想来发展的一种复杂进程。值得注意的是，二十世纪初期不仅见证了西方中心主义的巅峰，同时还见证了国际关系学科的诞生。

而后，西方中心主义散布全世界。抵制西方影响、宣扬传统价值的印度民族主义者也无法摆脱矛盾的现实，当今印度政治中体现的印度教（Hinduism）是与西方遭遇后的一种混合产物。事实上，反殖民运动将印度教作为一种宗教彻底改造，以便作为一种抵抗西方的有效工具，由此不经意间创造出一种依照西方宗教理念而构建的简化信仰体系。[56]

事实上，自此学术圈里西方中心主义已经不再局限于西方思想家内部了。恰如阿瑟·扎拉库（Ayse Zarakol）所描述的，全球的非西方精英——即使那些对西方持批评态度的——也积极接纳落后和现代的两分法："参照同时代欧洲的发展，他们相信不同的文明之间确实存在发展快慢的差异。"对西方的优越性的刻画已经不仅仅在于物质材料的优势，而是上升到文化、道德和社会层面。[57]据布劳特（Blaut）所说，西方中心主义使我们对全球历史产生一种非常特别的理解，他将这种现象称作"隧道历史"：

近日欧洲人所教、所写和所想的历史和历史地理学，可以说是落在一段时间隧道中。这条隧道的墙壁可比作大欧洲的空间界限。历史就是在这条欧洲的时间隧道中向后看，去判定某事发生在何地、何时及该事为什么会发生。"为什么"当然就要求关联历史事件，但仅仅是落在欧洲隧道里的事件。在这堵墙外，一切都似乎是冥顽、呆板、永恒不变的传统……非欧洲（非洲、圣经之地以东的亚洲、拉丁美洲、大洋洲）只有在作为欧洲殖民活动场所时才会得到特别注意，而且大部分关于这一类地区的言论基本都是帝国的历史。[58]

当我们分析欧洲治下的亚洲历史时，这一点就显得尤为明显。西方中心论的历史或是强调西方的影响重要，为这些地区吹来民主之风（专断的西方中心主义），或是探讨西方如何造成亚洲社会永久的残缺（反专断的西方中心主义），但最重要的故事则被普遍忽略。达尔文写道："在漫长的十九世纪里，真正关于亚洲的故事讲述的是其坚忍不拔，而不是如何遭受挫败。"[59]中国是最好的例子：尽管一个世纪里被局部占领，外国干预，遭遇衰败和混乱，但是中国的理念幸存了下来，今日的中国基本维持了十九世纪三十年代西方国家开始对其攻击时的疆域。同样的情况也发生在土耳其、伊朗、埃及和日本等国，它们在面对西方统治的时候并没有消失（尽管这些国家中有些内部差异性很大，理论上可能分裂）。在我们的西方中心论历史上能够保持如此韧性的原因仍然无法理解或解释。

西方中心主义在当今的拉丁美洲、非洲和亚洲很多地区都普遍存在，欧洲历史在这些地区远比其他全球南方国家的历史更重要。正是因为这种全球格局才导致今天非常特别的状态，全球南方的国家互相之间几乎没有任何了解——即使互相有所了解，它们所掌握的知识也是来自西方：巴西人和南非人想要了解中国会买基辛格的《论中国》（*On China*），急切想要了解印度的非洲人会读爱德华·卢斯（Edward Luce）的《不顾众神》（*In Spite of the Gods*）等书籍。这些书难免都会包含西方中心论的观点，依据美国或欧洲的利益做分析，刻意将发展中国家的努力复杂化，表达自身对于中国的崛起等全球最紧迫问题的态度。比如，中国的崛起经常被放在两种对立的西方叙事环境中——中国将崛起，而且会寻求破坏并最终终结西方秩序；或中国的崛起不会是"历史的终结"。欧洲和美国对中国崛起基本都表现出恐惧情绪，西方分析家经常警告中国的崛起将使西方启蒙运动的太阳"黯淡无光"，中国的经济统治将抹去关于西方启蒙运动的记忆，阴霾将笼罩西方世界。其他地区最初的情感是否同样如此仍不清晰，但是像巴西、南非和俄罗斯等国尚需建立各自关于持续发展的叙事，尽管像金砖国家集团之类的倡议预示着它们未来将更深入地参与到国际事务中。

西方中心主义如何对国际事务主流思想产生如此广泛深刻的影响是非常令人瞩目的。探究西方崛起的流行书籍，比如拉里·戴蒙德（Larry Diamond）的《枪炮、病菌和钢铁》（*Guns, Germs, and Steel*）[60] 或伊恩·莫里斯的《西方将主宰多久》（*Why the West Rules—For Now*）[61]，都受地理决定论和文化决定论的严重影响。西方中心主义理念本身仍然局限于相对少数的学者中。思考我们为何将欧洲称作大陆，将印度称作次大陆，而仅仅将中国称作国家背后原因的学者，并没有影响力，而且经常被看作是堂吉诃德式的人物，受反西方的努力驱使（有些情况确实如此），尽管这些都是很中肯的问题。

"西方秩序"的起源

审视当今经常被称作"西方秩序"的全球秩序崛起，或许是能将西方中心论的扭曲看得最真切的做法了。最重要的一个例子就是 1907 年的海牙和平会议（Second Hague Conference），在这里西方的大国地位理想与非西方的协议多方协作建议激烈碰撞，产生了两种完全相对立的国际秩序组织理念。马科斯·托里诺在论及这次会议时如是写道：

一方面，大国寻求以经典的欧洲模式建立一种体系，在体系中会根据他们的规模和势力分享特权；另一方面，由鲁伊·巴博萨（Ruy Barbosa）领衔的拉丁美洲群体坚持国际政治秩序的建立应该严格按照各主权国家平等的基础建立。主要由于这种异议的存在，国际法庭的强制管辖权未能落到实处——但是国际社会并非完全按照欧洲规则运转，在这时已经变得清晰。[62]

接下来的数十年里，劳埃德·乔治（Lloyd George）、伍德罗·威尔逊和温斯顿·丘吉尔等人被普遍认为是世界大战后全球秩序建立的核心人物，他们或基于白种人优越性的信念，或基于保持本国帝国构架的实际考虑，在实践中与民族自决对立。马克·梅佐尔（Mark Mazower）称，丘吉尔不愿接受反殖民运动的合法性："丘吉尔……不仅力促对印度和美索不达米亚上的'不文明部落'实施空袭轰炸，还下令使用芥子毒气弹……同时，美其名曰的'空中管制'仍然是控制中东大部分地区的主要手段。"[63]

英国在 1932 年允许伊拉克成为独立国家的决定无论如何也算不上秉持民族自决的高尚准则；事实上，伦敦当局的政策制定者认为，一个新独立的孱弱王国比顽固的旧政权要好控制得多。在其他地区，殖民统治崩解原因在于政治和经济上的不可持续性，而不是因为某种目的论的过程或是预设的仁慈计划。英国从印度的退出是一种战略选择，使其能够着力在东南亚重建帝国。对于伦敦和巴黎当局，殖民地对于资助和重建他们在二战中损毁的基础设施有至关重要的作用，而来自这些殖民地的军队刚刚帮助他们逃过了败于轴心国的灾难。沙西·塔鲁尔（Shashi Tharoor）基本上也持同样的观点，他对西方中心论的历史概念提出了质疑：

镇压、奴役、杀戮、折磨、残害一个民族 200 年，却来庆祝这个民族最后变得民主，这样做就有些过分了。我们被认作不民主……我们必须从[英国]手里夺取、抢占。认可民主的时候也极不情愿，在印度经过英国 150 年的统治才得到认可。[64]

简而言之，不是西方思想家，而是全世界非西方活动家和政策制定者将民族自决从一种原则转变为一项权利。因为反殖民抗争的出现早于威尔逊的民族自决思想，所以称非西方思想家、活动家仅仅盗用了自己未曾想过而诞生于西方的思想这种争论是错误的。反殖民领导者创造出一种全球规范体系，克服了西方中心论国际法的阻碍，重新解读了联合国宪章——原本设计是为了维系殖民体系和白人统治。当反殖民运动利用联合国作为主要平台时，欧洲帝国主义领导者就开始批评联合国。戴高乐（Charles de Gaulle）称联合国大会"不过是不受约束的可耻会议，在这里不可能组织起主题辩论，充斥着恶言谩骂和无礼之举"。[65]

非西方势力对所有国家的主权和平等等问题也产生过影响。美国在联合国成立之初本考虑提议采用加权表决，正是由于较小国家的抵制，如今每个国家才在联合国大会享有一张选票。随着殖民地自治化的开始，巴西和墨西哥等国对于推动联合国普遍会员制也起到至关重要的作用；而印度则领导了一系列活动，将种族歧视和种族不平等的议题推上联合国议程。

联合国成立之后，美国领导的秩序——通常认为集中于美国和欧洲——并非西方思想单向性地向全世界的传播，而是一个复杂的博弈过程。小国经常被胁迫接受美国的政治和经济领导。在全世界很多国家，民选领导人如果被认为对美国的霸权产生威胁，就会被推翻。比如，如今拉丁美洲的政治领导者，在智利针对萨尔瓦多·阿连德（Salvador Allende）的政变就是最具代表性的事件。正是通过这种暴力元素，多位当今全球南方的政治领袖与美国领导的自由全球秩序产生了第一次接触。[66]

因此,西方国家从思想上就从未想过要建立一个各国平等的规范体系(当今秩序的关键要素)，直到二十世纪六十年代仍然竭力避免此类结果的产生。库普干和其他学者的有些认识是对的，他们认为反殖民运动接受欧洲式的民族国家和民族自决以脱离殖民者的统治。然而这个案例中，媒介并非西方，而主要是上文中提及的殖民地。由此，宣称当今全球秩序全为西方启蒙思想的产物是错误的。西方思想的扩张从来都不是主流逻辑——相反，它是一种结构性差很多的过程，充满争论、占用和改良，创造出一种完全不同的东西。[67]这也暗示"西方世界"（从某种程度上讲"后西方世界"）的称谓要负上西方中心主义的罪责，尽管"后西方世界"的说法或许会因表示西方统治（"西方引导的秩序"）的结束而得以正名。

这也表明，即使非西方行为体想要像西方过去一样集中力量，中国的政策制定者也无法将自己的观点或对全球规则和规范的解读强加于其他国家，尽管中国从未有过这样的行为。这表明强大的一方会竭尽全力将全球秩序纳入自己的轨迹。未来的全球规则不会是强加与被强加，而将是激烈的争论和洽商的产物，总要建立在先前的规则体系基础上。新的秩序很少从零开始建立，也几乎不会彻底破坏现有构架。旧的组成部分将延续下去，当原有边缘玩家在新体系中转变为核心行为体时，旧的组成部分就会成为重建发展的原料。回顾二战后秩序的建立也能确认这一点：联合国并非打破传统的全新组织，而是可以看作国际联盟（League of Nations）等既有机构的改良。同样，中国——将要在后西方全球多级秩序中占据更突出位置的一个国家，也不太可能改变如今既有的规则、规范和国际结构。相反，中国将根据自身利益调整既有的一切，但是要依过去而构建，就像美国等任何具有体系塑造能力的强国在过去所做的一样。

结 论

我们决定忽略西方崛起前的全球秩序会产生一种潜在印象：需要西方的全球行为主义才能构建全球范围的秩序，而且从根本上讲是西方发明了全球化。意识到当今全球秩序并非纯粹起源于西方，有助于我们发展出更好的理论，理解为何新兴势力不太可能将其彻底颠覆：这种全球秩序对于他们而言，并不像从西方中心论角度所暗示的那样陌生。他们在强化秩序的规则和规范中也有相当大的利害关系。新兴势力占据优势地位之后要挑战的是西方领导，而不是现有体系的真髓。只有那些将西方霸权而不是有效秩序看得至关重要的国家，才会将未来的发展看作是威胁。

西方历史学家有普遍共识，认为东方是科学创造性的主要来源；然而，东方国家的重要性与现代化终极化身的西方先驱还是无法相比。[68] 这种理念在西方和其他地区仍然盛行，由非西方势力作为规范领导者仍被视作异常。非西方势力之间的合作或被看作微不足道，或被视作威胁，因为预期国际事务中所有重要的关系和讨论都应由中心力量来调停。

贯穿整个历史，并非只有西方作为核心势力对历史做过片面解读。中国也曾陷入狂妄自大和唯我独尊的陷阱，很长一段时间里，其领导者自视为中央帝国（Middle Kingdom，恰如"中国"这个名字所暗含之意）。1793 年中国的乾隆皇帝写给乔治三世国王的一封信就是很好的象征，在这封如今很著名的信中，乾隆将清朝和英国的关系构架成中国中心主义的外交关系。[69] 还是那句话，上述分析并不是说要贬低西方在构建全球秩序中的核心地位。但是，恰如上述分析所示，所谓的"其他势力的崛起"催生了一种错误的印象，认为权力转移向一些从未参与全球规则和规范创建的势力手中。西方思想家的理论思考或含蓄或直接地建立在西方独自建立起当今秩序的假设上，因此对当今世界秩序有了独占意识。这样的理解可能距离真实更远。事实上，仔细分析之后会发现，当今全球秩序最基本的一些要素——比如民族国家——也非源自西方思想及其后续的传播，而是幸免于欧洲高度等级分化秩序的影响。[70] 即便是反西方或后殖民思想家也在局限的世界观下思考，将西方看作核心维度，而且还经常高估西方在过去起到的作用。这种更广阔的历史观有助于我们理解，当前的多极化进程并非如普遍认为的那样是离奇现象或是威胁。

第 2 章

权力的迁移和其他势力的崛起：中国能否取代美国？

上一章中所述的"其他势力的崛起"等思想也是西方中心论点，因为此类思想夸大了当今全球秩序的西方根源性。此外，阿玛蒂亚·森发现，按文明程度将世界各国做划分时，"依优先次序分类产生的分裂力量被含蓄地加以利用，将不同民族牢牢地限制在某一特定的盒子中，低估了各民族之间巨大的互相影响"。[1]

然而，尽管"其他势力的崛起"的说法存在西方中心论的偏见，应特别警示，但是这种用法也可以是合乎情理的。毕竟，"西方世界"并不一定指全球秩序的源头，而可能指二战之后至二十一世纪之初西方历史的经济和军事集权力量；或许用"西方领导的秩序"描述更合适。本书书名是指这种异常集权终点的到来，而不是说具备当今规则和规范的世界不再重要。同样地，"其他势力的崛起"这种说法尽管不太准确，但是也可以用作简要描述全球经济力量的持续去中心化，只需明确这种说法并不能充分反映欧洲和北美之外地区的巨大差异性，不要错误暗示有一个统一、紧密结合的"其他势力"存在。"经济多极化"或"经济分散化"或许是更充分的描述。

这种走向多极化、侵蚀单极性的潮流将对全球秩序产生怎样的影响？在回答这个问题之前，有必要说明，学术文献中对当今是否仍为单极化的全球秩序并没有达成一致意见。美国从未实现全面控制，即使在二战之后美国的GDP短期内几乎占了全球经济总量一半的时候也没有。有各种案例，比如美国无法阻止苏联镇压匈牙利境内的反抗，法国失去越南，古巴和伊朗的革命，以色列、巴基斯坦和印度研制成功核武器，或是美国的盟友英国、法国和以色列占领苏伊士，这些都显示了在二十世纪后半段，美国并不能为所欲为。

冷战期间，所谓的自由西方秩序对非西方成员国而言并不是特别善意的，也不值得欣然接纳，比如印度、中国、印尼、刚果、伊朗和危地马拉等都属于这类国家，它们在当时已经占了全球相当比例的人口。此外，如上文所述，像国家主权和民族自决等很多今日被看作是西方起源的规则和规范，其实都是西方和非西方行为体协商的结果，而不是西方强加的。事实上，国际法在全球的应用不能看作是西方强势的象征，而是其劣势的体现，因为西方无法继续维持殖民主义这种等级制度比多边主义要强得多的秩序形式。西方政策制定者经常欣然接受国际规则和规范，因为通过这些规则和规范实施控制比通过暴力解决更经济，可以大大减轻西方国家的负担。

尽管此前没有任何国家如二十世纪后半段的美国一样集中了如此强大的军事和经济力量，但是美国的霸权从来未能真正地控制全球。尽管如此，主流分析家还是经常将二战后的国际秩序称作"美国世纪"。[2]同样，努诺·蒙泰罗（Nuno Monteiro）强调了当今全球秩序的单极化特征，甚至还预言美国的统治在短期内看不到尽头。[3]西蒙·雷奇（Simon Reich）和理查德·勒博（Richard Lebow）则持与主流观点相反的意见，他们认为争辩美国霸权之后的世界模样是误入了歧路。他们称，霸权在数十年前就结束了，现存的无非是"一场虚构的宣传攻势，以支撑庞大的防卫机构，为美国宣称全球领导地位正名，支撑选民的自尊"。[4]他们否认了冷战之后美国的全球领导地位，认为美国虽然有硬实力，但是已经无法将其转化为对其他国家的实际影响。与鲁杰（Ruggie）和吉奥恩（Keohane）等作者不同，他们提出华盛顿当局的政策制定者已经无法有效地控制经济体系，没有能力维持和强化全球规则。

因此对于未来的预测取决于我们如何定义单极化。谈及军事力量，美国毫无疑问占据统治地位，但军费开支也几乎相当于世界其他所有国家之和。谈到经济力量分布的问题时，今天的秩序已经不能再称作单极化了，因为美国仅占全球经济总量的14%，而且预期占比还会以缓慢的速度继续降低。在气候磋商中，全球体系完全是多极化的。然而，全球的金融体系仍然保持着相对的单极化特征，纽约（和伦敦）仍然是全球的金融中心，美元仍然是全球主要的储备货币。当前秩序下某些重要的特征是单极化的。然而，我们正在见证多极化的过程，下文将具体探讨。

建立在第一章中介绍的历史背景上，本章将详细分析这个过程，审视经济和军事领域权力的迁移。中国能否取代美国？哪些动态将有可能重塑全球秩序？会是一个和平的过程吗？这种迁移能够持久吗？[5]

经济多极化进程中最核心的要素：中国的崛起

值得注意的是经济预测人员预测错误的频率非常高。历史证明线性推断几乎都是错误的。然而专家还是忍不住使用这种方法，希望如意算盘能成真，渴望有确定的未来。我们回想过去数十年里最具里程碑意义的事件，包括日本袭击珍珠港、非洲殖民地自治化、伊朗伊斯兰革命、苏联的解体或2011年9月11日的恐怖袭击等很多都是不太可能预测的。[6]因此，下述探讨并不是为了预测真实的事件，而是指出可能引发事件的重要问题和动态。

过去的数十年里，我们见证了广泛的经济多极化进程，这是一种多方面的现象，主要体现在亚洲和非洲的更高经济增长率。艾汉·高丝（Ayhan Kose）和伊斯瓦·普拉萨德（Eswar Prasad）在他们的著作《新兴市场》（*Emerging Markets*）一书中指出，自1960年起，新兴经济体（包括中国和印度）经济增长600%，而西方则只增长了300%。他们写道，过去二十年里，新兴市场在全球GDP、个人消费、投资和贸易等领域的占比翻了将近一番。[7]

不过当前多极化进程中最核心的要素还是中国的崛起。中国改革开放之后三十五年的时间里，平均每年经济增长10%。即使考虑到2016年经济增长骤然减缓及未来的类似经济形势，目前中国仍然是唯一一个能够真正挑战西方领导秩序的国家。这么说并不是要弱化印度、巴西、印尼和俄罗斯等其他行为体的重要性；但是它们每个单体国家在未来几年里都不太可能产生如此广泛的系统影响。正因为如此，我们在下述分析中将只集中讨论中国。

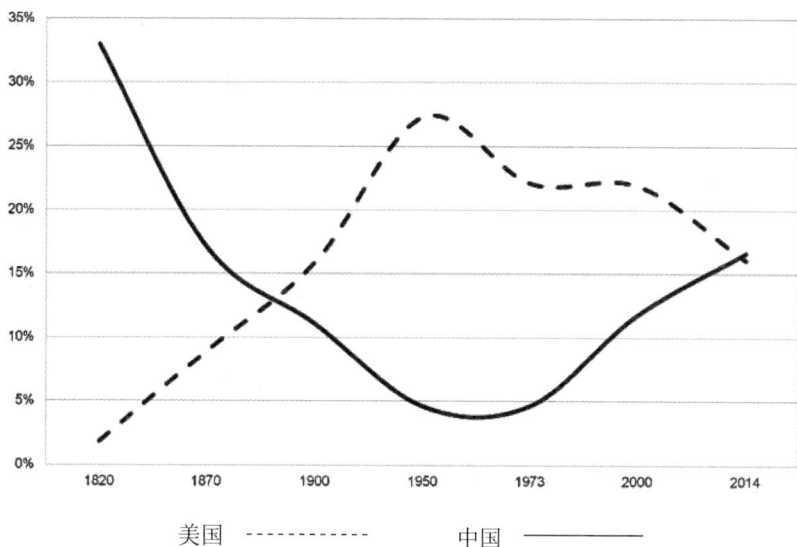

图表 2.1 西方轨迹：美国和中国占全球 GDP 比例（购买力平价）

批评者可能会称国内生产总值（GDP）是一种计算某国发展的不完整的指标。毕竟，中国在十九世纪初期 GDP 是全球最高，但当时显然不能像西欧帝国主义国家一样成为具有全球影响力的国家。这种对比忽略了当时的全球经济远不如今日一般紧密联系。相比之下，当今全球最大经济体所产生的全球影响力，远比历史上任何时期都要强得多。不论如何，GDP 都算不上评估一国实力的理想或全面的指标，然而在探讨权力迁移的时候，GDP 仍然是最适合的单一替代指标。在本章和下一章中，我也将探讨其他类型的权力。

中国未来发展轨迹的三种设想

探讨目前的多极化趋势时，中国未来的发展轨迹具有决定性意义。分析这个高度复杂性问题的专家可以分为三个阵营。

第一个阵营预期中国经济增长会迅速恢复，并且在未来几年里保持高于全球其他地区的水平；不仅会追上美国，而且将实现迅速大幅超越。这个阵营对中国政府的能力有很强的信心，认为他们将避开其他新兴势力将要面对的很多陷阱，比如中等收入陷阱。[8]他们的想法是，既然中国在过去三十年里能够打破质疑者的质疑，为什么就不能在未来继续如此呢？值得注意的是，这个阵营的思想家不认为中国的政府形态会成为经济持续高速发展的障碍。有些甚至认为这是优势，还指出印度和巴西等民主发展国家所面临的政治僵局。因此，对于那些预期中国公民变得更富有之后更可能要求政治权力、质疑共产党合法性并造成国家政治不稳定的人，他们通常都持否定态度。上海一位风险投资人李世默（Eric Li）称中国需要的是一种不同的发展框架，以现代化的多种思想为基础。据李称，中国是一种贤能政治体系，尽管是一党执政，但是有很强的适应性，定位长期、务实，而非个人主义。他说："中国的政治体系……几乎是最适合统治大国的：顶层为精英，底层民主，中间留有实验的空间。"[9]多位分析家预测，习近平主席目前推行的经济改革将切实改善中国的远景。比如，卡内基国际和平基金会（Carnegie Endowment for International Peace）高级研究员、世界银行前中国业务局局长黄育川写道："此类改革的严格执行将改变市场刺激，未来几年的国内生产总值增长将达到8%以上。"[10]他预测中国政府会顺利调整催生债务水平上升的政策，增强生产力刺激因素，实现可持续增长。至关重要的是，他们将缩小城乡差距——经常被看作是政治紧张的潜在源头。中国经济增长率维持在每年6%左右，不可避免地会给全球秩序带来剧烈变化，提升中国在全球的物质利益，使其有能力大量投入军事建设，增加外国援助，实现人民币国际化。

现任印度政府首席经济顾问的阿文德·萨勃拉曼尼亚（Arvind Subramanian）也同样乐观，他预测：

至2030年，美国的相对衰退带来的将不是多极世界，而是一个由中国统治的近单极世界。中国的GDP将占据全球总量的近20%（同时以美元和实际购买力计算），而现在美国GDP占全球比例已不足15%。到那时，中国的人均 GDP 将达到 33000 美元左右，大约为美国的一半。换言之，中国不再像普遍印象中那样赤贫。此外，中国将占据全球贸易额的 15%——将是美国的两倍。至 2030 年，不管是看重 GDP 还是看重贸易，中国都将处于主导地位；在两方面中国都将领先。[11]

第二个阵营则对中国政治体系的长久活力持不可知论的态度，认为中国政府需要经济改革，经济增长率也会放缓，但同时他们也相信中国仍很可能保持比欧洲和美国更快的经济增长速度。这个阵营认为中等收入陷阱、不利的人口结构、环境退化、内部政治稳定性、腐败及中国与邻国的潜在战争等挑战相当严重，但预计未来十年里中国的经济增长率不会低于 3%—4%。

第三个阵营认为中国甚至无法保持缓慢增长的态势。这个阵营中有部分人甚至认为中国的政体已经走向阶段性衰退，不可预测的政治转型将会对经济增长产生负面影响。比如，乔治·华盛顿大学著名中国事务专家沈大伟（David Shambaugh）在 2015 年《华尔街日报》的一篇专栏文章中写道："我们无法预测中国共产主义会在何时解体，但是很难不得出结论我们正在见证其走向最后的阶段。"[12]

这三个阵营的分歧主要在于中国面临的一系列挑战：环境恶化、不利的人口结构、创新能力不足、面临政体改变风险、与邻国的战争风险，以及最重要的是其不可持续的经济模式。上述清单虽然未能将问题尽数，但也可以由此很好地把握目前主要的争论点。我将在此逐个问题简要论述。

"绿色中国"在行动

部分由于过去三十年里大量依赖燃煤供能的高速工业化，中国面临着大范围环境破坏带来的公共健康危机。中国的碳排放占全球的三分之一，其国内的环境状况非常糟糕：全国三分之一的地表水和一半的地下水不适宜人类使用。[13] 除了生活成本之外，环境的恶化也使中国公民对政府的认识产生负面影响，此类问题经常会引发公众抗议。中国政府也开始着手应对这些问题，做出必要的改变，现在非化石燃料提供的能源不管在相对量还是在绝对量上都有显著增加。今日中国产出的太阳能比核能还要多。风能、水力发电和太阳能已经占到中国总发电量的近三分之一。[14] 此外，中国人民银行和联合国环境规划署（UNEP）共同启动了"绿色金融行动组"对此加以推广，这项行动目前在中国方兴未艾。2014 年，在与美国达成的里程碑式气候协议中，中国承诺碳排放在 2030 年达到峰值，而现在中国使用的可再生能源比其他任何国家都要多得多，也包括美国。2015 年，中国宣布成立了全球最大的温室气体定额国家交易市场。中国还是全球风电的领头人，太阳能也仅次于德国位居世界第二，考虑到中国在绿色能源方面的投入启动时间相对较晚，这已经是非常瞩目的成就了。[15] 尽管做出这些努力，但是对环境的关切可能还会催使中国采取更具可持续性的发展方式，未来继续保持经济高速发展的可能性降低。

应对人口结构压力

中国面临着巨大的人口结构压力：劳动人口正在减少，计划生育政策的影响需要十多年才能缓解——不仅仅在于儿童人口少，而且在于严重的性别比例失衡。中国的抚养比率（儿童和退休人口相对劳动人口的比例）必然会上升，从而降低经济增速，同时也增加了照顾老人的费用。从 2015 年到 2025 年，十五岁至三十岁的人口数量将减少 25%。[16] 这种现象同时还有积极的一面，因为可以降低失业率和社会紧张状况。特别是过去的数十年里，工人的生产效率大幅提升，限制了工作岗位的数量。只要政府可以延长退休年龄同时提升平均寿命，那么整体老龄化对经济的影响就能得到有效的控制。最后，农村劳动力仍然超过 3 亿，有大量劳动力可以迁移至城市，替代退休人口。[17] 但是仍然有些许疑虑，中国不利的人口结构将对其未来二十年的经济增长潜力产生负面影响。

总结起来，中国当前突出的人口结构问题主要有：城乡人口结构、性别比例、受教育结构。中国政府正从政策上积极应对人口结构压力。2015年1月14日，中华人民共和国国务院公布了《国务院关于机关事业单位工作人员养老保险制度改革的决定》，近4000万机关事业单位人员告别"免缴费"时代，中国养老"双轨制"正式终结。一些专家提出，先养老并轨、后延迟退休是缓解劳动力不足、应对人口老龄化等问题的适合的改革路径。对于延迟退休年龄的相关政策，中国政府正进行深入研究。2015年10月26日至29日，中国共产党第十八届中央委员会第五次全体会议提出，坚持计划生育的基本国策，完善人口发展战略，"全面实施一对夫妇可生育两个孩子政策"。全面放开二胎政策的实施，一定程度上会影响育龄妇女数量和生育意愿这两个人口生育基数和乘数关键指标，进而影响新增人口数量；二胎生育率及新增人口数量的变化最终会对人口结构产生深远影响。预计全面放开二胎政策会带来300万—500万新增人口。

中国的创新能力在提升

谈及中国的发展前景时，经常讨论的问题就是中国的创新能力。有些人称，中国的政体降低了中国经济的创新性，而创新对于想要着眼高附加值产业并同其他工业化经济体竞争的经济体而言是至关重要的。然而并没有任何决定性的证据证明中国的创新能力比其他人均GDP相当的国家更低。事实上，中国的创新能力在很多领域都有所发展，包括新能源、消费型电子产品、即时通讯和手游等方面，国内企业和跨国公司都在研发方面有巨大投入。[18]普华永道战略咨询业务部门思略特发布了2016年《全球创新1000强企业研究报告》。该报告选取了上一年财政年度（截至6月30日）全球研发投入最多的1000家上市公司。其中有130家中国公司上榜，研发总投入达468亿美元。思略特大中华区数字战略业务主管合伙人徐晋说："创新在中国已成为国家发展战略，中国企业逐年加大对研发的投入。"

"中国崩溃论"不攻自破

丹尼尔·贝尔（Daniel Bell）在他的著作《中国模式：贤能政治和民主的局限》（*The China Model: Political Meritocracy and the Limits of Democracy*）中称，中国式的贤能政治有助于弥补民主选举的一些核心漏洞："中国的政治模式……不仅是底层的民主和顶层的精英管理，同时还基于在最弱政府和最强政府之间大量的系统性实验。"[19] 他称，中国对于多党民主的理解相比西方对于中国式贤能政治的理解要深刻得多，暗示大多数西方分析认为中国政治将衰退是无知的，充满西方中心论的意味。[20] 弗朗西斯·福山（Francis Fukuyama）说，最重要的是一个政府针对新环境做出调整的能力："不管是专治还是民主的社会，都会经历衰败。真正关键的是他们调整并最终适应环境的能力。"[21]

有些中国问题学者从多年前就开始预测中国的衰退。章家墩（Gordon Chang）在 2001 年出版了《中国崩溃论》（*The Coming Collapse of China*），称"中华人民共和国距离衰退只有五年的时间，或许十年"。[22] 同年，李凡（Li Fan）写道，问题已经不再是中国民主化"是否会实现，而是何时"。[23] 2015 年，沈大伟称，他认为"中国共产党的统治已进入尾声"。[24] 此前多年来他一直称中国整体比大多数欧洲观察者想象中要稳固。[25] 考虑到共产党也成功渡过其他重大危机，现在看来出现衰退并引发经济混乱的可能性很小。因此，上述对中国带有偏见的主观臆断已经证明是错误的。中国共产党的一党执政变得越来越坚强。

区域战争的风险

2014 年，日本首相安倍晋三在瑞士达沃斯世界经济论坛（WEF）上发表评论称，中日与一战（称中国不断增加的军事投入引发了地区的不稳定）

前的德英处于"相似的形势"，由此在亚洲分析家中引发了激烈的争论。美国与日本签订过自卫协定，而在 2012 年再次重申自卫区域覆盖钓鱼岛。2013 年 11 月，中国在该地区建立"防空识别区"，几天后，两架美国 B-52 轰炸机飞过该岛上空，向中国发起挑衅。若环境允许，中国政府可以将此举视作美军入侵行动加以拦截，但结果很容易失控。日本、美国和中国都不愿示弱，退出中国东海。

当时和现在，大多数人都对国际贸易的安抚作用充满信心。恰如 1914 年，普遍共识认为全球经济紧密相连，大规模的军事冲突不可能发生。然而，在《历史之韵》（The Rhyme of History）一书中，麦克米兰写道："现在就如当年，全球化的进程使我们产生了虚假的安全感。1914 年的百年纪念日应唤醒我们反思人类在人为失误、突发灾难和纯粹的事故面前是多么脆弱。"[26] 英国牛津大学中国研究中心主任、教授拉纳·米特（Rana·Mitter）在《环球时报》（2015 年 4 月 1 日）发文指出，美国在亚洲存在的合法性来源于美国部队在二战期间为该地区摆脱日本而做出的牺牲。中国也开始为其获得更大影响力寻求相似的合法来源：在八年抗战期间，有 1400 万中国人遇难，如果没有这个牺牲，中国和亚洲其他地区或许都将落入日本帝国主义的魔掌之中。米特认为，未来几年，亚洲地区对于历史的讨论将会更加热烈，有关中国在战时为亚洲解放所做出的贡献的记忆将愈发成为人们对于现代历史共同认知的重要部分。他呼吁各方都能够以负责任的态度对待这一历史的意义，并明白亚洲绝对不能再次被拖入战争之中。

中国领导人很清楚，激发地区军事冲突将破坏全球秩序的基础，而当今的全球秩序也是其能够崛起的原因。战争的风险对中国的长期发展轨迹（对世界其他地区也一样）会产生灾难性后果，因此不太可能发生。下文将详述未来全球秩序是否为和平的秩序。

管控中国的经济转型

早在 2007 年，在全国人民代表大会上，温家宝总理就提出警示："中国经济存在着巨大问题，依然是不稳定、不平衡、不协调、不可持续的结构性的问题。"[27] 自那以后，中国经历了从外贸和投资导向型经济的复杂经济转型，从过分依赖投资和信贷转而依靠消费拉动经济。这种转型可以通过扩张国家补贴社保、减少家庭储蓄等举措实现。掌握超过 15 万家国企的控制权以确保资本的优化分配，意味着要动过去数十年里从政策中大获利益之人的蛋糕。尽管中国一些部门政策制定者相当自信，但是 2015 年 8 月人民币的突然贬值以及股市波动的暂时性失控都预示着经济转型并不像有些人想象中那么简单。事实上，任何国家都不可能在这样的经济转型时不遭遇暂时的经济放缓。2013 年年末，中国共产党十八届三中全会通过一幅 326 点的路线图，细化了经济转型的方式，称要通过七至十年的时间完成转型。

此外，中国还面临着从生产和建设活动为主到服务业为主的结构性转型的挑战，这一变化将带来里程碑式的社会变革。如今中国有 55% 的人口为城市人口，而 1978 年只有不到 20%。世界银行预估未来十五年里中国城市人口比例将超过 65%。[28] 挑战在于管控上述及其他一些阻碍，包括金融体系的现代化（将在第 4 章详述）和建立国际机构的空前动力，其中也涉及人民币的国际化。所有这些改革——实现中国经济现代化并实现全球引领角色所必需的——面临一种核心困境，就是要减少政府控制，让市场力量决定越来越多的事情。

与此同时，必须指出中国政府有巨额的战争储备，可以掌控经济度过困难时期。中国的外汇储备达到 4 万亿美元，可用于保障经济不受外部动荡影响。另外还有一个积极方面，中国仍然是处于社会主义初级阶段的发展中国家，所以劳动力工资还未达到西方的水平。因此，中国出口在相当长的时间里会保持竞争力。所以认为中国会成为另一个二十世纪九十年代初的日本的担忧有误导之嫌，日本在经济停止增长时，其人均 GDP 已经达到与西方国家相当的水准。相反，中国的人均GDP仅为1990年日本的25%，还需要多年的增长才能完全达到西方的水平。按人均GDP计算，今天的中国相当于二十世纪五十年代的日本，而二十世纪五十年代后的日本经历了连续数十年的两位数增长。另外二十世纪七十年代中期的韩国也是很好的参照对象，在那之后直到二十世纪九十年代，韩国保持了每年超过7%的经济增长率。从理论上讲，中国仍然占据了明显的后发优势，可以通过模仿和引进获取高新技术，对创新的依赖性相对降低。[29]

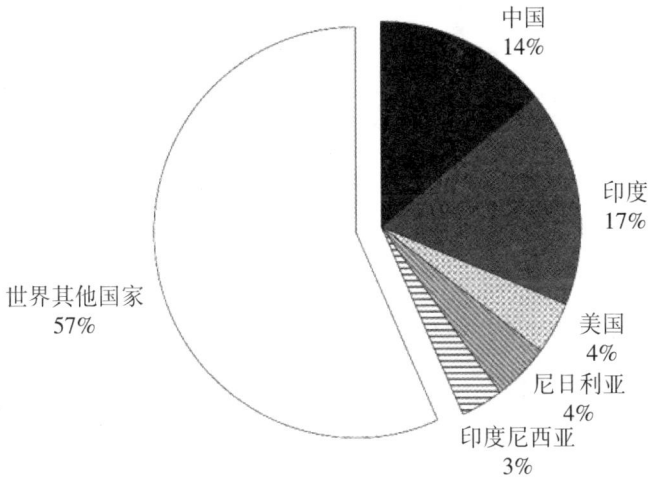

图表 2.2 预计 2050 年人口占比。来源：联合国 [30]

在分析国际秩序的时候，或许最重要的论证就是：即使中国的政策制定者无法实现中国现代化，进入二十一世纪后半段人均GDP仍然无法达到西方水平，但是从经济总量上来看，中国仍然具备了毫无疑问的经济实力。这种假设的前提为西方没有出现衰退。由于经济互联性，中国的经济增长轨迹对西方经济恢复的能力也有积极相关性（尽管中国更加关注国内消费会从某种程度上降低互相依赖程度）。这种分析并非关乎西方和中国的竞争，而是不可避免的人口统计学逻辑以及中国注定会慢慢赶上的事实，这也是分析中未预测未来西方经济增长趋势的原因。自从两千年前中国成为统一的国家，就一直拥有世界上最多的人口，直到十九世纪中期也一直保持着世界第一经济体的地位；因此中国重回顶端并不是什么异乎寻常的事情。中国人口几乎是美国的四倍，只要人均 GDP 超过美国的 25%，经济总量就会超越美国，这是相对简单的事情。中国人民大学金灿荣教授提出一个有趣的问题：

英国以相对很小的人口基础发动了工业革命，建立起一个全球帝国；美国以近一亿人口（一个世纪以前）创造了唯一超级大国的神话。有 13 亿人口的中国实现工业化将对世界意味着什么？[31]

简而言之，美国的经济超群地位的得失并非由自己决定，也不应该成为美国政府为之努力的目标；从一开始，美国和欧洲维持财富和权力的高度集中使其具备了如此强大的影响力（仅占全球人口的少数），但这仅是暂时状况，它们不具备必要的均衡能力长久保持这种状态。从全球角度来看这种形势应该是值得庆祝的，因为这是全球贫困水平减少的直接结果。过去几十年里最持久的趋势就是在发达国家生活的人口比例逐步上升。除非有不可预见的极端事件发生（比如全球性瘟疫），这种发展趋势将会持续下去。恰如吉尔丹·拉赫曼（Gideon Rachman）所说：

非西方经济体的崛起是一次根深蒂固的历史变革，经得起任何数量的经济和政治冲击。将暂时的危机与这种强大趋势的改变相混淆，是一个巨大的错误。2001 年互联网泡沫的破裂并不意味着互联网被吹嘘过头，尽管当时有些人急于下了这样的结论。同样，今日的骚动也不会改变新兴市场在未来数十年中发展速度高于发达国家的事实。[32]

考虑及此，取第二集团位置即中国——3% 到 4% 的温和增长——做参考似乎是评估未来全球秩序的最合理方式。虽然比此前数十年里 10% 的增长率要低很多，但是仍然足以维持整体的多极化趋势；毕竟，美国和欧洲经济在未来几年里不太可能以同样的速率增长。[33]

2015年，按名义价值计算美国经济仍然比中国高83%（按照购买力平价计算，中国的规模会稍大一些）。如果中国的经济增长率比美国高5%（汇率不发生巨大变化），2027年中国将成为世界最大经济体。[34] 因此，在这些分析中所做的假设下，位置的互换会推迟很久，应在2030年之后。本书对于改变的深度和速度都持极为谨慎的立场，由此也说明即使在如此缓慢甚至有些悲观的经济增长率下，全球秩序也注定会产生深远的改变。国际货币基金组织预测至2020年全球经济增长最大的八个贡献国家中，只有美国和韩国两个是发达国家。预期中国和印度的贡献将超过40%，美国列第三，贡献率为10%。[35]

2015—2020 全球 GDP 增长占比（全球增长的百分比）

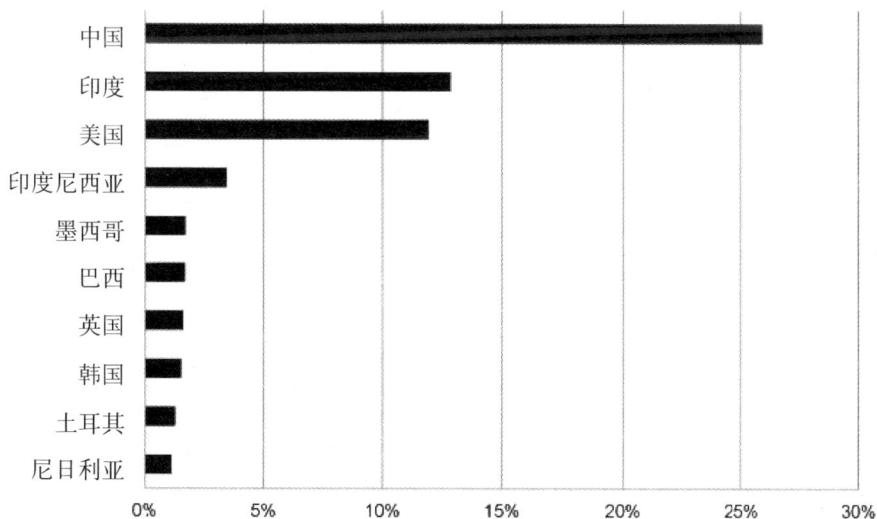

图表 2.3 全球经济增长主要贡献国。来源：国际货币基金组织

自然也有必要将今日关于多极化的论争纳入到此前关于美国衰退和新兴势力崛起的探讨中；中国经济在2015年的经济增速减缓也提醒我们，简单

地将过去中国两位数的增长率外推至未来数十年是不太现实的。在美国叙事下，从二十世纪五十年代苏联发射人造卫星开始，衰落论就一直未曾落幕。此外，像巴西等国家早在二十世纪六十年代就开始被称作"新兴"国家了。冷战后期，有些人认为日本将取代美国。如布鲁克斯（Brooks）和沃尔福斯（Wohlforth）所写："这是1945年以来第四次出现此类危机；前三次分别发生在二十世纪五十年代（人造卫星）、二十世纪七十年代（越战和滞胀）和二十世纪八十年代（苏联的威胁和日本的挑战）。然而，这几次危机都没有改变国际体系的结构：多极化并没有重返舞台。"[36]

但是我们必须认识到，今日的衰落预期比此前几次的基础更加坚实，中国和印度比苏联任何时候都更加动态和稳定。[37]1977年，中国经济总量尚不及荷兰。[38] 相比之下，2014年中国的GDP增量就相当于整个荷兰的经济总量。[39]在2013年，中国成为中东最重要的贸易伙伴，而且此前已经成为非洲大陆最重要的贸易伙伴。毫无疑问，鉴于其前所未有的影响力，很快中国将成为全球所有地区和重要玩家的核心经济合作伙伴。恰如新加坡第一任总理李光耀恰如其分的评价："仅仅将[中国]看作是又一个普通的大玩家是不可想象的。这是世界历史上最大的玩家。"[40]克里斯托弗·莱恩（Christopher Layne）在他的文章《此次为真：单极化和美式和平的终结》里也做过类似的评述。

中国保持经济领先地位：
不对称的双极化能否持久？能否和平展开？

鉴于未来数十年里中国经济增长率减缓（导致多极化进程减缓但会继续）是大概率事件，三个问题由此产生。首先，新秩序会是怎样的？第二，新秩序能否持久？第三，新秩序能否和平展开？

有一点相对比较广泛的共识认为，尽管经济在多极化，但是即使GDP低于中国，美国仍有能力在相当长的时间里保持统治地位。恰如布鲁克斯和沃尔福斯恰如其分的表述："美国的军费开支比其他所有军事强国总和还高，而且这些国家多数还是其盟国。"[41] 如果美国决心保持军事优势，未来数十年里任何国家都不可能对其产生实质性的挑战。

然而，如果 2030 年之后中国的 GDP 和全球经济影响力已经与美国相当，那么华盛顿当局就可能无法长期保持相对其他行为体的军事优势。未来很多年，美国仍可视作全球唯一一个可以干预几乎世界任何地区并拒绝任何外来势力进入临区的国家，尽管中国越来越可能发展出拒绝外部势力进入临近区域的能力。

走向不对称的双极化

未来数十年，全球秩序很可能掌控在两个大国手中：美国和中国（如果当前的趋势持续下去，在更远的未来，印度等其他玩家将会使全球秩序变成大国的协奏曲）。著名现实主义学者约翰·米尔斯海默（John Mearsheimer）预测将会出现一场典型的安全竞赛：

我们将会看到代理战争，中国和美国的盟友之间出现争斗，背后有各自的庇护人。北京和华盛顿都可能会寻求机会，推翻世界各地与对方阵营友好的国家政权。大多数此类行动都会秘密进行，但也有一些会公开展开。我们还将发现一些蛛丝马迹，证明两方都采用诱饵和流血战略，寻求一切机会诱使另一方卷入代价高昂的愚蠢战争。[42]

此外，很多学者认为，随着大国崛起，他们会将其国内的规则和规范推广到世界其他地区——就如美国在二战之后所做的一样，引发了两个超级大国之间的意识形态斗争。[43] 与冷战之后四十多年的双极化世界不同——这段时间见证了政治意识形态的斗争——未来数十年的全球秩序或许会有所变化。美国出于战略原因将继续推广民主和自由价值观，中国不会做出明确的回应，不会提出意识形态反叙事或替代模式。其中部分原因在于，中国和美国不同，在成为世界大国的同时仍要面对国内很多基本的发展挑战，主要任务仍着眼于使百万民众摆脱贫困。更重要的一点仍与美国形成鲜明对比，中国是国际事务负责任的参与者，主动承担与国力匹配的国际责任者，但无意改变世界秩序赖以运转的基本规则和规范。中国重视将社会主义市场经济模式变为更加精细的模式，牢牢把握经济全球化的战略机遇，以期在国际上拥有更多的话语权和自主权。这样典型的冷战场景——推翻独裁者，关于假想"多米诺效应"的理论，在莫桑比克、阿富汗或中美洲地区不断爆发的血腥代理战争——出现的可能将会降低。[44] 恰如李光耀所说：

> 与冷战时期美苏关系不同，美国与热情拥抱市场经济的中国之间没有不可调和的意识形态矛盾。中美关系是既合作又竞争的。二者之间的竞争是不可避免的，但是冲突却可以避免。[45]

只要中国共产党执政，上述情况就基本可以实现，因为中共是最有能力控制民族主义倾向的，而民族主义这种意识形态是未来几年里最可能引发冲突的。冷战时期的美国和苏联在经济和军事上都产生竞争，与此不同，新的秩序可以称作"不对称两极化"：美国可能会继续保持其军事统治，而中国如果能成功躲开前文中提到的陷阱，其经济可能会超越美国。这将使权力分配时出现不同寻常的集群。中国暂时不会挑战或取代美国的军事地位（中国在未来数年里会处于劣势地位），而美国也不得不接受无法撼动中国经济力量的事实。因此中国不太可能寻求公开对抗。但是中国或许会使美国越来越难（逐步增加）维持对其周边地区的影响力。不对称两极化对于后西方秩序的持久性和和平态势将意味着什么？

能否持久？

上文所述两极化秩序的持久性很大程度上取决于两个变量：美国和中国

的军事力量。中国会允许美国保持军事统治（这种状态下具备系统持久性），还是寻求将经济力量转化为军事实力并挑战美国在军事领域的霸权地位？反过来，美国有没有能力维持其在军事领域的全球领导地位？

大多数人都认为军事力量自然源自经济实力，因此中国的经济崛起是其军事统治和霸权地位的前奏。另一方面，努诺·蒙泰罗认为军事力量并非经济发展的副产品，而是国家决定将部分财富投入到军事能力产出的结果。[46]这样，中国可以在成为全球最大经济体的同时，并不去寻求全球军事统治。他说，因此我们的分析关注点应该从经济发展因素转移到军事化因素上。蒙泰罗的论证当然提醒我们要小心，不能盲目地认为一国的经济越强大，就越有可能在军事力量上投入更多。比如，法国和英国，尽管两国相比德国的经济体量更小，但军事力量却比德国更强，而且柏林当局的政策制定者并没有表现出任何迹象寻求在军事上完成超越。这种情况更可能在高度制度化的背景下形成。德国享受美国提供的足够安全保障，因此没有太多诱因在军事力量上投入更多。

然而，虽然相对较小的国家或那些牢牢扎根到制度化安保计划中的国家，在军事投入上的决定或许会独立于经济发展水平，但对于经济大国而言，军事投入脱离于经济实力似乎并不太可能。原因很大程度上是因为经济发展和更强的全球参与度不可避免地会使大国的利益范围扩张。假设某大国不与世界其他国家产生贸易，也没有遭受邻国的威胁，理论上讲，虽然该国经济高速增长，也可能保持较低水平的军事投入。但在当今高度关联的全球经济下，这样的大国是不存在的，而高速的经济增长会带来不断增加的战略利益和地区经济参与度，这些在经济发展之前都是无关紧要的。中国近期决定在南苏丹部署军队（中国在南苏丹有大量的经济利益），并向伊拉克政府派出军事顾问，这都展现了政策制定者认为增强军事实力是保护经济利益的必要策略，而不是统治世界的文化倾向的结果。假设在2030年，尼加拉瓜发生内战，威胁了中国融资的尼加拉瓜运河运行，没有任何理由认为中国会眼见自己的战略利益处于危险而不采取任何必要的行动。中国会派驻部队维稳——这正是崛起国家战略利益在全球扩散，迫使它们不断增强军事力量的经典案例。此外，中国相比德国并没有任何安全保障，亚洲的安全关系并不像北约成员国内部一样制度化，这就提高了中国增加军事投入的动因。

中国已进入实现中华民族伟大复兴的关键阶段。中国与世界的关系在发生深刻变化，中国同国际社会的互联互动已变得空前紧密，要切实维护中国海外利益，不断提高保障能力和水平，加强保护力度势在必行。因此，中国有可能会慢慢建设一支大洋海军，不一定把这支军事力量看作是不稳定因素。2014年，中国军费增加至1300亿美元，尽管经济增速放缓，但这是近年来军事投入最高的一次。[47]

另外还有一个相关问题在于，一旦中国对世界经济的控制力越来越强，并以此加强对其他国家或地区的内政事务的影响力，那时其他国家是否还会认同美国提供安全保障的合理性。特别以中国台湾为例，必须指出中国大陆距离台湾岛仅130公里；与之相比，美国距离台湾岛最近的夏威夷也在9000公里之外。这样美国海军就很难保证其优势。

核武器的存在也经常被看作降低了中国在传统军事力量领域寻求赶超美国的原因。如努诺·蒙泰罗所写：

核能革命式的发展对于世界政治的隐含意义极为重大：系统性改变比以往更加困难。简而言之，有核武器威慑的和平或许会带来永恒的美国领导自由霸权秩序。就此而论，美式和平的生命力与任何"一揽子规范"或华盛顿当局如何经营国际体系并没有太大关系。真正重要的是没有无冲突风险的改变机制，这样的改变不符合任何挑战者的利益，因为将会威胁到他们自身的生存。[48]

毫无疑问，核武器的存在影响了变革和秩序的逻辑。然而，就此称大国力量迁移的可能性变小，美国的霸权统治将延续下去，显然是不成熟的想法。毕竟，我们可以设想多种情境，中国在这些情境中将获得更强的力量，在深刻改变全球秩序的同时，也不引发北京和华盛顿的大范围冲突。尽管这种情境在当下不太可能出现，但是中国仍然可以说服邻国跟上趋势，接受中国提供的安全保障。在这种环境下，即使中国越来越多地要求增加中国和广大发展中国家的代表性和话语权也不一定会引发冲突。未来的数十年里，亚洲基础设施投资银行很难取代世界银行全球最大贷款人的角色——并非靠武力，而是通过成员国站队决定更喜欢在这家新机构办理借贷业务。理论上讲，中国可以开始向全世界各国提供资金保障的同时，也不引发霸权之战的阴霾。只不过很少有人思考中国将从内部欣然接纳并统治全球构架，最终不诉诸武力而取得世界领导权。

即使美国继续保持军事领导地位，中国的政治影响力也可以得到显著提升。比如在拉丁美洲，中国的信贷额已经超过世界银行和泛美开发银行之和。[49]总体而言，这使中国占据了有利位置，甚至可以在西半球释放影响力。

蒙泰罗认为关键问题在于，权力优势带来的经济利益是否超过美国为维持统治地位而不得不发动的军事冲突成本。据蒙泰罗的意见，只要美国采取防御和解的战略（保持统治地位但允许新兴势力发展经济），其军事力量优势带来的利益将远超冲突的成本——指出过去二十年里的军费开支从未超过GDP的5%（不超过两极对立时）。因此，他预测美国当前在传统军事力量方面的优势"在可见的未来"都将保持下去，即使在美国失去全球最大经济体地位的情况下也是如此。

一旦美国的GDP和在全球事务中的经济影响力变得与中国相当，华盛顿的政策制定者将如何说服心忧卫生医疗、教育和基础设施的选民，支持国家保持对全球140多个国家保护，设立1000多处军事设施，派出20万军事驻外人员？对于提出系统性节省开支倡议的人（现在已经有人提出要求）和那些说中国最终应该会"开始行动"发行国际债权的人，他们将如何应对？我们或许会看到越来越多的"幸福衰落论者"，比如查尔斯·肯尼（Charles Kenny），他认为如果美国是多级体系中的一极，美国人民的生活不一定会受到负面影响。他写道："经济的绝对体量以及其他任何关键衡量指标其实都虚无缥缈。不管中国何时占据顶点，反映其生活品质的指标仍将远远落后于发达国家。"[50]

另外还有一种恶性因素会导致美国政策制定者永久撤军的压力陡增：蒙泰罗预测，只要美国军事力量保持压倒性优势，过去二十五年里全球所见的美军行动和居高不下的冲突频率就将继续。想避免这种境况，美国能做的事情也很少：任何单极强国的军事策略——出兵或撤军——都会确定行动特别路径，最终导致对抗，而且经常会引发战争。蒙泰罗写道，单极化"是一种'该死你行动了，该死你没行动'的困境，冲突几乎不可避免"。[51]科技优势（无人机等）或许可以降低美国战争的政治成本——事实上，很多本土美国人甚至都不了解美军在巴基斯坦和也门等地处于战争状态。然而有些迹象表明，科技将使美国摆脱混乱、昂贵和血腥的冲突，就像过去十年里在伊拉克和阿富汗发生的一切。[52]频繁的战事，即使未正式宣战，也肯定会产生极高的成本，因此易受到财政预算鹰派的刁难，特别是在经济困难时期。

因此我不认为美国军事统治力将长久持续的系统逻辑。特别是在分析大国或是有雄心成为大国的国家时，军事力量经常会随经济发展而提升。如果中国未来几年的经济能保持3%至4%或者更高的增长速度，我们将看到该国的军事力量也会持续增强。因此上文中描述的不对称双极化不具备内在的持久性，可能维持的时间不会比美国领导的单极化秩序更久，因为未来的数十年主流趋势就是两个大国之间不断地重新谈判。

与此同时，值得注意的是美国在二十世纪初开始成为全球最大的经济体，但是又经过数十年才成为无争议的全球第一军事强国。因此我认为美国的军事霸权地位（和不对称双极化）或许能够存续数十年。尽管如此，国际形势不会保持系统稳定；未来特征将是持续的国际准则重新谈判，中国和其他新兴国家将参与到现有秩序中。重新谈判的进展速度将取决于中国军事力量相比美国的发展速度。

能否和平展开？

普遍共识认为以中国为代表的非西方势力的崛起将造成越来越多的不稳定。自由国际主义者经常含蓄或公开地将西方领导的自由秩序等同于和平，因此认为侵蚀西方中心论框架下的权力集中将导致很多风险。现实主义者米尔斯海默称，冷战时期的双极化是比二十一世纪不平衡的多极化更加和平的权力构架。[53] 从某种程度上讲，美国思想家是在模仿一个世纪之前的英国同行。当时伦敦的政策制定者意识到大英帝国的统治地位时日无多，于是有了外交官索尔斯伯里侯爵（Lord Salisbury）著名的论断："不管发生什么都将是更糟的……因此我们希望事情越少越好。"[54] 事实上，除少数例外，绝大多数主要舆论领导者都不相信双极化或多极化的二十一世纪会像单极化时期一样和平，甚至更和平。[55]

然而，并不能确定这种秩序就比冷战时期的两强对立或后冷战时期的单极化更暴力，冷战和后冷战时期在所谓的边缘地区充斥着军事斗争，包括韩国仁川、湄公河、越南红河三角洲、安哥拉首都罗安达、伊拉克、伊朗和阿富汗等。尽管单极化的到来消除了大国竞争的预期，但是单极化世界的构架对整体和平的前景并没有明确的有益影响。这是因为单极化秩序下允许霸权国和顽固的小国以及小国之间发生频繁冲突，这使得大国盟友很难站队。[56] 单极化对霸权国没有结构性限制，由此容易引发冒险主义和狂妄自大，比如2003 年美国入侵伊拉克。因此，单极化国际秩序下易于发生不对称的和边缘性的冲突，比如美国与伊拉克的战争；同时还会出现较小范围的战争，比如 1995 年秘鲁和厄瓜多尔的战争或 2008 年俄罗斯与格鲁吉亚的战争。最后，没有任何清晰的证据显示单极化对国家内部战争的频率和强度有任何影响。

这些发现对于学术界和政策制定者都有非常重要的影响。鉴于单极化国际体系并不比双极化或多极化更友善，那么维护今日单极化秩序是否应该成为美国外交政策目标就不那么确定了。换言之，在核时代单极化到底好不好其实并不清晰——不管是对美国还是对全世界。即使从单纯的美国中心论角度来看，双极化的回归也并不一定就是坏消息。毕竟，美国单极化对于华盛顿散播影响力的助力到底有没有比苏联解体之前更大，其实根本就不明确。双极化秩序可能对于控制朝鲜等制造麻烦的效果更有利。与此同时，因为美中双极化秩序下并不涉及意识形态冲突，所以代理战争的数量很可能远少于冷战时期。由于核技术的革新，大国冲突的可能性几乎可以忽略。

同样，维持国际秩序需要一个霸权国家是经常被使用的论据，但是这个论据也有争议。雷奇和勒博称，霸权国家并非国际稳定所必需。他们甚至说，在愈发多极化的世界中，霸权国家的思想是"不合时宜的"。[57] 阿查亚（Acharya）写道，全球秩序比以往更分散，为区域大国提供了更多区域性问题行动空间。这在很多美国政策分析家听来像是坏消息，但阿查亚反驳了多极化将带来混乱和不稳定的推断。他说，恰恰相反，多极大国体系将会带来紧密的国际合作。鉴于在做全球性重要决策时需要从如此多的角度考虑——比如，关于气候变化问题——双极化或多极化秩序或许比西方中心的秩序更有利。

阿查亚称："主要的西方分析家……都不承认美国的衰退或许对国际秩序是一件好事，不管是总体而言还是在发展、管理和国际公正等特定方面。"[58] 与此同时，上述分析中所述多极化导致不稳定的预测并没有坚实的历史或理论证据做支撑。从美国的角度来看，在维护西方领导秩序上投入大量时间和精力，可能会被其他国家指责为自私自利，不利于全球稳定。如范德皮藤（van der Putten）所说："如果可能造成远期全球不稳定和全球治理的失控等危险，不遗余力地支持美国永久的全球领导地位将不符合欧洲的利益。"[59]

2015 年，美国试图阻挠中国倡议的亚投行成立就是此类短视政策的一例，此举在发展中国家看来就是为了永久控制世界核心的发展银行，并没有在意全球产品的供给。阿查亚还提出要重新审视后单极化秩序的区域主义，指出大多数国家都无法将实际的影响力投射到所在区域之外，而西非国家经济共同体和东盟等地区性组织就将成为功能更加复杂化的组织。非洲发展新伙伴计划、非盟、西非国家经济共同体和南美洲国家联盟已经开始建立统计评估机制，对组织内不尊重民主或人权的国家或将采取惩罚、暂停会员身份、政治干预等举措。阿查亚称区域主义仍然持"开放"态度，支持多边统治，所以对竞争性"集团"构架的担忧往往有夸大成分。阿查亚写道，区域机构的扩张及功能拓宽或许会"在新兴世界秩序中引入健康的多样化和领导力，取代美国的单一统治或欧洲拘泥于法律和中心化的合作模式"。[60]展望未来，阿查亚不认为任何新兴国家能够取代美国的霸权地位；相反他们将协力实现区域领导。

美国的主流思想家会问，过去一些年里中国在提供全球公共产品方面有什么举措，称美军从亚洲撤离将造成中国若干邻国取得核武器。谁将保障全球海上航道？同样，他们会指出，如果没有美国的军事力量，世界将无法阻止科索沃之类的种族屠杀。

毫无疑问，涉及阻止种族屠杀的军事干预（保护的责任的第三支柱）等特定公共产品时，美国仍然具有不可取代的地位。同样，欧洲和美国比中国等新兴势力接收的难民数量要多很多（比如来自叙利亚和伊拉克的）。不过，中国在过去十年里的贡献已经大幅增加——考虑到中国仍然处于发展的初级阶段，所以在某些情况下的贡献已经非常令人瞩目。中国已经积极参与到反击海盗行动中，全面运转的蓝海海军的创立也将增强其提供海洋安保的能力。在主权面对人权的问题上，中国的立场更加务实。过去几年里，北京支持了联合国安理会关于叙利亚的数项决议，包括授权联合国观察团、销毁叙利亚化学武器和人道救援执行计划等。因此，再也不能轻易指责中国对全球公共产品的贡献不及发达国家了。

这样的情况在未来几十年里将对目前全世界最重要的美中关系产生怎样的影响呢？基辛格指向未来全球秩序的向心性关系，他写道，尽管中国和美国对全球秩序都有重要作用，但是二者在国际体系问题上有着深刻的矛盾。北京在现代世界一直影响力不足，而美国则几乎没有应对另外一个可匹敌的行为体的经验。[61]他还恰如其分地指出，华盛顿和北京有很多共同点；二者都自认为是特别的，尽管美国例外主义还自认为担当了国家利益之外在全球支持和传播价值观的道德责任。

最可能的情况是，我们将见证一场不断变化的"受控的对抗"，要求不断适应双边关系变化的条件，预示着要持续不停地重新谈判和调整——与后冷战初期的几年很不同，那时美中关系相对静态。恰如迈克尔·马斯坦多诺（Michael Mastanduno）所说，2008 年金融危机之后，在相当长的一段时间内再也无法达成"大妥协"，不管是含蓄的还是公开的。[62] 尽管中国卖掉美元储备等"一损俱损的经济"准则仍然适用，但是中国经济转型时期，"扩内需，提消费"有条件成为新经济的重要引擎，中国将寻求强化国内消费，二者间的经济联系是否还会像以前一样紧密？

除了这种对抗之外，双方大规模的冲突几乎不可能出现，原因有多种。首先，美国主流并不支持限制中国。约翰·米尔斯海默建议美国政策制定者"寻求与尽可能多的中国邻国建立平衡的合作关系。最终目标是沿北约边线建立起同盟结构，这种手段在冷战时期限制苏联的过程中非常有效。"[63]

然而，美国如果试图在亚洲建立反中国同盟，将会面临三大障碍。同盟中不仅有互不信任的国家（比如日本和韩国），而且所有这些国家都越来越依赖中国经济，从而降低了他们反对中国的意愿（尽管原则上他们更可能会平衡中国，随机应变）。最后，鉴于同盟国成员的地理距离，美国需要花费大量的时间和精力协调限制战略。该地区的国家最可能采取对冲战略，保持与美国的安保同盟关系，但也从与中国更广泛的经济合作中获益。由此，越南和菲律宾等国家只要打好手中的牌，就可能成为这种动态关系的最大受益者。

有些危言耸听之人认为贸易不会降低反而会增加冲突的风险。比如阿伦·佛里德伯格认为贸易是摩擦的潜在原因，他称："如果关于贸易不平衡、汇率、投资流动、获取和控制稀缺产品等的争端上升为互相诽谤……整体关系将会以惊人的速度崩解。"[64] 然而，与美国的军事冲突，即使局限于传统手段，在未来几十年里对于中国而言成本也高得离谱。不断强化的贸易联系更使得军事冲突出现的可能性降低（尽管德国和英国在一战时的冲突表明贸易并不会断绝冲突）。几乎没有证据显示会出现持续恶化的系统性紧张关系。

结　论

上述分析并非面面俱到，也没有宣称"解决"未来全球秩序的复杂论争。这些分析旨在表达一种相对平静的情绪，质疑众多危言耸听的言论——将西方全球领导地位的终结描述成应当担忧的事情。正如上述分析所述，未来数十年里最可能出现的情况是所谓的不对称两极化，美国将保持军事统治地位，而中国将成为最大的经济体。塑造这样一个体系的动态仍然缺乏研究，而且现在还远远不能确认这样一种体系能否持久或和平展开。尽管这种国际秩序会持续数十年，但却并不一定具备内在稳定性。假设中国能够维持其经济领先地位，能否保持稳定将取决于不断地重新谈判。然而，更重要的是，上述分析显示，关于即将到来的后单极化混乱和不稳定的警示，其实是夸大的言辞，更像是西方中心论世界观的结果，而不是出于客观分析。

第 3 章

中国的软实力是如何硬起来的

上一章中论述了硬实力传播，随之而来的一个关键问题就是新兴世界的软实力有没有相应地崛起。新兴国家扩大参与国际竞争的同时能否在软实力上与西方国家一较高下，其他国家是否会愿意为其马首是瞻，遵从新兴国家的意愿？金砖国家是否具备挑战西方的吸引力和塑造全球计划的能力？其他国家是否会效仿新兴非西方势力，视其政策、价值观或体系值得模仿？对这些问题最常见的回答是不，而且有证据显示，西方输出的软实力远比任何非西方势力都要多。这些转而也被认为将会延长西方的全球统治。

然而，我认为软实力的强势对于硬实力基础的依赖程度要比公认的更高。因此，经济多极化将有助于中国和印度等非西方势力在软实力方面迎头赶上。比如，现今美国吸引的亚洲核心盟友（比如日本和印度）并非只靠西方的软实力，而是靠西方的安全保障。与软实力相关的问题，比如伊拉克战争之类的声誉灾难，对美国屹立于世界之巅的基础影响极小。同样，随着中国和其他新兴国家在经济上的崛起，他们也将有潜力赢得盟友，制造全球流行的政策，比如为"新丝绸之路"融资，架设南美两洋铁路，或是大规模投资绿色能源。换言之，西方在软实力方面的领导地位是切实的，但是软实力受经济实力影响的程度比我们想象中要高，而且大部分软实力没有硬实力的支撑是无法维系的。[1]虽然有些时候软实力可以转化为硬实力（比如，吸引人才移民，可以助力经济发展，在言论自由的环境下可以推动创新），但是在探讨未来全球秩序时，后者仍然起到决定性作用。因此，新兴势力在软实力方面的相对劣势对于未来全球秩序的重要性比普遍想象中要低。

关于软实力的讨论因约瑟夫·奈（Joseph Nye）在 1990 年提出这个概念的理论局限性而变得复杂了。[2]这个概念有些模糊，加之很多从西方中心主义角度的使用（经常曲解奈的本意）意味着利用这个概念所做的分析可能会得出不同的结论。尽管有这些问题，也不可否认在经济或军事力量之外还有其他重要的实力源头，有必要在日趋多极化的背景下对其加以详细研究。关于新兴非西方国家行为体和软实力的论争，指向一个有趣的问题，即新兴势力提升全球影响力并塑造国际议程的能力。这场争论远远未能尘埃落定；俄罗斯、中国、印度和巴西四国虽然存在一些问题，但这些问题对他们在传统意义的实力之外改变他国的能力有多大影响，至今仍然未能形成一致意见。事实上，世界的控制力越来越多地掌握在人均 GDP 相对较低的经济体手中，各国面临的也多为发展中国家特有的挑战，这使得未来以哪一国为榜样的探讨变得复杂，贫穷国家很难决定以谁为榜样，吸取经验，加以模仿。

毫无疑问，尽管二十一世纪前十年里中国和其他新兴国家取得了举世瞩目的经济增长，但是它们在提升软实力方面的能力却极不均衡，在大多数理念层面仍苦苦挣扎着努力与西方发达国家竞争。但是，分析家用来分析中国软实力有限的论据——经常从西方中心论的角度展开——很多效力肯定会随着中国经济权重的提升而变弱。[3] 未来中国能够为越来越多的国家提供经济支持和安全保障，中国的朋友将会越来越多；同样，投入美国怀抱的盟国也会逐步削弱。尽管在亚洲可能会出现反中国同盟，但是其邻国也一定会受到中国经济力量的影响。中国近期的外交成功——即使对北京意图持怀疑态度的国家也积极寻求亚投行的成员国身份——应该可以佐证这一论点。中国领导人持续扩张经济合作的努力或许比美国以安全保障为核心的方式，能够对周边地区社会产生更大的影响。如哈灵顿（Harrington）所写：

自 2000 年起，中国与东盟十国的双边贸易增长了十倍，从 320 亿美元上升到去年的 3500 亿美元，预计 2015 年将可能达到 5000 亿美元。中国已经跃升为东南亚最大的贸易伙伴，美国下落到第四位，去年与东盟的总贸易额仅为 2060 亿美元。[4]

因此，经济力量是全球软实力的根本先决条件——正如第1章中所详述的，西方正是由于经济崛起才造就了软实力。尽管硬实力兑现软实力需要一定的时间，但是中国或任何其他新兴国家的能力都将得到强化，可在全球事务中提升自身形象，对过去和当前的全球秩序提出对立的表述。当然，中国软实力的提升也要取决于人民平均生活水平的改善速度，当前中国的人民生活水平仍然远低于发达国家。

因此，未来数十年，中国的经济统治不仅使其能够与美国在军事上抗衡，而且能使其有能力扮演议程设定者和全球管理者的角色——一定程度上通过第4章和第5章中介绍的新机构实现，这些机构能够助力中国将其不断发展的影响力制度化、合法化。到之后的某个节点，可能是数十年之后，只要中国的人均GDP能够接近发达国家水平，它就有可能与美国竞争，吸引全球顶尖的研究人才，而且文化吸引力也会得到认同（正如在十九世纪中期之前一样）。对于很多西方人来说，这听起来有些违反直觉，因为他们确信西方化是唯一可能的历史进程。然而，中国化和中国在全球关系各个方面不断增强的影响力将很可能成为广泛探讨的现象——即使不是文化，至少也会从科技或城市规划方面展开。这意味着，通过硬实力——从全球公共产品的供应（比如在海洋安全、气候变化、全球卫生健康和金融稳定性等领域）到全球范围内的大型基础设施项目融资——可以获得的软实力远比普遍想象中要高。

从硬实力到软实力：新兴势力的软实力战略

软实力的概念是冷战结束之后国际关系学科里最大的创新之一。这是少有的几种由学术界提出并得到全球政策制定者成功采用的思想之一。事实上，软实力从学术界传播到现实政治圈实践的速度，再怎么高看也不为过。希拉里·克林顿曾因全面接纳这个概念而被称作"软实力国务卿"，印度前外交部长沙西·塔鲁尔经常用这种思想构建印度在全球中的位置。[5]中国政府也将软实力作为外交政策中心主题之一。此外，咨询公司建立起软实力指数，将各国排行。[6] 巴西外交政策制定者将软实力打造成其外交战略的标志。[7] 就连很多西方国家眼中根本没有软实力的俄罗斯，也积极接纳这个概念。2014年，俄罗斯制定了新的软实力政策，名为"扩大俄罗斯全球人道主义影响力整体战略"。据俄罗斯外交部长谢尔盖·拉夫罗夫（Sergey Lavrov）所说，这项计划旨在反击"前所未有的抹黑俄罗斯政治和歪曲俄罗斯形象的举措"。[8] 其中就包括人道主义援助，比如融资建设塞尔维亚－俄罗斯人道主义中心，该中心于2012年在塞尔维亚南部城市尼什（Nis）作为地区灾害应急中心启动。[9]

软实力战略引发如此广泛的兴趣，有部分原因在于推广软实力相较传统增强实力的方式更经济。软实力潜在的理念在于各国主动支持某国的愿景和利益，因为该国通过行动、气质和政策获得了其他国家的仰慕和尊重，从而得到它们的忠诚和支持。

约瑟夫·奈经常指出实力是"影响他人得到想要结果的能力"。[10] 这样说来，软实力是"在外交政策中利用吸引力和说服力，而不是依靠控制或武力。它源自一国文化、政治理想和政策的吸引力"。因此软实力是指某国通过吸引和说服他国接纳自己的目标的能力。软实力要求身体力行。如郝拓德（Todd Hall）解释的："硬实力改变某个行为体面临的外部成本或收益，软实力则从头改变行为体对何为令人满意或不令人满意的认识。"[11] 软实力有别于硬实力——利用经济和军事力量的胡萝卜和大棒迫使他国遵守本国意愿的能力。

虽然软实力的概念被政策制定者欣然采纳，但是有若干历史案例对软实力的真实影响产生怀疑。比如，一战之后，伍德罗·威尔逊或许是全球范围内最受欢迎的美国总统。他关于民族自决和全球和平的演讲激励了数百万欧洲人和全球南方的人民。整个欧洲大陆待他如全球名流，成百上千的民众在街道上列队迎接他。他几乎控制了无限的软实力，然而在凡尔赛进行的谈判中，威尔逊却未能如愿。[12] 克列孟梭（Clemenceau）和劳埃德·乔治两位经验丰富的政治家，固执地维护本国利益。威尔逊的软实力似乎没有任何帮助。

更糟的是，威尔逊在巴黎无力履行自己的诺言，导致反美抗议波及全球，蔓延至埃及、朝鲜和中国等国。[13] 我们必须指出威尔逊软实力的"硬起源"：他是第一位聘用专业营销团队的美国总统；这个团队在一战期间建立起史无前例的全球宣传网络，推广威尔逊关于民族自决的言论。更重要的是，他是一战中起到决定性作用的胜利方国家领导人。

效仿——被其他国家复制——被看作是软实力特别有力的展现。然而，十九世纪明治维新的例子却使这种说法变得复杂起来。当时西方思想和价值观在日本特别流行，有很强的影响力，但是却没有使日本与西方结盟。反过来，断言中国有限的软实力将使其无法施展全球影响力的人，也应该因此得到重要的警示。

在软实力的背景下另外一个经常提及的问题是民意的重要性，这个问题也必须认真评估。以巴西为例，布鲁克（Bruk）写道："在巴西这个国家软实力占据首要地位。总体而言，外国对这个国家的认识是积极的：巴西在外界眼中是一个经济高速发展、自然资源丰富的国家。"[14] 顶尖商学院欧洲工商管理学院在 2013 年的一项研究中指出"巴西从传统软实力意义上来看是一个有吸引力的国家。它有吸引人的流行文化和多文化的社会，人民间关系很好"。[15] 事实上，巴西政府自己也欣然接受这种叙事。

然而，正如上文所述，学者面临的挑战是提供证据，证明这种状态如何能为巴西民族利益带来实际的好处。上述表面的评价并没有注意到巴西不好的方面。比如，巴西是全世界对新闻记者而言最危险的国家之一：自 2011 年起，遭谋杀的新闻记者中有 65% 正在报道腐败问题，而 52% 的案例中行凶者为政府官员。[16]

最后，认为巴西文化"有异域风情"是一种西方中心论的视角，在拉丁美洲国家里很难得到太多支持。巴西的软实力在某些国家很强，在某些国家不强，而在那些依据浅的知识了解巴西的国家中特别强。[17]

同样，西方分析家经常自信地认定中国永远也不可能有吸引力，然而非洲或世界其他地区的人却不一定同意。正如特雷弗·莫斯（Trevor Moss）所

指出的:

中国试图吸引当地百姓收看中国中央电视台,在报摊里堆满英文版的《中国日报》或是提供部分资金建立孔子学院,在很多国家里这些行动都只是白白浪费时间和资源。这些行动在某些环境下注定要失败。但是同样的活动在另外一些地区就可能有很好的结果。[18]

所有这些都证明软实力具有内在关联性。中国和金砖国家的发展模式或许在一些非洲国家看来是有吸引力的,但是他们较低的人均 GDP 以及深刻的社会经济问题很难引起欧洲的兴趣。事实上,虽然发达国家或许将金砖国家集团看作是一种古怪的现象,认为不会有太多结果,但是相反,一些更贫穷的国家和他们的政府——从土耳其、墨西哥、苏丹、伊朗、埃及和阿根廷到尼日利亚和印尼——都表达了加入这个集团的意愿。然而,从中国的角度来看,在邻国或其他发展中国家里享有软实力或许同欧美对此事的态度一样重要,甚至比欧美的态度更重要,因为中国很清醒,明白经济发展水平相对较低的国家想要得到经济发展水平相对高的国家的仰慕或效仿是几乎不可能的。

奈自己有时会将经济援助列为软实力的一种,尽管经济援助需要金融手段,但是反过来,金融手段又属于硬实力的一种要素。发达国家可以提供经济援助,贫穷国家却不能。事实上,过去数十年里,若干金砖国家都转变成捐赠国。其中一些捐赠很有可能会提升他们在穷国政府眼中的吸引力。这种战略,从本质上讲是传统经济实力的一种展现。

奈说软实力是无形的,但经济实力虽然也是无形的,却非常依赖有形的资源,就像大军带来的威胁。就算是精明的外交手段,看似是无形的,也要有全球的使馆网络去推行,需要经济资源去维系。我们思考一下新兴势力就能体会到硬实力作为软实力先决条件的程度。很多观察家都在写金砖国家在二十一世纪头十年里不断提升的软实力,但这很大程度上是其经济快速发展的产物，是其（现实或预期的）硬实力的展现。同样，很多观察家指出西方的软实力正在衰落，这也恰恰是因为西方迟滞的经济状况。因此软实力模糊了行为、资源和战略等一系列复杂的关系，错误地暗示使用硬实力等同于指挥权和硬实力资源，而软实力则等同于同化能力和软实力资源。因此，普遍认为像中国和印度这样的新兴势力只要打好手中的牌，就将有很强的软实力潜力；比如，中国可以在海事安全（打击海盗）、维和（已经是主要的维和部队提供国）和气候变化等方面起领导作用，这些将大大提升其软实力。事实上，第 4 章和第 5 章中介绍的新开发银行等多个机构都是新兴势力寻求将硬实力转化为软实力的例子。

软实力需要强大的硬实力做基础支撑

将软实力的理念加之中国身上时就能显示出这个概念受西方中心论世界观的侵蚀之重。奈曾抨击中国尝试通过推行孔子学院或建立中国民间外交协会等手段获取软实力。[19] 尽管"花了数十亿美元提升软实力……但是中国投入的回报却很有限"，[20] 他这样写道。然而，如安迪·沃霍尔（Andy Warhol）之类的艺术家在全世界各地的广受欢迎可以作为美国软实力的例子，但是中国却很少有这样的例子。[21] 这暗示我们本身低估了非西方的软实力起源。

最后，巴西的例子似乎暗示硬实力仍然比普遍想象中要重要得多。施托尔特（Stolte）称：

> 对大国的角色期待以及达到这个地位的雄心已经变化了。大国使用武力和决定全球最关键问题的特权已经不再是通过暴力和军事优势来夺取，而是通过说服和展现处于该地位的价值等方式来赢取。[22]

然而有三个例子或许能够证明硬实力仍然比其他一切都更重要。首先，

1998 年当巴西准备签署《核不扩散条约》(NPT)成为"良好地球公民"的时候，印度拒绝签署，并在同年进行了核武器试验。如今，美国不仅认可了印度的拥核状态，而且还公开支持印度成为联合国安理会常任理事国——然而华盛顿当局仅仅"赞赏了"巴西渴望成为联合国安理会常任理事国的愿望（这种差异很大程度上是由于美国认为印度是制衡中国崛起的关键要素之一）。第二个例子是 2010 年巴西试图与伊朗政府达成一项核协议，但在西方遭到广泛的反对，很大程度上是因为西方不认同巴西有谈判这样一份协议的正当性。最后一例是三大常任理事国否决了巴西和印度对实施联合国 1973 号决议的关切，该决议关乎对利比亚的干预，根据伦敦、巴黎和华盛顿的政策制定者所述，该问题太过重大，不应由巴西这样轻量级的角色开启探讨。这三个例子中，硬实力的缺失彻底限制了巴西成为大国的雄心。

中国软实力提升取得长足进步

将新兴国家的潜在实力推及软实力相关的三个核心领域时——文化外交、国际正统性／议程设定能力和单体社会的吸引力——很明显这个群体的表现远不及潜在实力，但是这些局限性并不像大多数观察家本能认为的那样，并非完全结构性的。

文化外交即思想、信息、艺术和其他文化方面在不同国家和人民之间的交流，以此促进互相了解，目前越来越多地为新兴国家所用，以提升其海外形象。语言教学、学术交流和艺术家游历是文化外交的标志，尽管中国是新兴势力中唯一具备系统性开展上述战略财政基础的，但是所有新兴势力也都在尝试这种战略。2011 年，中国共产党十七届六中全会在十五年里首次关注了若干文化问题，宣称中国有必要推广"其文化产业以提升软实力"。[23]恰如《纽约时报》的报道所称的那样：

当大多数西方广播和报业公司都在缩减开支的时候，中国国营新闻媒体巨头开始在欧洲和发展中世界迅速扩张。他们期望在全球提升中国形象和影响力，特别是在自然资源丰富的地区，这些地区能为中国强国工业提供能源，为其众多的人口提供粮食。[24]

2009 年，中国启动了一项预算 65.8 亿美元的"外宣"项目。[25] 希拉里·克林顿指出今日俄罗斯（Russia Today，RT）和中国中央电视台（CCTV）等政府支持的新闻媒体曝光频率越来越高，她在一次国会委员会议中称："我们陷入一场信息战争，而且我们正在吃败仗。"[26] 除 RT 之外，俄罗斯还重组了俄罗斯新闻通讯社（RIA Novosti news agency），解雇了大批职员，包括相对独立的管理层。随后该通讯社的新领导宣布卫星通讯社成立，成为一家政府提供资金的新闻枢纽网络，遍及全球三十多个国家，拥有 1000 多位雇员，用当地语言制作广播、社交媒体和新闻专线节目。[27]

与俄罗斯和中国一样，美国和欧洲国家在文化外交上也有非常丰富的经验，资助美国之声、BBC、法国新闻广播电台（France Info）和德国之声（Deutsche Welle）等广播电台。同样，他们通过英国文化委员会（British Council）、法国文化协会（Alliance Française）、歌德学院（Goethe Institute）和塞万提斯学院（Instituto Cervantes）等机构资助文化项目。从这层意义上讲，新兴国家的战略并没有特别之处。

尽管 RT 和 CCTV 等非西方新闻网络崛起，但是新兴势力需经历并克服极大的困难才能挑战发达西方国家和其所创造叙事的新闻源。西方势力恰恰在这方面有极强的韧性，在该领域的改变可能要慢很多。

很多西方观察家认为非西方势力崛起，并逐步具备挑战当前权力分配的能力将是危险的，而且单极化的结束对世界性项目和普救说的西方修辞是存亡威胁，因为这样一来西方将丧失物质优势，无法公开重塑世界的形象。在这种背景下，新兴国家的修正主义言论当然无法提升他们在西方的软实力。同样，当奈解释软实力在美国构建二战后秩序的努力中起到的作用时，他的想法自然而言是美国中心论的，而且本质上是支持美国霸权叙事的。

美国当然不吝惜使用武力。过去一个世纪，它总是处于和某个国家的战争中。但是软实力提供了一种叙事。很多人——当然不是所有人——坚信美国的行动是出于善意的，而美国从根本上说是一个善良的国家。这里面就很有一些技巧。相反中国在近几十年里几乎没有参与战争。然而却往往遭受质疑。[28]

新兴国家和很多发展中国家或许会有不同意见，将多极化和对美国霸权的对抗看作是必要的改变，以此确保规则和规范得到尊重；因此俄罗斯修正主义言论或许会遭到美国人和欧洲人的抵制，但是俄罗斯的形象在反美主义方兴未艾的委内瑞拉或厄瓜多尔等地却大幅提升。很多新兴世界的政策制定者会同意雷奇和勒博的观点，他们称"美国违背了霸权国家应承担的责任和角色……不断对全球秩序和稳定造成威胁，以此稳固其地位"。[29] 这也解释了为何委内瑞拉和古巴这两个在西方几乎没有软实力的国家，虽然经济模式落后，但是却在拉丁美洲享有相当的软实力。正如托米拉·兰齐纳（Tomila Lankina）和金嘉·涅姆扎克（Kinga Niemczyk）所指出的：

正如奈提醒我们的，软实力关乎吸引力。低估俄罗斯对诸多拥护者和观众的吸引力量级，会使西方政策制定者进一步错误估计俄罗斯的意图。相对忽略普京独裁者形象软实力的原因之一在于很多观察家早先的假设……在俄罗斯的拥护者逐步稀释民主及相关价值观的目的论过程……2013年俄罗斯外交政策理念的潜在前提就是认定西方是国际体系不稳定和危险的源头——通过引发经济和金融危机，未得到联合国授权便干预地区危机，或是以推行民主之名干涉主权国家内政。[30]

因此关于正统性这一软实力关键来源的探讨，会因对现状——当前权力的分配和等级制度——是否为正统的极大认识偏差而产生很大不同。每个国家都有自己特别的价值观，不愿接受一种全新的外交政策战略来提升软实力，政策制定者倾向于简单地将原本确定的政策用软实力的术语加以表述。将某种事物定义为软实力资源就能"用作政治家的宣传政策和国家话语内在合理性的支撑"。[31] 因此，软实力具有政治功用，可用于重申政治家已经着手打造的政策和价值观。

分析家关于中国缺乏正统性以及世界为何看穿中国"魅力攻势"[32]的论断，都会随着中国经济权重的提升而弱化。如果中国能够为越来越多的国家提供经济支持或安全保障，这种状况就会改变。同样，很多国家与美国的同盟也会弱化，在南非、俄罗斯和委内瑞拉已经初露端倪。事实上，有大量证据显示，单单中国的硬实力已经产生了相当大的影响，使中国能够"走自己的路"。然而，西方分析家仍普遍认为西方软实力战略比中国等非西方国家的更真实诚恳。[33]

比如，大多数西方分析家认为中国（或任何新兴势力）在非洲的行为无情且极度自私。[34] 在查塔姆研究所的一篇名为"巴西在非洲：又一个追求资源的金砖国家？"的论文中，克里斯蒂娜·施托尔特（Christina Stolte）问："巴西是否仅仅是'又一个出现在这片大陆上的新兴国家'，打着项目援助合作伙伴国家的旗号，攫取经济利益？"[35] 然而，中国和印度对非洲的影响，相比法国和英国的危害性是否更大，答案不言而喻。正如肯尼斯·金在《中国在非洲的援助和软实力》（*China's Aid and Soft Power in Africa*）一书中所写，中国的软实力战略在非洲或许比在西方成功得多。[36] 他讲述过去几年里在中国获得学位的非洲人数量显著增加，而且西方对中国的负面印象在非洲与非洲人更中立的观点形成鲜明对比。恰如特雷弗·莫斯（Trevor Moss）所写："这些教育机会充满诚意——旨在向非洲展示中国如何做事，而不是教育非洲如何做事。"[37] 黛博拉·布劳提根（Deborah Brautigam）的《龙的礼物》（*The Dragon's Gift*）——或许是关于中国在非洲势力的最详细分析——也得出同样的结论：中国在非洲的声誉并不像西方普遍想象的一样负面。

同样的动态也适用于拉丁美洲和中东地区，但是西方分析家经常错误地以为他们对中国的疑虑在发展中国家里也同样存在。事实上，民意调查显示，中国在大多数非洲和拉美国家的影响都是正面的，但在美国和欧洲却是极为负面的。[38] 考虑到相对而言西方在中国崛起的过程中损失最大——损害其地缘政治优越性——美国和欧洲的担忧或许也是自然且不可避免的。这样看来，非洲和拉丁美洲关于中国是否具备软实力的态度或许更具有代表性，因为对于这些地区而言，中国的崛起并没有对西方的那种根深蒂固的隐含威胁。

对于中国而言，最紧迫的关切是其软实力行动对邻国能够产生多大的直接影响。在这种背景下，软实力或许有助于减少平衡北京势力的直接行动。有证据显示，即使印尼等有嫌恶中国影响力记录的国家，也选择重塑双边友好关系。在印尼，越来越多的学校在课程中加设了汉语普通话，中国也向该地区的很多国家输送了很多教授人员。[39] 随着数百万中国人移居邻国，在该地区更协调的软性努力，其潜在效果将是非常巨大的。

中国正尝试设定全球议程

提及议程设定能力时，尽管中国已经取得了长足的进步，但是发达国家仍然处于相对的统治地位。一定程度上得益于对现有机构的控制，由美国和欧洲领导的西方尚有能力设定全球范围内的国际论证议程。设定议程是在经济、安全或其他领域启动、正统化并成功宣传某一特定政策事项的结果。回顾 2014 年最核心的三项国际事务（乌克兰问题、伊斯兰国和埃博拉病毒），很明显新兴国家很难占据领导地位。塑造我们思考方式和行为方式的这些挑战源自何处？巴西利亚、新德里和北京的政策制定者自称在提供切实解决方案的过程中扮演的角色，这些见解对全球舆论和政策有怎样的影响？

国际议程设定是一项耗费精力且难有确定性的过程，要求一系列特定的因素组合才能实现。首先需要智囊团：启动一项创新性倡议或有能力帮助国际社群处理全球性挑战的智力资本。第二，要求一国领导人愿意投入政治资本。第三，要求一定的国际公信力。这并非硬实力问题——像挪威等小国也曾成功地设定过某些特定问题的议程——但是这项倡议的背后支持者必须要有正统性的声誉（比如，有成功的国内模型解决这个问题）。最后，要求有强大的外交构架，能够在全球范围内推动这项倡议。这需要协调的全球交流，要在世界各地设有使馆，在过程的初期就判断出盟友，预测阻力将在何处出现，并采纳全球的公众舆论。同时还涉及政策制定者和外交官应对媒体问询，撰写令人信服的专栏文章，上当地电视台推广自己的设想。在国内，需要引入意见领袖、学者和记者解释并维护这种设想。不过特别值得注意的是，这些并不一定要求经济或军事实力。

新兴国家能在多大程度上将硬实力转化为全球影响力？中国能否在全球探讨中设定议程，引入并实施管理全球秩序的新观点，并实现一种模式？中国的崛起对于西方塑造全球秩序思想的统治能否产生挑战？

有一些例子显示新兴势力正尝试设定全球议程。在中亚和中国其他邻国地区，中国作为该地区最大的贸易伙伴，可能越来越多地掌控了关于经济发展的论争。2011 年，巴西提出了"责任并保护"（RwP）的倡议，短暂地成为人道主义干预领域的规范倡导者。2014 年，巴西组织了未来互联网管控全球峰会。卢拉在任期间，巴西引入了拉美区域整合的新思想，而且在更广的领域推动贫穷和不平等挑战相关的探讨。中国在苏丹维稳的过程中起到极为重要的作用，派军进驻动乱地区。尽管如此，西方势力在议程设定能力方面仍处于领先地位。

任重而道远的软实力提升之路

最后，新兴势力打造全球吸引力的能力有多强？这一点无疑是中国和印度寻求更强软实力的最大障碍：与西方相比，它们在吸引人才移民方面没有优势。考虑到它们相对水平低很多的人均 GDP，这一点似乎也很自然。对绝大多数普通民众而言，西方的生活比发展中国家的生活要更舒适，任何发达国家都不可能去效仿更贫穷、更不平等的国家。其他一些因素则进一步降低了中国的软实力潜力。

中国外来移民的数量较小，对中国吸引创新产业的能力产生负面影响。更严重的是，这将导致中国学生和未来精英脱离国际讨论，使他们后续更难设定全球议程。结果并不理想：正如江学勤所指出的，中国最好的学校产出全世界最好的应试者，而美国最好的学校产出世界上最具创造力的人才。[40]有一些征兆显示，这种现象将在不远的未来发生改变。

并不是所有人都认为中国缺乏创新能力。正如弗朗西斯·福山所说：

中国在"文革"之后的变化超出任何人的想象，而且中国在制度转变方面有着悠久的历史。虽说中国最近的经济和知识方面的进展主要还是追赶西方的形式，但是中国是个拥有很多优秀人才的大国。[41]

俄罗斯改善自身国际形象的尝试利用了西方工具：他们聘请了美国凯旋公关公司（Ketchum），设计了"软实力战略"，并由普京总统官方宣布。尽管反对西方，但俄罗斯还是利用了西方民主语言构架了自身需求。这种尝试"赶超"西方的模仿行为显示了其对规范的依赖。[42]

莫斯科管理学院－安永学院（Skolkovo-E&Y Institute）制作了一份软实力索引，包括移民、大学和政治自由等类别。美国得到的评价自然比新兴势力高很多。美国在十大类别中有八项评分为高：移民（外国出生移民比例）、大学（全球高排名大学）和媒体输出（音乐、电影和书籍等产品输出的收入）为美国软实力提供了最强大的推动力。其次分别为自由度、偶像力量（《时代》杂志评选的100位最具影响力的人物）、最受尊重的企业、法治（一国的制度水平）和入境旅游（全球对东道国的兴趣）。美国只有两类评分低，二氧化碳排放和投票率。[43]可能有人会对这个索引的设置方式提出批评（《时代》杂志当然是一种西方中心论的出版物，纳入非西方行为体的可能性肯定更低），但是对中国而言其中有些方面毫无疑问是巨大的挑战。

大多数软实力排行都特别指出美国无与伦比的吸引全球顶尖人才的能

力。任何新兴势力吸引高质量移民的能力都难以望其项背，而高质量移民可极大地增强社会活力和创新能力。事实上，金砖国家几乎都难以吸引临近地区之外的移民。相比欧洲和美国往往达到10%的外国出生人口比例，巴西（0.3%）、印度（0.4%）和中国（0.1%）的比例极低。[44] 同样，西方大学吸引的国际学生也远比北京大学和清华大学等新兴国家顶尖高校更多。西方的智识领导力——其创建全球顶尖大学、机构和新闻网络的先发优势——远比经济甚至军事领导力更难撼动。即使数十年之后，很多亚洲一流的政治家都可能在美国学习过，但反之却不然。

苏长和（Su Changhe）写道，海外留学生"是推广美国文化不可忽视的一股力量"。[45] 然而认为文化吸引力是解释这些数据的唯一方式却是具有误导性的。到美国求学的学生有的或许是因为被西方文化吸引，有的则可能是因为留学归国后会得到更好的职业机会。

世界各国的精英从很久以前就开始来西方学习，这将如何塑造其各自所在国对西方的认识和外交政策，会是一个令人着迷的研究主题。然而可以确信并没有简单的答案，在西方工作和生活过的领导人后来采取了针对外驻东道国极为严苛的政策，这样的历史案例也有不少，比如几位印度独立时期的领导人。

结　论

过去二十年，软实力成为全球事务探讨中最重要的新思想之一。如上述分析所示，这种理念存在一些问题，因为随着反复的使用，软实力的含义变得非常宽泛。将软实力的概念放在崛起的非西方势力身上时，其缺点就显得尤其明显，因为非西方国家的战略并不像美国一样是依据自由国际主义霸权叙事展开的。但是抛开概念的模糊不清，软实力的思想指明了重要的方向，经济和军事实力并非仅有的关系重大的实力类型。软实力的概念对于理解相对无形的力量源头有着极高的重要性。

新兴国家的软实力潜力千差万别，但是对软实力的感知也因观察者和时间的不同而有所变化。在某一历史时刻（比如，某位政治家发表争议言论之后），中国可能在日本人眼中是不好的，但是这种认识可能在数月之后就会发生转变。世界杯期间，欧洲人对巴西的认识可能是正面的，但是几个月之后就可能变成负面的。俄罗斯可能在匈牙利有很强的软实力，但在波兰却不行。总之，根据软实力相关的几项要素的简要分析，能够相对清晰地看出，所有新兴势力在寻求对抗西方软实力的时候仍然面临着相当的阻碍。

未来几十年在这个领域，中国和美国将发生重要的竞争。2008 年的金融危机，美国领导的金融体系权威丧失，中国却能够延续发展的故事，似乎预示着未来世界正统性和影响力可以公开竞争。这种攻守转换在非洲的体现最为明显，越来越多的非洲领导人开始效仿中国（或者像卢旺达效仿新加坡）而不是尝试复制西方。

尽管面临政治僵局和经济失调等严重问题，美国相比新兴行为体，在国际事务中的正统性和影响力仍然要强很多。这很大程度上源自美国持续的创新能力，这是中国需要追赶的方面。

同样，西方的智识领导力以其在创建全球顶尖大学、研究机构和新闻媒体的全球网络先发优势为基础，比经济甚至军事领导力更难撼动。此外，尽管半岛电视台、RT 和 CCTV 等非西方网络媒体崛起，但是新兴势力仍需经历并克服极大的困难才能挑战发达的西方国家和其所创造叙事的新闻源。西方势力恰恰在这方面有极强的韧性，在该领域的改变可能要慢很多。因此，尽管西方可能在经济和军事方面有所削弱，但却仍能在相当长的时间里影响国际事务。

尽管如此，这些优势也仅仅是软实力的一个要素，预期中国可以在其他方面取得长足的发展，由此大幅提升其在全球特别是发展中国家的软实力。经济实力是全球软实力投射的基本前提，中国作为拉美、中东、中亚和非洲的核心经济合作伙伴，将在很大程度上塑造外界对中国崛起的认识。

第 4 章

中国引领国际新秩序：金融、贸易和投资

　　本章和下一章不是对未来全球秩序的模样做泛泛的猜测，而是介绍了二十多种倡议，大多数由中国发起，少数由其他新兴势力牵头。这些倡议作为一个整体，打造了一种平行结构，可减少几个西方领导的机构无所不在的身影。一些危言耸听者不切实际地期望中国会在不久的将来破坏现有结构，与之不同，本章的评述更加中立：北京（还有新德里和巴西利亚）的政策制定者应该会继续投资西方统治的结构并推动改革。然而与此同时，它们还会秘密地扩张很多不同领域的网络，随时准备吸引那些感觉现有机构无法满足自身需求的国家，或那些寻求摆脱美国获得更多自主权的国家。

　　因此中国并没有公开非议现有秩序。它所构建的大多数机构都是对现有秩序的补充或与其平行，很少会正面发起挑战——暂时如此。他们发起的倡议遍布各个领域，如金融、货币、基础设施、外交对话、贸易和投资、安全等方面。建立平行机构的主要目标就是逐步增强战略自主性，减少中国对西方控制机构的依赖。强化中国货币的作用，建立以中国为核心的全球支付体系就是其中一例。但是，中国不愿冒险且对自身局限性有清醒的认识，因此继续积极支持现有构架，使西方更难指责中国意图破坏现有秩序。此外，若干核心架构已经在现有的自由逻辑下初步或许永久地建立起来，比如金砖国家应急储备基金和清迈倡议多边化协议，二者都被纳入国际货币基金组织的体系中。同样，从广义上讲，金砖国家集团仍属于国际资本主义和全球安全框架的一部分。这也说明，至少现在新机构不太可能从根本上挑战现有秩序背后的逻辑。相反，这些新构架作为平行对冲机构被创造出来，不仅服务于中国，还服务于巴西、印度、南非和俄罗斯等行为体，可以降低他们对现有构架的依赖性，同时也不公开减少对这些构架的支持。随着权力向新兴势力迁移，这些构架可看作一种尝试，将他们成长的体量制度化，投射他们的实力，而且如上一章所述，通过承担更大的国际责任而提升软实力。对于西方而言，主要问题在于它们在多大程度上希望成为中国倡议项目的利益相关者，或是否要破坏这些新机构。

这些分析主要聚焦中国，因为它是唯一一个有切实全球计划的非西方国家——不同于其他新兴国家，它们虽然心怀全球野心，但尚缺乏施展雄心的实力。

表 4.1 至 4.5 展示了金融、贸易和投资、安全、外交和基础设施等领域非西方势力领导的国际机构，我将在本章和下一章做分析。该表右侧一栏是与新机构最相似的现有机构。

表 4.1 平行秩序：金融

非西方机构	传统机构
亚洲基础设施投资银行（AIIB）	亚洲开发银行
金砖国家领导新开发银行（NDB）	世界银行
金砖国家应急储备基金（CRA）	国际货币基金组织（IMF）
人民币国际化的全球基础结构	美元
人民币跨境支付系统（CIPS）	纽约清算所银行间支付系统（CHIPS）
中国银联	维萨（VISA）和万事达（MasterCard）
上海环球国际金融中心（GFC）	传统金融中心
世界信用评级集团（Universal Credit Rating Group）	穆迪（Moody's）、标准普尔（Standard & Poor's）
清迈倡议多边化协议（CMIM）	国际货币基金组织
东盟 +3	
东盟与中日韩宏观经济研究办公室（AMRO）	经济合作与发展组织（OCED）

表 4.2 平行秩序：贸易和投资

非西方机构	传统机构
区域全面经济伙伴关系（RCEP）	跨太平洋伙伴关系协定(Trans-Pacific Partnership)
亚太自由贸易区（FTAAP）	跨太平洋伙伴关系协定

表 4.3 平行秩序：安全（第 5 章）

非西方机构	传统机构
亚洲相互协作与信任措施会议（CICA） 上海合作组织（SCO） 金砖国家安全顾问会议	亚洲地区论坛（Asian Regional Forum） 北约中亚区

表 4.4 平行秩序：外交（第 5 章）

非西方机构	传统机构
金砖国家领导人峰会 金砖国家和对话论坛工作组及其他机构 博鳌亚洲论坛（BFA）	七国集团（G7，以前的 G8） 经济合作与发展组织（OECD） 世界经济论坛

表 4.5 平行秩序：基础设施（第 5 章）

非西方机构	传统机构
丝绸之路基金 / 一带一路 尼加拉瓜运河（Nicaragua Canal） 两洋铁路	巴拿马运河

金融：亚洲基础设施投资银行（AIIB）等

中国国家主席习近平最早提出建设一个中国倡议的地区性发展银行。当时在 2013 年 10 月，北京的政策制定者仅仅设计了银行的少量基本构架和指导方针。亚洲大陆需要额外资本实现基础设施现代化的需求毋庸置疑，亚投行的建立恰是这种趋势的一角。有一项广泛引用的研究显示，亚洲开发银行（ADB）称亚洲要走上可持续发展的轨迹，当前十年基础设施领域需要 8 万亿美元投资。[1] 但是缅甸等较贫穷的国家没有足够的手段实现这些投入，亚洲开发银行等既有机构也无法满足现有需求。ADB 每年借出 100 亿多一点的美元用于基础设施开发。按照传统，亚洲开发银行的总裁为日本人，尽管中国目前是该地区最大的经济体。同时，北京正在寻求巨大外汇储备战略布局的方法，使得创建一家新银行成为诱人之选。

此后一年，美国和日本展开了区域外交攻势，说服印尼、韩国和澳大利亚等国拒绝中国加入亚投行的邀请，希望以此降低这家新机构的公信力，使其看似一家中国中心主义的机构：这恰恰是北京希望避免的。美国的动机很明晰：得到广泛区域强力支持的亚投行会降低分别由华盛顿和东京领导的世界银行和亚洲开发银行的影响力。事实上，美国政策制定者估计，中国倡议的发展银行的崛起尽管可能会带来风险，但同时也将提升中国在地区内的影响力和软实力，这种趋势将极大地限制华盛顿在亚洲建立同盟的能力——以对中国的普遍憎恶为基础。

美国政策制定者使用的论据大多难以令人信服，印尼、澳大利亚和韩国因强大的外交压力最初才决定不加入亚投行。然而，上述三个国家内部，有重要人物发声称拒绝中国的邀请将使他们丧失影响一家核心区域机构运转方式的机会。[2] 之后不久，批评者赢得了胜利，日本成为地区内重要玩家中唯一未加入这家新机构的国家。

华盛顿反对亚投行的举动不仅是无用的，而且还损害了美国的国家利益：亚洲各国民众意识到美国试图维持其地区影响力，对亚洲的贫穷状况置之不理。认为亚投行一下子无法达到世界银行或亚洲开发银行坚守的环保和管理水准或许还有一些道理，但是以此为理由拒绝这家机构就显得很不恰当了。另外还有一种条理清晰的响应方式：可以积极接纳这项新倡议，但与此同时对会员国提供激励政策（其中很多为美国的盟友），促使推行更加严格的标准。矛盾的是，华盛顿施压首尔和堪培拉当局置身新机构之外，却失去了两个可以直接影响亚投行的机会。

这个插曲凸显了美国外交政策制定者要求崛起势力成为"有责任的利益相关者"的呼吁是多么不诚恳。毕竟，很少能有比投入 500 亿美元做地区基础设施开发的做法能够更好地例证中国"开始行动了"。令华盛顿当局惊讶的是，中国的行动已经发出明显信号，崛起中的国家希望按照自己的方式去承担责任，而不是接受美国领导的机构已建立起的规则和规范。与之相类似，2009 年华盛顿听闻巴西和土耳其决定与伊朗进行核谈判而暴怒——巴西和土耳其的举动挑战了西方在中东地区核扩散这一全球事务核心问题探讨中的垄断地位。

几个月之后，过去数十年里几乎在所有重要外交政策问题上保持同盟关系的伦敦和华盛顿当局少有地出现一次公开分歧，英国成为第一个申请中国倡议的亚投行会员身份的主要西方国家。戴维·卡梅伦（David Cameron）宣布英国加入的意愿是一着险棋，证明其对全球事务的理解比大西洋另一侧要深刻得多。（参见 4.1）

德国、法国和巴西等其他主要经济体也很快追随了英国的脚步。2015年 6 月下旬，五十多个国家的代表齐聚北京，参加亚洲基础设施投资银行协议书签约仪式。这是一项对亚洲和全球秩序都意义非凡的事件，其重要性无论如何强调都不为过。

亚投行的创立条款由五十七个创始成员国共同通过，该银行由一个无报酬、非常驻董事会负责监视（与世界银行、非洲开发银行和亚洲开发银行不同）。英语为工作语言，银行项目招标将向所有国家开放，这与亚洲开发银行不同，没有限制投标人只能是成员国。亚投行与现有机构的若干不同将会逐渐浮现，很有可能在不同观念之间制造健康的竞争，或将全面提升借贷业务的效率。

亚投行的创立是个好消息，原因有三。第一，成员国来自全世界，有利于按照一系列清晰的规则和规范操控。如果其他国家坚决反对该机构的方式，它们就会离开，这样的尴尬场面是中国领导人竭力避免的。对于发展中国家，从亚投行获取贷款相比直接与中国进行双边交易要安全很多。从更广的层面讲，中国选择多边主义的决定应该是值得欢迎的，相当于肯定了当今全球秩序的基本原则。

同时亚投行的创立也是中国在国际事务中成熟的标志。此事意义重大，正如亨利·基辛格曾说过的，胡锦涛－温家宝政府（2002—2012）是中国领导人中第一代将中国定位为国际社会全面平等地位成员而治理国家的。[3]中国将占据亚投行 26.06% 的表决权，使其能够有效地否决重大决定，其次为

总额 1000 亿美元	成员国	

区域性
非区域性

非区域性成员	区域性成员
250 亿美元	750 亿美元
前 10 投资人	前 10 投资人

德　国	45 亿美元	中　　国	298 亿美元
法　国	34 亿美元	印　　度	84 亿美元
巴　西	32 亿美元	俄 罗 斯	65 亿美元
英　国	31 亿美元	韩　　国	37 亿美元
意大利	26 亿美元	澳大利亚	37 亿美元
西班牙	18 亿美元	印　　尼	34 亿美元
荷　兰	10 亿美元	土 耳 其	26 亿美元
波　兰	8 亿美元	沙　　特	25 亿美元
瑞　士	7 亿美元	伊　　朗	16 亿美元
埃　及	7 亿美元	泰　　国	14 亿美元
其　他*	34 亿美元	其　　他**	34 亿美元

* 瑞典、南非、挪威、奥地利、丹麦、芬兰、卢森堡、葡萄牙、冰岛、马耳他

** 阿联酋、巴基斯坦、菲律宾、以色列、哈萨克斯坦、越南、孟加拉、卡塔尔、科威特、新西兰、斯里兰卡、缅甸、阿曼、阿塞拜疆、新加坡、乌兹别克斯坦、约旦、马来西亚、尼泊尔、柬埔寨、格鲁吉亚、文莱、老挝、蒙古、塔吉克斯坦、吉尔吉斯斯坦、马尔代夫

图表 4.1 亚投行股本。来源：亚洲基础设施投资银行

印度占比 7.5%，俄罗斯 5.92%。定义为"区域内"的国家占 1000 亿资本总额的 75%。然而，阿查亚在最近的一篇专栏文章中写道："亚投行……将使中国的领导力面临史上最严酷的考验。"[4]

第二，亚洲基础设施领域急需更多的投资，但是任何现有银行都无法满足如此巨大的需求。亚投行联合世界银行、新开发银行、亚洲开发银行及其他机构，将惠及亚洲经济，各方协力注将成为二十一世纪全球经济的中心。因此亚投行并不是对其他机构的威胁，包括下文将提到的金砖国家领导新开发银行也一样。

第三，像亚投行一样新设立的大型组织将从世界银行及他处积累的现有知识中极大获益，或许能够产出一些新理念和最佳实践方法，将全球发展论争带上新台阶。

金砖国家领导的新开发银行（NDB）

中国倡议的亚洲基础设施投资银行在北京正式成立不到一个月，另外一个全球性金融机构在 1200 公里外的南方成立。新开发银行总部设在中国的金融中心上海，其创立标志着金砖国家集团历史上的重要一步。金砖国家集团自 2001 年至 2007 年仅涉及投资领域，2008 年至 2014 年成为非正式平台，NDB 的成立预示着这个从建立之初就遭到西方媒体广泛质疑和否定的集团开启了新篇章。虽然不像亚投行一样受到媒体的广泛关注，但是 NDB 的初始资本也达到了惊人的 500 亿美元。金砖五国享有相同的表决权。

从各成员国关系的角度来看，NDB 和应急储备基金（Contingency Reserve Agreement，CRA）的设立将强化各国央行、国家开发银行和财政部之间的联系。而该银行的设立不仅应用作强化政府间的联系，而且应用作加强过去鲜有互通的社会交流。NDB 对借贷业务的影响只有在未来几年才能显现。银行首位主席卡马特（Kamath）承诺将带领银行"从最优实践走向更佳实践"，并补充称传统开发银行借贷往往"太僵化、不灵活且迟缓"。[5]

NDB 对全球治理的影响或许是引发最大兴趣的问题，尽管我们还需要等待数年才能清晰地了解它对既有机构能否产生影响并将如何产生影响。很多观察家将该银行看作是金砖国家修正主义议程的证据。比如瓦伦·萨尼（Varun Sahni）称，NDB 的成立是"修正主义力量聚合的强力案例，以至于挑战了世界银行和国际货币基金组织的构架和正统性"。[6] 另有人指出该银行的成立是新兴势力面对不愿或不能对其充分接纳的秩序而产生的自然反应。卡马特坚称："我们的目标不是挑战既有体系，而是以我们的方式改善和补足这个体系。"尽管 NDB 银行网站宣称该银行"作为既有美国领导的世界银行和国际货币基金组织的替代选择……而运营"，但是就此将金砖国家称作修正主义却是具有误导性的。NDB 的成立实际上显示了金砖国家意愿助力修复已无法满足现有需求的体系。如上文所述，只有那些将美国领导而非体系规则和功能看作当今秩序决定因素的势力，才会将新兴势力称作修正主义。

NDB 的成立对金砖国家集团而言是一个胜利，但是该集团最大的挑战还在前面。创建一家全球活跃的开发银行很困难，金砖国家要有足够的智慧吸取现有机构的经验。成员国欢迎实用主义，银行的核心决策人比如卡马特（有私人银行历史）和诺盖拉·巴蒂斯塔（Nogueira Batista，来自国际货币基金组织），具备既有银行的专业经验。虽然新机构首先必须展现其对解决国际发展挑战能有实际贡献，但是 NDB 和亚投行或许可以象征一种完全不同的世界机构图景：更复杂、西方中心化较弱但最终将更有利于多极化世界。

尽管如此，还是有必要将 NDB 的规模纳入考虑范畴。印度和中国是世界银行最大的两个借款人。加上巴西，三国共有 660 亿美元的未偿债务，比这家新成立的金砖国家领导银行原始认购资本还高。[7] 直到 2014 年，金砖国家集团一直被诟病缺少约束性规则，而联合开发银行和经济储备基金的设立可以看作是金融合作制度化的第一步。此外，金砖国家还需要制定规则和规范，引导两项倡议的行动。比如，贷款如何与监视监督机制和政策制约性挂钩？上述机制如何设定？如果不遵从世界银行的逻辑，它们将制定怎样的借贷和管理范例？从金砖国家的政策言论来看，毫无疑问对于已经无法反映当今实力分配的全球体系，它们渴望带来一些改变。金砖国家在占据权力地位之后是否愿意保持现有体系不变？如拉荻卡·德塞（Radhika Desai）所说：

> 金砖国家之间确实有黏合剂：它们有共同的经历，对过去数十年新自由主义发展模式的抵制，至今西方统治的 IMF 和世界银行仍在宣扬这种模式……它们呼吁 IMF 和世界银行改革已经很多年，但频频受阻。它们不愿继续等待，于是决定行动起来。[8]

然而，金砖国家打算用什么来取代新自由主义发展模式，金砖国家开发银行等机构和金砖国家应急储备基金等协议在金砖国家的世界预期中将扮演什么角色？对于全球南方的很多思想家而言，金砖国家开发银行和应急储备基金的设立都代表着"新兴经济体的重大举措，脱离西方国家宣传了六十多年的传统捐赠 - 接收模式"。[9]同样，南非财长普拉温·戈尔丹（Pravin Gordhan）称："我们应将金砖国家银行看作分享资源、实现共赢新范式的一部分。"[10]但是这些在实践中到底意味着什么？

更具制度化的机构建立将迫使金砖国家更清晰地阐释他们的基本观点，明确如何实现金融稳定和经济发展，确保全球金融和经济体系的健康未来。如纳利卡（Narlikar）所说，这些机构的建立"可能是金砖国家走向更加积极的议程设定计划的第一步"，也是金砖国家摆脱被动立场，更坚决地参与国际事务的机会。[11]这还将迫使金砖国家决定将从多大程度上挑战现状。

南南合作不同于南北合作的叙事并非毫无争议。对这种假设以及金砖国家崛起将有益于所有参与方的观念持批评态度的评论家指出，所谓的金砖国家"争夺非洲"暗示南南合作越来越像南北之间的经济交流。他们称，毕竟像巴西、印度和中国等新兴国家正在转型成为全球经济的核心支柱，因此全球南方内部之间的差距必然会逐步拉大。[12]邦德（Bond）写道，恰如

1884—1885 年在柏林召开的非洲会议，2013 年 3 月在南非德班（Durban）召开的第五届金砖国家峰会——在此次峰会期间，金砖国家决定创建自己的开发银行——旨在"瓜分非洲"。[13]

金砖国家应急储备基金（CRA）

2013 年在德班举行的金砖国家第五次峰会，各国领导人决定建立 1000 亿美元的应急储备基金（CRA），以应对新兴经济体中可能出现的任何金融危机。与金砖国家银行不同，CRA 的想法是相对近期才出现的，在 2012 年 6 月洛斯卡沃斯（Los Cabos）二十国集团峰会上的一次会议中由金砖国家领导人首次探讨。

与开发银行不同，应急储备基金需要的政治磋商少得多，从 2015 年伊始就开始全面运行。CRA 储备池的建立相对简单是因为不需要任何实体机构去运营。储备金并不是要实际收集并纳入共同基金，而是由各国央行持有，指定专门目的使用。只有在某一成员国经济出现危机时，应急基金才会开始运转，起到缓冲或后援的作用。考虑到过去数十年里全球金融危机出现的频次和规模越来越高，设立额外的基金供主要国家在危机时迅速代用，很可能将提升投资者的自信。

中国贡献了 410 亿美元，其后是巴西、俄罗斯和印度，分别投入 180 亿美元，南非贡献 50 亿美元。[14] 在部分观察家看来，1000 亿美元应急储备基金的设立旨在为发展中国家播下替代金融结构的种子，称该基金是对 IMF 的直接挑战。第五次峰会之后，印度媒体频频称赞 CRA 的建立，将其称作"印度全球金融架构改革的重要胜利"。普京也称，CRA "为保护我们国家经济免受金融市场危机的影响建立了坚实有效的保护"。[15] 然而至今此类解读还很少。主要原因在于从全球角度来看，1000 亿美元的基金还是相对较小的。中国不经 IMF 许可，可以从 CRA 借贷 62 亿美元；其他参与者可借贷的数额相对更小。相比之下，二十世纪九十年代 IMF 批准向俄罗斯借贷 380 亿美元，

2002 年向巴西批准 150 亿美元的备用信贷。因此，目前 1000 亿美元的 CRA 仅仅是更大基金的踏脚石。

更重要的是，金砖国家的 CRA 与 IMF 建立了联动。只有 30% 的成员国额度可以不通过 IMF 程序获取。成员国申请余下 70% 时必须满足 IMF 程序，包括其"政策处方"。从这层意义上讲，金砖国家 CRA 还远远无法与当前 IMF 领导的秩序抗衡。事实上，它将寄存于现有体系中。

清迈倡议多边化协议（Chiang Mai Initiative Multilateral, CMIM）

清迈协议（CMI）是 2000 年 5 月在东南亚国家联盟（Association of Southeastern Asian Nations, ASEAN）与中国、日本和韩国之间签订的一份协议。[16] 该倡议的主要目的在于强化区域抵抗全球经济风险的能力。[17] 该协议旨在为成员面对货币危机时提供应急流动资本——同时避免对 IMF 的依赖，因为在 1997—1998 亚洲金融危机期间，IMF 在提供紧急贷款时有滥用权力的做法。[18] CMI 确实给予了大权重成员经济体更多的表决权，但是并没有否决权（就像美国在世界银行中一样），这种设计旨在保护较小经济体的利益。[19] 东盟 +3 的财长在 2004—2005 年间再次对 CMI 做了评估，并启动了"第二阶段"，将互惠信贷扩大了一倍。2009 年 CMI 在新加坡建立总部，并重新命名为清迈倡议多边化协议（CMIM）。成员国所谓的多边化是指以地区为基础的集体化、设立正式的储备池、资金支出权重表决体系和监控能力的强化。如今，该协议下成员国可使用 2400 亿美元应急流动资本，以保护区域免受全球金融冲击。尽管参与国曾考虑过像 IMF 一样将储备金汇集到一个账户上，由一个秘书处负责持有、管理和分配，但最后还是决定专项指定储备金用于共同基金，而不是将其存在国家央行和财政部的账户中。

然而，当前证明 CMIM 不会对 IMF 造成威胁的证据在于该协议下的一项规定，CMIM 保护伞下的国家只能获取应急信贷额度的很小一部分，除非被迫与 IMF 洽商签订一份备用协定。成员配额中只有 30% 可以不经 IMF 程序就提取使用——和上文所述金砖国家 CRA 一样。要获取余下的 70%，成员国必须接受 IMF 的程序，包括饱受争议的"政策处方"。这种与 IMF 的联动从协议签署早期就饱受抨击，比如马来西亚曾提议 CMI 彻底独立于 IMF。[20] 此外，CMIM 是按美元流动性支持储备设计的，因此不接受当地货币互惠信贷。[21]

有些人将 CMIM 描述成走向亚洲货币基金组织（AMF）的关键一步，一旦 AMF 建成将能完全独立于 IMF。[22] 然而，由于与 IMF 联动要求建立区域监督机制，成员国决定互惠信贷协定应继续作为 IMF 工具的补充。当时，日本积极推动与 IMF 联动，以使新机构获得更强的公信力。然而马来西亚坚持要设立研究小组，评估出最终摆脱 IMF 联动的方法才同意联动的方式。但此后并没有按这个方向进行任何有益的尝试。究其原因主要还在于成员国之间的信任缺失。[23] 因此 CMIM 是 IMF 融资的"平行防卫线"。

人民币国际化的全球基础结构（Global Infrastructure to Internationalize the Yuan）

自 2009 年起，中国就开始有控制地推行人民币国际化。人民币跨境支付系统（CIPS）的建立是该战略的核心要素，同样重要的还有将上海打造为全球金融中心。正如时任中国国家主席胡锦涛在 2011 年解释的："当前的国际货币体系是历史产物。"[24] 设定这种战略的原因很清晰。美元的全球统治力为美国提供了极大的特权。美国借款成本更低，使得政府抹平赤字，公司筹措资金比他国简单得多。换言之，美国只需做更少的工作就能维持全球投资者的信心，降低政府债务的压力相比其他货币在国际体系中不重要的经济体，也要低很多。

正如克里斯托弗·莱恩所说：

美国的地缘政治优势取决于美元的储备货币角色。如果美元失去现有地位，美国的霸权统治将无以为继。美元的储备货币地位其实是一种很特别的"信用卡"。它之所以特别是因为美国不需要赚钱来付账单。一旦账单到期，美国就从国外借款和/或印钱支付……如果没有美元储备货币地位带来的这张"信用卡"，美国就要通过增加税收和利息、少消费多存钱来支付对外和对内的高昂花费；或是勒紧裤腰带，大幅降低军事和内政开支。[25]

此外，美元的地位也使得华盛顿当局能够更有效地运用它的政治影响力。美国只要施加制裁，很多国家都要被迫跟进。毕竟，大多数国际银行都需要接入美国银行系统，而想要接入还需一张许可证。因此，全世界的银行不得不跟进美国施加的制裁，就如在伊朗和朝鲜一样。

尽管中国政府的目标是在中长期创造"货币多极化"，但是人民币的国际化还应小步慢走，这样才不至于导致不稳定或国内国际经济的焦虑。给人民币更多的自由可能会使这种货币变弱，刺激资本外逃。自从中国启动人民币国际化之后，使用人民币与中国结算的金额大幅上涨。如今中国全球贸易有将近 30% 是用人民币结算的。

或许人民币国际化最重要的举措就是与各国央行签订的货币互换协定和解放资本市场的人民币合格境外机构投资者（RQFII）计划。2015 年 5 月，中国通过中国建设银行建起第一家拉丁美洲人民币清算银行，并分配了 500 亿元（约 81 亿美元）的 RQFII 配额。RQFII 计划从 2011 年底启动，使得离岸获得的人民币可以在中国在岸市场购买股票和债券。2015 年底全球未清偿 RQFII 配额达到 9200 亿元。[26] 自 2008 年起，中国已经与近三十个国家达成了 5000 亿美元的货币互换协定，这些国家包括阿根廷、加拿大和巴基斯坦。[27] 2013 年，巴西与中国签署了一份为期三年、价值 300 亿美元的货币互换协议。

2015 年底的一次 IMF 董事会议上，中国的人民币加入了用于估值本币的一篮子货币。这是十五年前纳入欧元之后，该机构对特别提款权（SDR）篮子做出的第一次重要改变。IMF 将一种货币纳入特别提款权篮子的先决条件就是这种货币被认可为全球货币，必须得到"广泛使用"，而且"可自由使用"。考虑到中国的经济体量，这个决定已经迟到了很久，但依然标志着中国政府提升人民币全球形象的努力取得了里程碑式的成果。全球各国央行更可能将人民币纳入各自的储备货币中了。

未来人民币国际化还有很大空间。

从可自由使用货币的三项金融指标看，至 2021 年，人民币所占的比重将全面超过日元和英镑，"十三五"期间人民币成为第三国际货币几乎已成定局。至 2030 年，国际货币会形成美元、欧元、人民币三足鼎立的格局，形成稳定的货币三角。当然，过程不可能一帆风顺。2015 年底美国国会通过 2010 年国际货币基金组织份额改革方案，而这个方案是 2009 年美国出于让发展中国家都参加到危机的救助中去的动机主动提出来的，但美国国会拖延五年才表决。这表明，在推进人民币国际化、发展中国区域和集团化的过程中，每前进一步都面临各种各样的阻力。这或许是一项危险的战略。正如马拉比（Mallaby）和韦辛顿（Wethington）所说：

> 只有国内金融体系以这种方式加以强化，开放经济，允许外国资本流入，允许汇率浮动，允许本国货币离岸流转才是安全的。货币国际化应该是改革的结点，而不是起点。[28]

因此人民币国际化的速度不仅取决于中国的发展轨迹，还取决于内部力量的动态。有很坚实的经济依据证明人民币改革成为全球储备货币对中国经济也有消极影响：将导致外国人购买并持有大量人民币，从而导致人民币永久升值，由此损害中国的出口。此外，如果美元丧失无争议的储备货币地位，货币贬值则不可避免，将对中国的美元储备价值产生不利影响。

然而，现在要说人民币到底有没有可能挑战美元全球主要储备货币的地位还为时尚早。人民币被纳入 SDR 后，以往推动人民币国际化高速增长的两大动力遭遇严峻挑战：一是贸易结算份额下降，外部需求低迷，贸易增长乏力；二是人民币升值预期逆转，主要发达国家经济逐渐复苏，美联储加息致美元强势回归，欧元区投资较快增长，资本流出加剧，导致人民币汇率波动。孙仁柱（Injoo Sohn）还指出其他一些困难：

缺少正式的同盟似乎也限制了中国推行人民币国际化可使用的政治手段。二战结束后的几年里美元的国际化不仅得到了美国本国的支持，而且还有核心西欧同盟的支持——中国在追求人民币国际化的过程中并没有这样的支持。[29]

二十世纪中期从英镑到美元过渡的时期，风险之所以可控很大程度上是由于英镑和美元都能以黄金为基准兑换。华盛顿和伦敦的政策制定者在很多关于全球秩序的话题上也保持一致。相反，华盛顿和北京认为双边关系更多地处于一种不确定的互相依赖和猜疑背景下，因此无摩擦的过渡更难。尽管如此，中国的计划还是应该受到欢迎和鼓励，正如巴里·艾肯格林（Barry Eichengreen）所说："有超过一种应急借贷人和多种国际清偿源的优势，对世界其他国家只可能是好事。"[30]

期望将人民币转化为全球贸易货币，对于即将成为全球最大经济体的国家而言是很自然的。人民币已经占到全球贸易金融业务总额的近9%，仅次于美元，居第二位。中国的货币还位列全球最常使用的支付货币第五位，列于美元、欧元、英镑和日元之后。尽管如此，人民币还是远远无法威胁到美元的统治地位。全球支付只有不到3%涉及人民币，而涉及美元的支付则超过40%。但中国有了自己的国际货币，就可以做自己的国际银行家。这是一个巨大的变化，意义重大。中国过去一直是输出储蓄，华尔街把中国的储蓄变成资本对外输出。而人民币国际化以后，中国可直接输出储蓄、输出资本、甚至输出国际货币。

人民币跨境支付系统（Cross-border Interbank Payment System, CIPS）

中国人民币跨境支付系统是创建平行秩序的核心步骤，由于可降低交易成本，所以会大幅增加人民币的全球使用。现有网络下处理人民币支付相对较慢，因此无法使人民币与其他全球货币比肩。跨境人民币清算需要在伦敦、香港、新加坡或中国大陆一家银行做离岸人民币清算行。

乍一看，CIPS 无非是一个辅助交易的平台，但是它的中长期效果却极为显著。有 CIPS 的帮助，银行和公司就可以通过一条与美元核心构架相脱离的"金融高速路"在全球转账。因此被排除在美元体系之外也不再像以前一样令人担忧了，减少了美国制裁作恶国家的手段。此外，因为美国国家安全局（National Security Agency, NSA）会通过环球银行金融电信协会（SWIFT）追踪国际支付，所以不用再完全依赖 SWIFT 系统将降低中国对间谍活动的担忧。

2015 年包括汇丰、花旗和渣打银行在内的一些银行被选定开始搭建 CIPS。虽然最初阶段仅纳入了在岸实体，但是 CIPS 最终将开启离岸到在岸人民币支付和中国境内外支付。有些人认为中国目前的金融不稳定将阻碍政府调整全球构架以适应其当前经济实力尝试，这种想法很可能是错的。即使未来几年中国和美国以相似的速度发展，改革的需求仍然存在，而且考虑到中国全球第二大经济体的地位，其在经济和安全领域的各个机构中的代表力量尚有不足。

尽管 CIPS 不会挑战 SWIFT 系统的全球统治地位，但还是能够显著提升中国的自主性，而且一旦 CIPS 变得不可或缺，也可能助力中国更轻松地完成影响力投射。

中国银联（China UnionPay）

中国引领的平行秩序中另外一种核心要素就是中国银联（CUP），旨在对维萨和万事达等现有全球行为体做补充。银联是中国国内银行卡组织，中国银行卡行业协会和中国唯一的银行间网络，由大约 85 家银行共同拥有。银联卡可以在全球 140 多个国家和地区使用，按交易额计算是维萨之后第二大的支付网络。银联在中国居统治地位：2014 年 80% 的借记卡使用银联，占总交易额的 72%。事实上，全球流通的银联卡总量几乎与维萨和万事达相加一样多（从 2002 年创立起共发行 45 亿张），而且预测未来几年银联还将继续壮大。[31] 大陆消费者称这家银行卡公司为"中国崛起"（"China Up"），成为中国崛起的一个新象征。在中国大陆之外，截至 2014 年底银联已经发行了 3300 万张卡，并计划在未来三年里"实现突破性发展"。2015 年，银联芯片卡标准被泰国本土银行引入，成为泰国银行工业的标准。泰国是第一个将银联标准作为本地芯片卡统一标准的海外国家。[32] 然而像维萨和万事达等全球运营商已经获得在中国国内支付结算的牌照，所以银联将面临越来越强的竞争。

事实上，为回应西方制裁，当维萨和万事达封锁了俄罗斯银行（Bank Rossiya）和 SMF 银行的持卡人账户时，俄罗斯也欣然接受了中国银联。[33] 恰如亲政府的新闻媒体今日俄罗斯（RT）在 2014 年底刊发的文章所写的那样："忘记维萨和万事达。3 月份这两家美国信用系统支付公司未经通知就冻结账户之后，俄罗斯已经找到中国银联作为替代选择。"[34] RT 继续称，中国银联将成为俄罗斯摆脱西方的暂时性解决方案，俄罗斯本国也将推行自己的支付系统：所谓的国家信用卡支付（National Card Payment，NSPK），尽管要用几年才能开始运营。

上海环球国际金融中心（Global Finance Center, GFC）

除了过去几年里建立的几家机构之外，中国国务院还在2009年明确设定目标，要在2020年前将上海建设成全球金融中心（GFC），比肩全球金融中心伦敦和纽约。金融中心汇聚了巨大的经济力量，如果能有一座金融中心对于补足中国在贸易扩张方面的努力将至关重要。换言之，全球大国不能没有全球性的金融中心。对此科怀（Kawaii）是这样解释的：

区域中心可以发展成为全球金融中心，只要能为全球参与者——在全国和区域参与者之外——提供深度且流动性的金融市场；成为全球金融信息中心；有受过高等教育且得到过良好专业训练的人才库（可从事投行、法律、会计以及信息和通信技术等行业）；提供有益的、有响应的监管环境；确保经济自由并有清晰的法律确定性支持。[35]

中国将上海打造成全球金融中心的意图，与人民币国际化、创建人民币跨境支付体系以及2013年中国（上海）自由贸易试验区（FTZ）的设立——被看作是中国政府最具创新性的试验——都密切联系。最初上海设立的是中国大陆第一个自由贸易区，后来又设立三个：分别在福建、广东和天津。正是在这些区域里（主要是上海）中国政府启动了自由试验，不仅在贸易、人民币兑换和利率体系等方面，还在金融领域合资企业的监管等问题上。事实上，人民币的全面自由兑换将是上海与现有金融中心竞争的必要条件。在那之前，任何此类言论都是牵强附会。

2014年，上海黄金交易所（SGE）国际板启动，这个全球交易平台位于城市的自贸试验区，此举旨在挑战纽约和伦敦在黄金贸易和定价方面的统治地位——被认为有极强的战略重要性。近期中国成为全球最大的黄金进口国，SGE成为全球实体黄金交易量最大的平台。然而，上海对黄金定价的影响力还无法与伦敦或纽约匹敌。SGE在全球黄金交易市场中排名第四，位于迪拜之前。为了增强上海的吸引力，未在中国注册的外国投资人现在也可以在这个国家做黄金交易。中国以每千克元计价的指数也有利于惠及本国消费者，保护他们免受外国货币计价指数的扰乱——这样的做法有操控倾向，或是偏向"西方利益"。[36] 上海还在寻求建立一些其他商品的定价基准，其中最重要的就是石油。

因此中国面临的挑战是很复杂的，不仅涉及设立清晰的监管架构，还要从全世界吸引人才，这就要求将上海变成一个有吸引力的城市。中国政府或许不得不着手深入改革，创造极强的势头，使年轻人才喜欢上海胜过纽约、苏黎世、新加坡或其他世界各地的金融中心。为了提升吸引力，政府正考虑降低金融从业人员的个人所得税，特别是考虑到香港的个人所得税只有15%的情况下。上海交通大学高级金融学院等大量的教育投入，旨在助力提升城市知识基础设施。毕竟，银行仍然更喜欢新加坡和香港，因为那里有更庞大的人才库，这是另外一个发达国家几乎总能胜过贫穷国家的方面。证据显示，全世界各地大多数金融高管都要求大幅提高薪资水平才会接受中国大陆的岗位，即使上海比北京或重庆等中国大陆城市有更自在的生活方式也难以摆脱这种困境。

毫无疑问，上海的优势在于它是即将成为世界最大经济体的国家金融中心，尽管该国很多金融力量仍集中在香港和北京。当然，这也并不意味着上海就可以与伦敦和纽约展开全面竞争。两个城市成为全球化进程的中心都超过两个世纪，即使上海在金融能力上能够实现真正的竞争，但是未来数十年里，这两座城市在全球范围的文化刻板认同仍将继续存在。

伦敦仍处于统治地位就是很现成的例子：尽管美国经济不断扩张，一战对其造成负面影响和大英帝国的经济实力逐渐衰退，但是纽约从未取代伦敦成为全球金融中心。[37] 这也显示，即使经济主体（在这个例子中是英国）在全球经济中不再扮演核心角色，金融中心也可以持续保持强势。因此，单单中国的经济增长还不足以助力上海取代现有的全球金融中心。

将上海打造成国际金融中心的想法并算不得具有革命性。在中国眼中，这关乎重塑这座城市的核心角色，早在二十世纪二十年代至二十世纪三十年代就开始了，当时上海是一座大都市，有相当的国际曝光度。然而，今日的雄心并不仅仅是复制过去；北京政策制定者的兴趣不仅仅在于占据全球最重要的股票交易市场。他们想要上海金融界英才齐聚，共同发展能够塑造未来数十年全球金融业的思想。简而言之，中国政府希望上海以金融中心的身份成为全球金融领域主要的议程设定者。鉴于届时中国很可能已经成为世界最大的经济体，金融力量的分散化以及领域决策者多样化并均匀分布在各地的状况也是值得欢迎的。毕竟，伦敦和纽约的均衡和相似程度都比上海强很多，上海却能够代表更多样性的全球金融态势。

上海的改革很重要还有另外一个原因：一旦政府感觉足够安全可以逐步放开紧握的国家金融体系，上海就很可能会作为蓝图服务于中国其他地区。

世界信用评级集团（Universal Credit Rating Group）

建立金砖国际领导的评级机构的想法在过去几年里一直在被频繁探讨，据称俄罗斯政府尤其有志于推动这个项目。俄罗斯金砖国家事务副协调人（Sous-Sherpa）[38] 瓦季姆·卢科夫（Vadim Lukov）反复指出，金砖国家的专家正在探讨创建一家全新的、独立的评级机构，以对抗西方评级机构被认为具有地缘政治偏见的经济评估文化。俄罗斯对建立这样一个机构的兴趣显而易见：国际评级机构标准普尔近期将俄罗斯主权信用评级降级为低于投资率的BB+，并做出负面预期。所有金砖国家中，俄罗斯经济对全球商品价格的依赖性最强，而西方制裁又进一步导致该国经济前景恶化。

事实上，俄罗斯政府经常指责西方评级机构按照美国的政治利益行动，称最近的降级意在损害俄罗斯，而不是提供独立的评估。俄罗斯外交部对外经济合作局局长叶夫根尼·斯坦尼斯拉夫（Evgeny Stanislavov）称，西方机构宣称俄罗斯经济状况糟糕是错误的，与"精心策划的反俄运动的逻辑完全一致"。[39]

中国的一些分析也响应了这种观点。中国大公国际信用评级集团董事长关建中说："全是意识形态标准，与中央政府创造税收的能力及偿债的能力毫不相关。如果用这些标准评估美国的信贷危机，可能会得出结论认为美国经济永远不会出问题，因为他们可以通过印钱来偿还债务。很显然这些标准并不公平。"据俄罗斯政府的意见，唯一的解决方案就是建立由金砖国家领导的"独立"评级机构。[40]

2013 年，在俄罗斯和中国政府的支持下，世界信用评级集团（UCRG）成立，但尚未公布第一项评级。"在初始阶段，该机构将评估俄罗斯 – 中国的投资项目，着眼于吸引一系列亚洲国家 [投资人]。"俄罗斯财政部长安东西卢阿诺夫（Anton Siluanov）说："我们相信，随着该机构的发展和权威性增强，最终其意见一定能够吸引到其他国家。"[41]

毫无疑问"三大"（穆迪、标准普尔和惠誉国际）的地理集中性肯定有很大的问题，中国作为世界第二大经济体自然会寻求建立自己的评级机构。毕竟，"三大"颁布的评级对政府和公司等大规模借贷人有着极大的影响；它们对于投资人决定如何分配数十亿美元的投入起到决定性作用。它们的评级预示着债务买方有多大的可能收回资金。

挑战在于确保 UCRG 有公信力且被认作不受政治影响。只有这样，它的评级和报告才能得到外部观察家的认真对待。尽管有证据显示西方政府也对西方评级机构施压，但是后来者仍要面临攻坚战，必须要特别小心不被外界看作是根据政治利益而行动。然而，如果 UCRG 能够建立国际信任，这个新玩家的崛起确实能够刺激体系改革，原有体系未能预见 2008 年的金融危机，且自那以后也没有做出足够的调整。

俄罗斯和中国极其渴望巴西、印度和南非能够支持建立金砖国家领导的评级机构，但是其他金砖国家的立场仍相对中立。时任世界银行顾问和现任巴西 IMF 总代表奥塔维亚诺·卡努托（Otaviano Canuto）说："评级机构必须完全独立于政府的立场。如果一家评级机构由政府资助建立，其独立性肯定很有限。"他还补充认为由金砖国家成员创建这样一家机构的可能性"非常低"。[42] 2015 年在俄罗斯举行的第七届金砖国家峰会中签署的《乌法宣言》（Ufa declaration）里并没有出现该议题，这也意味着该议题有待进一步磋商。

东盟 +3（APT）

作为亚洲区域合作日趋密切的象征，东盟 +3 集团出现，负责协调东盟与中日韩之间的合作。东盟十国和东亚三国政府领导人、部长和高级官员在越来越广泛的问题上展开磋商。该集团于 1997 年以专责性质建立，东京和北京的领导人很快推动了制度化；自 1999 年马尼拉峰会实施《东亚合作联合声明》之后，APT 财长一直保持了定期磋商。虽然清迈协议（CMI）是 APT 最重要的贡献，但自那以后其合作范围已经不局限于金融，变得更加广泛。如今，这个集团协调了安全、经济和金融合作、贸易、社会政策和发展等各个领域的活动。比如，埃博拉病毒在西非爆发造成全球紧张的时候，APT 领导人在曼谷会面，形成区域共同应对政策。[43] 在 2014 年的峰会上，中国承诺第二年向东盟国家提供 4.8 亿美元，折合 30 亿人民币的援助，帮助这些地区减少贫困。

东盟与中日韩宏观经济研究办公室（AMRO）

东盟与中日韩宏观经济研究办公室（ASEAN+3 Macroeconomic Research Office, AMRO）自 2011 年 5 月在新加坡启动合作。该办公室负责对 1200 亿美元的清迈倡议多边化协议（CMIM）货币互换安排执行区域监控功能。2013 年，成员国（东盟、中国、日本和韩国）以一个国际组织的形式创立了 AMRO。正如泰国银行当时宣称的那样：

该协议旨在强化 AMRO 作为一个独立监督机构完成监控、评估，报告宏观经济稳定性和成员国金融健康状态的实效性。事实上，该协议对识别区域风险和缺陷、提供及时的政策建议等作用也有描述。[44]

AMRO 旨在巩固区域金融稳定性和强化清迈倡议多边化协议。AMRO 与经济合作与发展组织（OECD）及其他既有机构联系密切。东盟 +3 财长在 2013 年宣布：

我们很赞赏 AMRO 在与相关国际金融机构（IFIs）的合作中所做的努力，比如频繁与 IMF 和 ADB 就区域宏观经济发展交换意见，主持联合研讨会，指导联合研究。[45]

尽管现阶段 AMRO 并没有开展全球化活动或尝试吸收区域外成员的雄心，但是作为制度平台，AMRO 引领的活动已经可与 OECD 比肩。

贸易和投资：亚太自由贸易区（FTAAP）等

与金融领域一样，在贸易和投资领域中也有越来越多的以中国为中心的倡议在积极活动，我们将在下文详述。鉴于美国试图在中国周边强化其经济存在感，作为其"重返亚洲"（"pivot to Asia"）战略的支点，贸易和投资领域的这些活动的意义也相当重大。

区域全面经济伙伴关系（Regional Comprehensive Economic Partnership, RCEP）

美国在近期试图阻止他国加入中国亚投行遭遇外交灾难之后，其政策制定者压力陡增，积极寻求提升在亚洲贸易方面的存在感，全力促成"跨太平洋伙伴关系协定"（Trans-Pacific Partnership, TPP）这一潜在的历史性贸易协定——如果通过美国国会批准——将美国、日本和其他十个国家联系起来。中国希望降低华盛顿在其周边国家存在的目标很可能会遭受重挫。此外，如果各参与国立法机关批准，TPP 将联系起美国和二十一世纪的经济中心，世界经济发展最快的区域，并强化其与核心盟友日本的联系。奥巴马的重返亚洲战略一直停留在纸面上，TPP 将成为实践的第一步。

中国被排除在 TPP 谈判国之外，作为回应，开始推动区域全面经济伙伴关系（RCEP），也将美国排除在外，同时助力修复北京和东京之间的关系。美国和中国在地区影响力上的争斗也占据了关于贸易协定的论争。RCEP 的磋商在 2012 年 11 月金边举行的东盟峰会上启动，和 TPP 一样，也联结了全球经济的很大一块，将中国和日本置于中心位置，协调贸易相关规则、投资和竞争体制。RCEP 包括各种类型的规则，关乎投资、经济和技术合作、知识产权、竞争、争议解决和政府监管等。值得注意的是，未来数十年将在亚洲经济中起关键作用的印度也加入了这个集团。

最后形式的确认包括交换商品、服务和投资条件，披露免税产品数量和在该协议下不做任何关税减免的产品种类。各方期望尽快达成共识签署 RCEP 协议，但是考虑到牵涉大量的利益，磋商很可能需要用更长的时间。有人预测，最终结果很可能是华盛顿和北京都无法成为区域议程设定者，塑造出东南亚和东亚地区经济合作的框架，助力保障经济利益。而现实情况是 RCEP 谈判各方积极磋商，进展顺利。这表明，RCEP 顺应区域一体化发展的时代需求，切合东亚地区一体化实际，其最终成功，可以期待。而 TPP 因美国退出至今停滞不前。

在贸易协定方面，零和思维并不盛行。两项协议之间有实质性差异：RCEP 旨在整合东盟及各独立合作伙伴间的既有自由贸易协定，而 TPP 是美国等几国联合发起，号称全球最大的区域自由贸易协定。

亚太自由贸易区（Free Trade Area of the Asia-Pacific, FTAAP）

与 RCEP 类似，亚太自由贸易区（FTAAP）也是由中国倡议的，作为 TPP 的替代选择出现。北京并没有积极反对或破坏 TPP，而是积极推动替代方案。除了参与 TPP 的国家之外，FTAAP 还包括中国和俄罗斯。亚太经合组织（APEC）最早在 2006 年河内召开的峰会中正式启动 FTAAP 概念的探讨。虽然 FTAAP 不是由中国发起，但是习近平主席在 2014 年 APEC 峰会上公开支持这项倡议。根据布鲁金斯学会（Brookings Institution）的米雷娅·索利斯（Mireya Solís）所述，其中原因有三：

首先，通过追求最具野心的目标——兼有中美的亚太贸易集团——在定义贸易议程方面一石激起千层浪。第二，避免"跨太平洋伙伴关系协定"成为经济整合的重点，防止美国重申在太平洋地区的领导地位。第三，为中国在草拟新经济秩序规则方面开创一种更积极的态势——与美国站在平等的位置上。[46]

在峰会上，美国避而不谈 FTAAP 达成的时间表，但在中国的主持下启动了实现 FTAAP 相关问题的集体政策研究。因此 FTAAP 并不是直接对抗或挑战美国推行的 TPP，而是一种尝试，避免在探讨地区议程设定和贸易相关规则制定时被抛在一旁。中国支持这样一项计划的启动显然是基于战略考量的决定。

结　论

2009 年杰奎琳·布瑞乌波尔 - 瓦格纳（Jacqueline Braveboy-Wagner）预测全球南方国家之间的合作将越来越多。她在文章中称，它们已经：

　　通过共同经历构建出一种身份或一系列地区身份，这种身份促进了合作，稳固了联系，因为国际体系中仍然长存等级制度。只要这种等级制度不改变，国际体系及组成这种体系的国家和其他团体没有更包容，全球南方的联系将体现到越来越多的南南合作活动和机构上。[47]

　　事实上，只要中国能够保持高于平均水平的发展轨迹，我们在未来几年里就将看到若干新构架的涌现。金砖国家正在考虑各种可能性：设立自己的信用评级机构，提升双边货币互换额度，用本土货币结算金砖国家跨境贸易的机制。人民币跨境支付系统（CIPS）将成为北京的SWIFT，将极大减少西方作恶国家孤立的金融手段。西方分析家例行公事般地警告印度或巴西的同行，称他们将要"陷入中国统治的秩序"。[48]这种说法未考虑巴西和印度等国仍然很好地融入世界银行、IMF、SWIFT和其他所有西方势力领导或控制的既有机构中。在美国领导和中国倡议的机构中都占一席之地，为巴西利亚、新德里和其他一些国家提供了灵活性和随机应变的空间，而且可能有助于提高他们在现有构架下的谈判空间。

　　本章和下一章关于新兴平行秩序的论述大部分并不具有前瞻性，而是对既有体制的分析：在全球若干地区，比如非洲、拉丁美洲和中亚，中国倡议的机构都已经开始运转，由此提升了其影响力（比如，在基础设施、投资和货币互换等领域）。虽然很难想象亚洲博鳌论坛（下一章将详述）会比年度达沃斯世界经济论坛影响力更大，但是当中国能够给予切实的利益时——比如更易获得的基础设施信贷融资，对全球南方特别有吸引力——就注定将取得更大的成功。

　　这些分析并不是寻求将"非西方"（或"其他势力"）等同于中国。如上文所述，任何国家都无法代表"其他势力"，很多发展中国家都在担忧中国逐渐增强的影响力。相反，这些分析主要聚焦中国，因为它是唯一一个有切实全球计划的非西方国家——不同于其他新兴国家，它们虽然心怀全球野心，但尚缺乏施展雄心的实力。本章的分析还清晰地指出其中几项倡议还处于初创阶段，距离实际运营还有很长的路要走，因此很难评估它们作为整体将对国际秩序产生怎样的影响。金砖国家开发银行刚完成第一笔项目贷款，而金砖国家应急储备基金和清迈倡议多边化协议都被纳入了国际货币基金组织的体系中。认真观察本书介绍的多种倡议对于恰当评估它们的影响将至关重要。

第 5 章

中国引领国际新秩序：
安全、外交和基础设施

　　上一章分析了金融、贸易和投资领域的新倡议。本章将重点关注平行秩序的安全、外交和基础设施领域，这三个领域将在全球范围内受到非西方制度创业（institutional entrepreneurship）的深刻影响。正是在本章所述的领域，影响力最容易为全球公众所见。尼加拉瓜运河和两洋铁路等建设项目以及中国在"丝绸之路"沿线的巨额投资，无疑强化了一些人的态度，他们认为中国的行为都是有计划地取代美国成为世界霸主。[1]本书没有从"西方对抗其他"二元论零和思想的角度分析金砖国家集团或上海合作组织等新兴倡议，然而，依然有必要客观分析每一项倡议的潜在收益。从这个角度分析不仅能帮助我们理解每一项倡议背后的动机，而且还能体会到最好的政策响应应该是怎样的。比如，西方国家是应该支持平行秩序，还是应该使既有体系对新兴势力更加开发，以降低推进平行秩序的刺激因素？

　　早期证据显示，很多此类倡议可能同时为发达国家和发展中国家创造可观的收益，尽管大多数倡议仍处于初创阶段。比如，新丝绸之路覆盖的区域人口占全球总人口的70%，GDP产出约占全球的55%，已探明能源储量约占全球的75%。这项倡议需要陆上和海上丝绸之路沿线四十多国政府高效合作。[2]这同时还指向很多其他方面的合作，从减少贸易壁垒（包括非标准的清关程序等官僚主义阻碍），打击国际犯罪，到海洋安全。同样，两洋铁路的建设也可能对南美融入全球经济的程度带来巨大提升，南美地区从过去就一直饱受基础交通设施不足之苦。这个项目如果能够按计划实施，不仅能够增强中国和南美之间的贸易纽带，还能增强南美与包括欧洲和美国在内的其他地区的联系。

　　或许最重要的是，平行体系的兴起将提供额外的合作平台（既在非西方国家之间，也在非西方和西方国家之间），更平均地分配全球公共产品的负担。这一点不仅体现在基础设施项目上，而且还体现在有助于拓宽全球对话的机制上，不管是金砖国家相关的无数新程式中的某一次，还是在博鳌论坛——中国为参与设定全球议程而设计——的会议中。

最后，那些害怕新兴势力不负责或难以预测的，应该尤其欢迎和鼓励平行秩序的兴起。尽管北京会根据自身优势精心设计新体系，但平行秩序还是会接受特定的治理规则，这将使它的行为比双边参与的背景下更具可预测性。所有这些机构都将深化中国融入全球经济的程度，或许能够降低冲突的风险，使所有国家都受益。

安全：上海合作组织（SCO）等

研究非西方势力的分析家经常忽略了他们的制度创业，新兴平行秩序也包括安全组成。

亚洲相互协作与信任措施会议（Conference on Interaction and Confidence Building Measures in Asia, CICA）

CICA 经常在中国制度创业的背景下被提及。然而，经常为世人所忘记的是，CICA 并不是一个新机构，而且也不是由中国提出。这个理念由哈萨克斯坦总统努尔苏丹·纳扎尔巴耶夫（Nursultan Nazarbayev）于 1992 年在联合国大会上提出，但是用了十年的时间（还有经过"9·11"恐怖袭击），CICA 才召集了第一次会议。自那以后，该组织每两年会面一次。2014 年，习近平主席以上海峰会为平台，明确阐释了更广阔的愿景，主题为"团结和谐的亚洲——携手向明天"。该机构从建立第一天起就得到各国政府的最高关注。中国国家主席呼吁搭建"安全新架构"，并称"要由亚洲人来解决亚洲的问题"。[3]

因此在中国不断发展的机构积极主义背景下提及 CICA 并不是完全错误的，其中很大的原因在于习近平主席为 CICA 注入了活力，给了 CICA 作为亚洲区域安全事务主要平台之一的重要意义：此举可以解读为是对美国重返亚洲战略的回应。除了限制美国在亚洲的影响力之外，CICA 是一种有益的机制，可使邻国相信中国的崛起对整个区域是有益的。从这层意义上讲，CICA 是对亚投行和丝绸之路基金等其他区域项目的补充，所有这些行动都旨在推动区域一体化。

核心问题将是较小的亚洲国家是否信任由中国（或降低一些，俄罗斯）而不是美国领导的安全框架。CICA 很难说服东京、首尔及其他一些国家的政策制定者在短期内抛弃数十年与美国的安全同盟关系。首先日本、印尼、澳大利亚、菲律宾、缅甸和马来西亚都不属于 CICA，北京需要漫长且艰苦的外交努力才能吸引它们加入。北京的目标肯定不是将美国挤出本地区。任何为实现这个目标而采取的公开侵略性行动都会适得其反。但是，中国将寻求打好基础，这样一旦某一天美国不再有能力或不愿维持在亚洲的地位，北京就能适时介入承担起大国责任。

有分析家指出 CICA 仅仅具有象征意义，因为诸如恐怖主义等问题由上海合作组织等既有区域机构处理就可以。他们忽略了中国战略的精妙之处：创建一系列组织，所有这些组织将强化区域社会主义化，逐步减少中国积极主义在亚洲政策制定精英方面的阻力。这也在一定程度上解释了为什么中国选择关注反恐和基础设施等主题，这些都是区域内所有国家很容易达成一致的问题。

上海合作组织（Shanghai Cooperation Organization, SCO）

相比 CICA 和金砖国家安全顾问会议，上海合作组织（SCO）是非西方安全集团（尽管也探讨经济问题）中成立最早，也是制度化最完善的，其内部成员之间互为"合作伙伴"而不是同盟。上合组织于 2001 年在上海由中国、哈萨克斯坦、吉尔吉斯斯坦、俄罗斯、塔吉克斯坦和乌兹别克斯坦等国领导人联合成立。除乌兹别克斯坦，其他国家都是所谓的上海五国成员，该组织成立于 1996 年，引入乌兹别克斯坦之后更名。

该组织经常在维护专制和限制美国区域影响力的背景下被理解，2005年该组织照会华盛顿，要求设定时间表从中亚撤军。俄罗斯外交部长谢尔盖·拉夫罗夫曾称上合组织是新的"多中心全球秩序"的核心要素。[4] 2000 年在杜尚别（Dushanbe）峰会上，成员国同意"反对以'人道主义'和'保护人权'为借口干涉他国内政；五国互相支持对方维护国家独立、主权、领土完整和社会稳定"。[5]

峰会期间，探讨经常围绕中亚安全相关问题展开，恐怖主义问题、分裂主义问题和极端主义问题被认为是需要应对的主要问题。各方寻求在军事合作、情报共享和反恐等方面的应对政策。自从 2003 年起组织内部开始定期军事演习。2014 年，中国主持了上合组织有史以来规模最大的系列军事演习，中国和俄罗斯在这次演习中在地中海展开了联合海上演习。

上海合作组织正经历着大规模的转型；该组织开始处理经济事务，包括可能创建的上合组织开发银行。其他新问题关乎基础设施、跨国边界问题和水事纠纷，以及文化交流项目。俄罗斯还提议将欧洲经济组织（Eurasian Economic Union, EEU）——其成员国包括亚美尼亚、哈萨克斯坦、白俄罗斯和俄罗斯——与中国提出的丝绸之路经济带联系起来。所有这些话题都将在欧亚大陆未来地缘政治中起到决定作用，随着俄罗斯明确将要加强在中亚及更西地区的存在战略，欧亚地区又恢复了以往的重要性。

2015 年 7 月，上合组织决定接纳印度和巴基斯坦为正式成员。如今，中国提出的"一带一路"倡议中的核心国家都纳入了该组织，使其成为北京区域投资计划的理想磋商平台。随着伊朗制裁的解除，加入上合组织似乎只是时间问题。从地缘政治角度来看，该组织的重要意义（尽管主要还是象征意义上的）在于对北约为主的西方安全机构的潜在平衡。然而与某些人的预期相反，上合组织不会正面对抗或平衡北约。相反，上合组织提供了一个替代平台，寻求在影响亚洲地缘政治的问题议程设定过程中扮演越来越重要的角色：从阿富汗恐怖主义起源和中亚不稳定到中国拟投入资金助力区域物理整合。

此外，和许多其他可能构成平行秩序的机构一样，上合组织的存在降低了西方从外交上孤立那些它们认为没有按规则办事的国家的能力。俄罗斯或许在上合组织中不能总是如愿——特别现在印度也加入了该组织——但是其成员地位增强了上合组织的正统性，减少了对西方合作伙伴的依赖（尽管无法补偿制裁造成的经济损失）。

上合组织的扩张和重要性提升最大的受益者之一就是中国。上合组织使中国的经济力量能够以更加制度化的方式投射，同时提供了平台可清晰地表达意愿，在地区扮演重要性更显著的角色。印度的加入使中国能够向对中国在区域内不断扩张的存在心有疑虑的新德里的政策制定者——推销丝绸之路经济带、中巴经济走廊（CPEC）、孟中印缅经济走廊（BCIM）和中亚—中国天然气管道。上合组织为北京提供了更多的自主权和更多的选择。

金砖国家安全顾问会议（BRICS' National Security Advisors [NSA] Meeting）

金砖国家集团或许是以经济为根源建立的，其早期会议主题为全球金融治理，但是 2009 年 5 月，金砖国家的国家安全顾问（NSAs）首次会面。后续又有多次会议，如今每年会面一次。2013 年初，来自巴西、俄罗斯、印度、中国和南非的国家安全顾问在德里探讨了恐怖主义、网络安全、海盗以及叙利亚、利比亚和马里冲突等问题。虽然俄罗斯和印度都在打击恐怖主义方面有经验，但最早是由巴西提出关注该问题，因为当时他们正在筹备 2014 年世界杯和 2016 年奥运会。回顾网络安全问题（在美国刚发生间谍信息泄露事件），2013 年底在开普敦召开的一次会议中，各方同意建立专家工作组，制订一系列切实的提案，供领导人峰会采用。[6] 此外，参与方决定强化交通安全合作，包括抗击海盗行动，在海盗影响地区开展知识分享和能力建设。[7] 期望金砖国家在未来几年里寻求明确实际的安全构架。这些会议被看作是很好的机会，可以开展互惠磋商，识别共同关切的领域。

外交：博鳌亚洲论坛（BFA）等

过去十年里，新兴势力在提升外交联系方面的努力产出了显著的成果，然而，它们依然经常遭受误解，如下文所述。

金砖国家领导人峰会（BRICS Leaders Summit）

自从第一届金砖国家领导人峰会之后，该集团就开始了引人瞩目的制度化过程，创造了大量机会，也勾起了全球的期望，对评判该集团在处理全球挑战方面的表现和能力也更容易评价了。年度领导人峰会仍然是该集团最显著的构架，可对比七国集团（在俄罗斯退出之前为八国集团）理解成一个平台。

金砖国家集团的崛起与七国集团无力适应新的多极化现实直接相关。多年来，七国集团持续的集中性——包括加拿大和意大利，却将中国和印度排除在外——在巴西利亚、北京和新德里的政策制定者中造成了越来越强烈的不满。因此 2005 年在格伦伊格尔斯（Gleneagles）召开的八国集团峰会上，托尼·布莱尔决定启动一项 G8+5 的"外联"行动，但却未能永久性地将任何一个新兴势力纳入其中。巴西在若干次金砖国际峰会上的筹备官玛利亚·艾迪露扎·赖斯（Maria Edileuza Reis）指出，当时新兴国家仅仅获邀"了解"集团的核心，而不是积极参与到论争中。[8] 同样的问题也适用于布雷顿森林体系（Bretton Woods System）的缺乏改革。正如《经济学人》在 2006 年的一篇文章中指出的："巴西、中国和印度在基金内的占比相比荷兰、比利时和意大利要少 20%，尽管按汇率折算之后，新兴经济体的规模是欧洲几国的四倍，这真是很荒谬。"[9]

金砖国家集团已经很接近于建立起类似八国集团的组织。在里约热内卢召开的一次双边会议中，时任俄罗斯总统的德米特里·梅德韦杰夫（Dmitry Medvedev）和时任巴西总统的卢拉宣布，金砖国家领导人首次峰会于 2009 年在俄罗斯举行。会后，卢拉称金融危机为新兴势力提供了强化内部合作和提升在国际事务中的整体地位的机会。[10]巴西政策制定者认为"国际金融领域合作将在金砖国家政府之间建立信任，一段时间后将实现更广泛的合作"。[11]之后不久，巴西、印度、俄罗斯和中国国家和政府领导人开始自称"金砖成员"，并且同意需要增强"金砖国家内部"联系。[12]据参与相关流程的政策制定者所述，频繁的会议改善了政府间的关系，在经济危机中保护了国家利益。

最近由多伦多大学完成的一项研究显示，2014 年金砖国家福塔雷萨（Fortaleza）峰会的承诺中已经实现了 70%，从上一次峰会开始就保持了很高的完成度。作者总结称，"金砖国家很好地实施了议程核心的发展承诺（全部四次峰会平均 +0.6 或 80%）"，但同时作者还指出在贸易问题上的表现不均衡，总体平均为 +0.10（55%）。[13]这显示了峰会最后的宣言并非空谈。

金砖国家集团成立之初被看作是一个古怪的平台，没有太大的意义，但在转型成为相对政治化的机构之后到如今得到了很高的重视。金砖国家的政治化转型开始于 2006 年，当时各国外交部长在纽约首次会面。除了金砖国家领导的新开发银行的建立，金砖国家集团还在地缘政治领域留下了痕迹。最有力的案例就是金砖国家在 2014 年 3 月荷兰海牙核安全峰会上做的宣言，当时金砖国家外交部长反对限制俄罗斯总统弗拉基米尔·普京参加 2014 年 11 月在澳大利亚举行的二十国集团峰会。此举主要还在于其象征意义，因为澳大利亚驱逐俄罗斯并没有任何西方国家支持。然而，此举有效破坏了西方孤立俄罗斯的势头，因此使金砖国家集团首次在全球安全问题上扮演了切实的角色（与 IMF 改革的经济问题截然相反）。尽管当时并没有在国际媒体中产生深度探讨，但是西方的政策制定者恰当地将此举解读为潜在意义深远的先例：金砖国家选择团结发声，挑战西方议程设定能力已不只是理论思考，对西方惩罚做恶人的能力有潜在深远影响，并因此将对西方领导的全球秩序产生整体冲击。2001 年，在美国全球统治巅峰时期，这样的情境是无法想象的。在这层意义上，年度金砖集团会议为成员国参与全球议程设定并就广泛的问题发表意见创造了关键的平台。

金砖国家和对话论坛工作组及其他机构（BRICS and IBSA Working Groups and Other Structures）

对金砖国家和对话论坛集团的绝大多数评价都是肤浅的，仅仅关注了它们在地缘政治问题和改革全球治理结构（或许可以称作外向型增长）方面结盟的能力。[14] 每当金砖国家和对话论坛的领导人齐聚峰会，全世界分析家就会简要分析会议和峰会宣言的动态，然后提出自己对集团未来的看法。[15] 然而，几乎没有人了解金砖国家内部和对话论坛内部的技术合作程度（"内向型增长"），（如很多成员国外交官在接受采访时所指出的）为两个集团都带来了相当大的收益。[16] 自从对话论坛 2003 年第一次峰会和金砖国家 2009 年第一次领导人峰会起，合作领域涵盖从公共卫生、贸易促进、农业、战略、农经合作、学术和商业论坛到竞争问题、司法和国防等各方面，我们将在下文中详细介绍。[17]

怀疑论者会说，仅仅是组织无休止的会议是无法实现可持续合作的。确实如此，有些会议的结果或许尚未达到理想的效果。被问及金砖国家的合作能到什么程度时，2009 年至 2010 年金砖国家峰会巴西筹备负责人罗伯托·雅瓜里贝（Roberto Jaguaribe）神秘地回答称："金砖国家论坛并非规范意义的论坛，并不是供磋商的论坛，而是聚合的论坛。"[18] 只有时间能告诉我们，这些会议到底能带来多少合作——有多位外交官私下里对长期如此频密的各领域部长级合作能否持久表达了疑虑。事实上，有证据显示，自 2011—

2013 年高峰期之后，金砖国家内部会议的数量已经开始减少。同时，这些会议又真切地展示了金砖国家内部合作确实在很多领域展开。批评金砖国家理念的人不能再仅仅瞥一眼年度领导人峰会就可以了；过去几年里金砖国家内部合作变得极为繁杂，很难简单地否定。

第七届金砖国家峰会签订的"乌法宣言"纳入了一系列新的倡议，比如通过增强金砖国家出口信用机构间的对话，创建一个金砖国家贸易合作联合讨论平台；加强地区间电子商务的合作；还有承诺强化既有合作领域的合作，比如税收管理、能源、农业、科学、技术和公共卫生：这些问题在"乌法行动计划"中有详述。[19] 最后，金砖国家将探索建立金砖国家网站的可能性，"作为虚拟秘书处出现——此举或将有助于观察家更好地理解金砖国家内部的合作范围"。

表 5.1 金砖国家内部合作，主要领域

主题	第一次会议	会议频率
学术	2009 年 5 月 （金砖国家学术论坛，金砖国家智库理事会）	年度会议
农业	2010 年 3 月 26 日 （金砖国家农业部长会议）	2010、2012 和 2013、2015 部长级会议
商业	2010 年 4 月 15 日 （金砖国家工商论坛，金砖国家商业理事会）	年度会议
竞争论坛	2009 年 9 月 1 日 （金砖国家国际竞争会议）	2009、2011、2013 和 2015 召开会议
合作论坛	2010 年 4 月 16 日 （金砖国家合作会议）	年度会议
开发银行	2010 年 10 月 12 日 （金砖国家国家开发银行会议 / 金砖国家银行间合作机制）	年度主席会议
金融和中央银行	2008 年 11 月 7 日 （金砖国家财长和央行行长会议）	年度部长级会议

续表

卫生	2011 年 7 月 11 日 （金砖国家卫生部长首次会议）	年度部长级会议
司法	2010 年 3 月 12 日 （金砖国家地方法官交流项目）	2010 年召开会议
国家安全	2009 年 5 月 30 日 （金砖国家国家安全顾问会议）	年度会议
科技	2011 年 9 月 15 日 （金砖国家科学和技术高级部长会议）	年度会议
统计	2011 年 1 月 21 日 （金砖国家国际统计部门会议）	年度会议
次级政府	2011 年 12 月 2 日 （金砖国家友好城市暨地方政府合作论坛）	2011 和 2013 年召开会议
税收管理	2013 年 1 月 18 日 （金砖国家税务局长会议）	年度金砖税务会议
贸易	2011 年 4 月 13 日 （金砖国家经贸部长会议）	年度部长级会议

博鳌亚洲论坛（Boao Forum for Asia, BFA）

每年 3 月，博鳌亚洲论坛（BFA）欢迎全世界各地的政策制定者、商业领导人和记者来到中国海南省。博鳌亚洲论坛以达沃斯世界经济论坛为模板，首次会议于 2002 年举行。自那以后，这项年度会议就成为中国全球公共外交战略的核心要素。论坛目前已成为亚洲以及其他大洲有关国家政府、工商界和学术界就亚洲以及全球重要事务进行了对话的高层次平台。

中国是博鳌亚洲论坛的发起国和有力推动者。博鳌亚洲论坛的秘书长是龙永图，他曾作为首席代表参加中国加入世界贸易组织（WTO）谈判。习近平主席在 2015 年论坛上做主旨演讲"迈向命运共同体，开创亚洲新未来"，[20] 出席论坛的人不仅有各国政要（2015 年有超过十位政府和国家领导人出席），还有比尔·盖茨、乔治·索罗斯和拉丹·塔塔等商界领导人，其中拉丹·塔塔是博鳌亚洲论坛的董事会成员。2014年，博鳌亚洲论坛金融合作会议在迪拜召开，会议被看作是投资者的战略中心。

虽然博鳌亚洲论坛的官方目标在于强化区域经济融合（在峰会非正式会议上涉及无数工作组和特定领域的探讨），但是近期论坛的范围有所扩张，如今成为助力中国设定区域讨论议程的途径。两年前，博鳌亚洲论坛开始探讨亚洲—美国关系和食品安全，两项都是对中国极为重要的问题。2014年，讨论又纳入了网络空间和美国在亚太地区角色等主题。

俄罗斯国家电视台RT略显欢欣地宣称博鳌亚洲论坛正逐步走向可与达沃斯年会相抗衡的道路。[21] 博鳌亚洲论坛反映了亚洲各国的普遍诉求：进入21世纪，在经济全球化和区域化不断发展，欧洲经济一体化进程日趋加快，北美自由贸易区进一步发展的新形势下，亚洲各国面临巨大机遇，也面临许多严峻挑战，这要求亚洲国家加强与世界其他地区的合作，也要求亚洲国家增进彼此间的交流与合作。博鳌亚洲论坛无疑提供一个论坛——真正由亚洲人主导，从亚洲的利益和观点出发，专门对亚洲事务，增进亚洲各国之间、亚洲各国与世界其他地区之间交流合作的论坛组织。然而，批评家恰当地指出，博鳌亚洲论坛想要挑战世界经济论坛还有很长的路要走。

作为博鳌亚洲论坛的发起者之一，中国政策制定者的战略并非对抗达沃斯，而是基于亚洲整体利益的战略考量：主持一项充满活力的区域盛大活动，持续增强亚洲国家的"构架力量"——以服务亚洲利益的方式构架讨论以及重新定义思想和理念的能力。这需要涉及某些精妙的战略，比如删略某些主题而推动其他，或是成员协商通过博鳌亚洲论坛而不是亚太经合组织（APEC）等其他有美国参与的平台来探讨特定问题，真正反映亚洲整体利益和诉求。最初这些细节可能看似不重要，但是从长远看客观上能够增强中国根据自身利益组织讨论的能力。

这方面美国有许多经验。美国在其掌握巨大影响力的论坛上可精明地选定讨论的问题。

比如 2012 年，西方彻底打断了联合国贸易和发展会议（UNCTAD）——由发展中国家控制——扩大分析全球金融危机的计划。在多哈召开的最后一次磋商会议中，一位美国代表团高级官员宣称："我们不希望 UNCTAD 与 IMF 和世界银行产生智识竞争。"[22] 其实，西方是这样说的："我们不希望 UNCTAD 继续探讨任何此类问题，因为 UNCTAD 无法胜任这样的讨论。应该留给二十国集团和 IMF 来做这些事。"

因此，博鳌亚洲论坛是中国参与国际并逐步在全球舞台提升自主权的广泛努力中显著的要素。未来几年，博鳌亚洲论坛的与会人名单将是衡量中国区域召集能力——在普遍对中国野心存疑的地区，这是一项非常重要的因素——的有效方式。

基础设施："一带一路"（OBOR）等

或许新兴平行秩序正是在基础设施领域才最容易为全世界人民所见，如下以三个例子展示。

丝绸之路基金 /"一带一路"（OBOR）

从 2012 上任起，习近平主席的外交政策首要工作就是通过所谓的"丝绸之路"的建设，恢复中国与欧亚大陆其他国家的联系。"丝绸之路"暗指 1877 年普鲁士地理学家费迪南·冯·李希霍芬（Ferdinand von Richthofen）创造出来的一个术语，用来描述汉唐时期连接中国和地中海西部的贸易线路。耶鲁大学中国历史学教授瓦莱里娅·汉森（Valeria Hansen）注意到："这是历史课上少有的几个不涉及硬实力但却很容易记住的术语……中国想要强调的恰恰就是这种积极的关联性。"[23] 另外对这个愿景有个更好记也越来越常用的叫法"一带一路"，暗指通往欧洲的陆上"丝绸之路经济带"和"海上丝绸之路"。

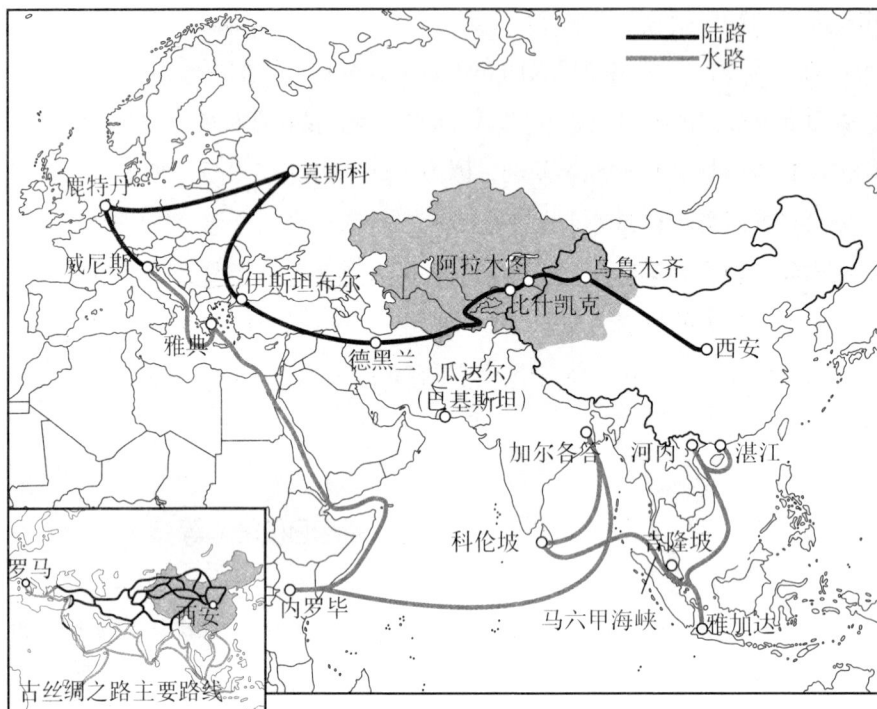

图 5.1 新丝绸之路

2013 年，中国国家主席习近平在哈萨克斯坦首都阿斯塔纳的纳扎尔巴耶夫大学的一次演讲中宣布，中国将资助一条横跨欧亚大陆的新丝绸之路经济带（通常称为"一带一路"）以实现中国与欧洲、中东和南亚的连接。据媒体估计"一带一路"的投资额在 8000 亿到 1 万亿美元之间，覆盖了 60 多个合作伙伴国家的 890 个项目——这是一个非常重要的举措。一些评论家已经将"一带一路"与美国赞助下用以协助战后欧洲重建的"马歇尔计划"相提并论。事实上，这是习近平本人具有鲜明特色的倡导。

习近平的"一带一路"倡议有双重目的。在国内，他希望更好的交通运输条件促进新疆、甘肃、宁夏、广西和云南等欠发达的中西部地区经济增长。

这样不仅能提升整体 GDP，同时还可以缓解地区经济不平衡现状，从而减缓向沿海地区移民这种可能造成社会不稳的趋势。新疆的经济腾飞也将是打击该地区伊斯兰极端力量崛起的最好方式。

从对外政策角度来看，"一带一路"倡议最直接的目标就是增强中国在中亚——这个资源极为丰富且不再围绕莫斯科转的地区的影响。随着越来越多的国家依赖于中国的交通运输和能源基础设施，更强有力的经济联系使得中亚各国政府反对中国的成本越来越高。

中国的财政火力将使其能够结交大批新兴的机构，如亚洲基础设施投资银行（AIIB），金砖国家领导的新开发银行和中国进出口银行，后者每年支出 1500 亿美元，相当于孟加拉国的整个国内生产总值。或许最令人印象深刻的是，这相当于世界七大主要多边开发银行的支出总额。一个有趣的现象是：中国的这些举措，如亚洲基础设施投资银行可能具有多面性，而北京大部分的钱是通过双边谈判支出的。鉴于大多数国际关系学者专注于多边机构，而对开发银行的研究较少，尽管它们的重要性——如同在中国所发生的——要大得多，因此这个现象具有重大意义。例如，通过进出口银行，中国今天对拉丁美洲的借贷超过其他所有开发银行对拉丁美洲的借贷总额，从而为自己带来了巨大的政治影响力。

中国外交部部长王毅认为：

"一带一路"倡议不仅将重点放在联通（这些国家）的基础设施上，而且还要探索自由贸易协定。[24]

2011 年，第一辆直达德国杜伊斯堡（Duisburg）的火车从重庆出发。如今，铁路联通比以前更密集，大幅缩短了运输时间，但其经济影响还仅仅局限于高价货物之上。虽然现在从中国到欧洲的火车只需要三周就能抵达，但只能装运几百个集装箱。相比之下，一艘大型货轮就能装运数千个集装箱，成本仅为火车的三分之一。边境的官僚壁垒和不同的轨距使铁路运输的复杂程度进一步加大，即使中国希望减少此类困境也很难。除了陆上丝绸之路"经济带"之外，习近平主席还做了"海上丝绸之路"的设想，从中国福建省的泉州通往欧洲，途经马六甲海峡（Malacca Strait）、吉隆坡（Kuala Lumpur）、斯里兰卡（Sri Lanka）、内罗毕（Nairobi）和吉布提（Djibouti）。新华书店出版的丝绸之路展望图描绘了两条路线：一条穿过哈萨克斯坦、吉尔吉斯斯坦和伊朗，从陆上抵达奥地利；另一条海上路线从中国抵达比利时安特卫普（Antwerp）。

考虑到铁路和公路交通建设的高昂成本和漫长时间，习近平在该地区的大规模投资使邻国融入"一带一路""实现共赢共享发展"、建设国际合作框架内，极大地降低周边国家政府抵制中国的能力或动力。正如悉尼大学中国研究中心主任凯利·布朗（Kerry Brown）近期所说："这里有责任产生，有依赖性和承诺，纳入丝绸之路构想的诸多国家或许需要认真思考一下。"[25]

西方分析家们经常指出，中国加强陆路和海陆的计划很可能遭到强烈的反对。其中，复兴的俄罗斯和更雄心勃勃的印度据说恐怕急切地想要阻止北京的计划。虽然这样的可能性确实存在，中国的道路和港口对于那些将其正确地视为促进经济发展和联通机会的国家而言，还是会受到热烈欢迎。

为了测试这些假设，哥伦比亚大学教授亚历山大·库里（Alexander Cooley）在一份为战略与国际研究中心撰写的报告中评估了中国倡议的项目如何与当地的政治议程、社会条件和不同地区的网络进行互动。[26]他将大多数分析家们分为"游戏玩家"（他们专注于地缘政治影响）和"交易者"（寻找经济机会），但表示少量分析侧重于"一带一路"的政治经济学及其如何在中亚，这个地球上最为动荡的地区之一发挥作用。

库里指出，北京二十世纪在该地区扮演的角色发生了巨大变化：中国成为中亚最重要的贸易伙伴，北京变成了该地区的主要对外债权人。在金融危机期间，中国向土库曼斯坦提供了价值80亿美元的能源协议贷款，向哈萨克斯坦提供了130亿美元的贷款，使自己实质上成为最后贷款人和区域发展援助提供者。

　　他同时表明中国在政治动荡地区的更多经济介入所面临的诸多挑战。他指出，在巴基斯坦，中国的项目（矿业和建筑业）和工人遭到了俾路支省反叛力量的袭击，并卷入了反对巴基斯坦政府的分裂斗争。正如《金融时报》最近报道的那样，中国的外交官已经进行了严正交涉，以确保其"一带一路"框架内投资金额为 450 亿美元的基础设施项目得以顺利通过。[27] 相关的风险是巨大的，特别是考虑到中国在这方面的经验是有限的："正是在这个问题上北京在中亚面临潜在的重大挑战：区域性的民族和社会分歧"，库里指出。

　　根据这份报告，中亚第二大挑战是"一带一路"如何影响该地区的治理和腐败。库里写道：

　　"发展等于稳定"的方程几乎仅仅强调的是发展的"硬件"，但它忽视了发展所必需的"软件"——即如何克服困扰该地区的贪污渎职，非正式障碍和租金的问题。[28]

　　根据库里所持有的观点，中国的货币流入可能会导致腐败恶化，特别是在私有化、私营和公共伙伴关系领域。在某种程度上，只要观察家们认为中国是一个负面影响，这便可能会引燃反华情绪。但更为重要的是，由于该地区治理不善，有关"一带一路"项目是否会降低跨境交易成本的证据莫衷一是。北京决策者们将把它视为有用的警告。它表明，在中亚经营需要复杂的实地知识，以避免出现反华情绪。

　　鉴于中国作为世界第二大经济体以及世界许多国家的第一大贸易伙伴，反华情绪仍然非常有限。许多国家和地区政策制定者称赞"一带一路"是一种双赢倡议，展示出中国为推动全球发展带来的远见卓识。北京在中亚的挑战将确保"一带一路"被精英层和民众视为双赢的局面。"一带一路"只有成功才能成为欧亚基石的支点，而非危害。

尼加拉瓜运河（Nicaragua Canal）

联结两洋的大运河（通常被称作尼加拉瓜运河）建设工作启动于 2015 年初。一旦完成，该运河将成为人类历史上最大的土建设计和施工工程，横穿这个中美洲国家 276 公里长的土地。

建设尼加拉瓜运河的想法并非新有。在写给西班牙国王卡洛斯五世的一封信中，荷南·科尔蒂斯（Hernán Cortés）曾写道："掌控了两洋通道的人就掌控了世界。"[29] 同样，拿破仑也称尼加拉瓜可以"超越君士坦丁堡，成为全世界伟大商业的必经之路"。[30] 恰如乔恩·李·安德森（Jon Lee Anderson）所写，美国大亨康内留斯·范德比尔特（Cornelius Vanderbilt）早就对这个项目非常感兴趣：

不久，美国就想到运河的主意，美国国会立刻开始决定是在巴拿马还是尼加拉瓜建设运河。1901 年，尼加拉瓜政府给了美国政府建设运河的排他特许权。但是在该议题举行投票之前，势力强大的亲巴拿马游说团向每一位美国参议员寄去了一张一分钱的尼加拉瓜邮票，邮票上为马那瓜湖（Lake Managua），在喷发的火山照耀下色彩斑斓。在运河区没有火山的巴拿马因此以 8 票的优势胜出。[31]

对尼加拉瓜的彻底羞辱在其后的 1914 年，当时为了换取 300 万美元，尼加拉瓜总统埃米利亚诺·查莫罗（Emiliano Chamorro）授予美国政府建设尼加拉瓜运河的独家权力。该协议其实为禁止尼加拉瓜建设运河与巴拿马运河竞争。这份协议直到二十世纪七十年代才废止。自那以后，尼加拉瓜领导人一直梦想将运河变成现实，一定程度上希望能够推动这个西半球第二穷国家的经济发展。

在一位此前籍籍无名的商人王靖的努力下这个项目才得以重启。王靖在香港的上市公司 HKND 现在持有该运河 100 年的特许经营权。官方预估的建设成本为 400 亿美元，尽管专家认为总成本将接近 1000 亿美元。目前单单可行性研究就已经用去了数亿美元，这充分显示了王靖的信心。王靖聘用了中国铁建股份有限公司，该公司曾负责监理中国的三峡大坝建设。

该项目的融资可行性仍然存疑，环境影响可能是灾难性的。尼加拉瓜运河可容装载 2.5 万个集装箱的船只通行，并逐步常态化，这样就可以与仅能容装载 1.3 万个集装箱船只通行的巴拿马运河竞争了。竞争将降低海运费，促进贸易。

然而，中国的目标更多的可能在于地缘政治。HKND 豁免不用缴纳当地税费，不必遵守当地商业规定，并且获许雇佣和征用土地。除了获得建设运河的特权之外，王靖还持有在两岸建设大型海港、新机场、铁路和高速路的权利。此外他还赢得了一个新建通信网络的项目合同。规划中还包括一个自由贸易区。

值得注意的是，近期通过的一项改革推翻了宪法规定不许外国在尼加拉瓜驻军的规定，从理论上为中国建立军事基地铺平了道路——尽管这一步在短期或中期内几乎不可能，因为北京无意公开挑战美国。

考虑到项目前期投入相对较小，因此现在就将尼加拉瓜运河项目看作是"珍珠链"——中国在印度洋建立的军事和商业设施网络的全球版本还为时尚早。

然而，如果王靖成功建成运河，那么对该地区的地缘政治将产生极为重大的影响。该项目需要雇佣至少五万工人，很多将从中国派出。在近期举行的一次美洲国家首脑会议上，美国前国务卿约翰·克里（John Kerry）有一段广为人知的话，他对区域领导人说，门罗主义的时代已经结束了。事实上，美国政府对中国在尼加拉瓜的计划并没有太多评论，仅仅要求项目更透明。然而，中国在拉丁美洲留下的巨大脚印，相比此前中国与该区域政府达成的任何合作伙伴关系，都将对区域动态带来更多的改变。

两洋铁路（Trans-Amazonian Railway）

与尼加拉瓜运河相比，拟穿越南美、连接大西洋和太平洋的两洋铁路，建造成本相对较低。这条全长5300公里的铁路线，如果要建设，预计成本为100亿美元（尽管可研完成之后，预算成本可能会增加）。巴西环保署（IBAMA）所做的环评研究到2017年之后完成。

除了在国内大规模的建设之外，中国在海外也有很多大规模基础设施项目的经验。二十世纪七十年代，中国为坦赞铁路融资，该线连接坦桑尼亚的达累斯萨拉姆（Dar es Salaam）港口和赞比亚中央省的卡皮里姆波希（Kapiri Mposhi）镇。项目总价5亿美元，实现提前完工，至今仍是中国最大的单体援外项目之一。

然而，与赞比亚和坦桑尼亚不同，巴西和秘鲁是世界上最大的公民社会之一，而且环保非政府组织已经开始发声，表示关切该项目对亚马逊热带雨林及居住在该地区的原始部落的潜在影响。修建于二十世纪七十年代的泛美公路（Trans-Amazonian highway）为非法伐木者开辟了通往以往隔离区的方便通道，加速了热带雨林的破坏。毕竟亚马逊森林95%的森林砍伐在距离公路五公里以内的区域。[32]

第二项挑战是物流问题：铁路线除了要穿越茂密的森林，还要经过沼泽和陡峭的群山，之后才能到达太平洋沿岸。此外，秘鲁、玻利维亚和巴西的边界区域因贩毒和不法之徒横行而声名狼藉。

第三个障碍是巴西的官僚作风，使复杂基础设施项目的实施成本更高，而且经常要延期才能完成。中国投资人在意识到巴西官僚障碍比预想的更严重时，往往会选择放弃项目。在同时涉及该地区多个国家政府时，这个问题尤其严重。

尽管如此，2015年5月中国国务院总理李克强访问巴西和秘鲁期间，反复论及该项目，称该项目建成将大幅降低巴西向中国输送大豆和铁矿石的运输成本。虽然铁矿石的需求有所降低，但是随着中国放开了巴西牛肉的禁运令，未来几年中国的牛肉需求量必将增加。对于巴西这种商品依靠外来进口且反竞争性的经济，该铁路的建设将是极大福利，使巴西在太平洋有了一个商业港，可以越过巴拿马运河。此外，这条铁路还将使巴西能够更轻松地抵达秘鲁和其他太平洋沿岸的市场。

中国国家开发银行或将为该项目融资，工程将由中国水利电力对外公司牵头，施工由当地公司完成。对于中国而言，使用当地公司将有助于补偿其国内受危机影响的很多施工企业。从中国的角度来看，尼加拉瓜运河和两洋铁路都有相似的目的，或许意味着中国意识到两个项目各自的风险，因此同时推动可以看作是一种对冲战略。

坏消息是巴西政府一直都不太关心环境。然而，有分析家认为这条线将紧贴既有公路，沿途地区也基本都有耕作。[33] 只要非政府组织能够持续施压，确保环境破坏控制在最小，两洋铁路就将带来无限机会，从物理空间上连接整个区域，将巴西与二十一世纪的世界经济中心联通。

结 论

中国将寻求对抗并推翻现有秩序还是融入其中？ 著名的自由主义国际学者、普林斯顿的约翰·伊肯伯里最近几年经常问起这个问题。[34] 数百位有政治头脑的学者追随他，尝试评析中国成为世界最大经济体结束西方三个世纪的主导之后将会选择哪一条路。伊肯伯里称，中国可以融入当今秩序，他有一句名言——"容易加入，难以推翻"。他写道：

即使中国和俄罗斯真正尝试改变当前全球秩序的基本准则，这场冒险也将令人却步，最终将弄巧成拙。这些势力不仅要对抗美国；他们还将对抗世界历史上全球组织化最强、植根最深的秩序，这种秩序由自由的、资本主义的各种类型国家联合统治。这种秩序由美国领导的同盟、机构、地缘交易者、附庸国和民主伙伴网络在背后支持。[35]

相反，约翰·米尔斯海默则预测中国的崛起将具有破坏性，而且几乎不会维持由美国建立起来的现有构架。[36]如巴尔玛（Barma）、拉特纳（Ratner）和韦伯（Weber）所说，新兴势力可以创造一个平行体系，"有其特有的一套规则、体系和硬通货，拒绝任何自由国际主义的核心原理，特别是为政治或军事干预正名的全球公民社会理念"。[37]

期望中国（在不同程度上，和其他金砖国家）融入西方领导的秩序早已成为美国的政策。目前积极吸纳中国或俄罗斯等国家的努力正在展开，正探寻增强互相依赖，创造共同财富，将其他国家转变为利益相关者，由此使各方都有意支持美国领导的秩序。

"融入"和"对抗"这两种极端的状态都无法捕捉中国对全球秩序的精微战略。抛开这两种极端情况，多家中国机构的建立——增强在现有构架中的存在之外，将使中国能够追求符合自身的竞争性多边化，可根据国家利益，在多种灵活的框架中做选择。中国和其他金砖国家推行的战略否定了孤注一掷的做法，既不抛弃也不支持自由主义的国际秩序。简要阅读在第七届金砖国家峰会上签署的《乌法宣言》，证明诸多成员国致力于维护和强化联合国框架及世贸组织等很多其他多边机构。然而与此同时，新兴势力投入到前所未有的制度创业潮流中，创建了新开发银行、金砖国家应急储备基金和中国亚投行就是明证。

美国政策制定者很难把握和响应这种双向战略，既肯定现有体系，同时又创建新的替代构架。中国没有任何严重的对抗行为（比如退出世界银行并施压要求其他国家也采取同样的行动），给美国足够的理由采取快速行动。然而，如辛西娅·罗伯茨（Cynthia Roberts）所说，金砖国家"质疑的是西方永久掌控现有体系的借口"，此举造成华盛顿当局的困惑，应对策略也漏洞百出，比如反对亚投行成立的决定就是一大败笔。[38]华盛顿当局试图阻挠他国加入这家新银行，暴露了美国虽然根据规则和规范在建立自由秩序中做了很多工作，但是从深层次对无法控权仍然很不安。问题在于，单单这种不安尚不足以激起美国传统盟友采取行动，限制中国和其他新兴势力。特别是欧洲，不会为了帮助美国永久保持全球领导地位而不惜一切代价，影响与中国和其他国家的经济关系。特别是由于新建立起的构架不管从什么角度都没有危害到当今秩序的基础规则和规范，欧洲的态度就更加如此了。中国决定成立亚投行以保未来免受指责，被称作不提供任何全球公共产品的"不负责任的利益相关方"。宣称中国企图"从内部破坏全球秩序"的指责，在很多观察家看来无非是美国试图延长其霸权地位的尝试。[39]

后西方国际构架正在建立，毫无疑问中国的体制积极主义在未来几年里将极大地影响区域和全球动态。中国倡议的体系能否成功并不取决于美国或欧洲，而在于北京是否有能力说服邻国认同中国的崛起对整个地区是有益的（且没有危害）。虽然中国全球区域战略的结果尚不清晰，但是西方积极反对或将有利于地区的项目却很可能恰恰落入中国的计划中。

美国不愿接受自身或其同盟的领导之外的任何秩序，表明向真正的多极化——在这种秩序下中国等其他势力将在世界某些区域减少美国的掌控空间的转变将是一个非常复杂的过程。这种立场表明美国政策制定者有深深的不安全感，这种不安被夸大，也是不必要的。美国没有理由惧怕与中国发生激烈的意识形态冲突。事实上，破坏自由竞争反而有违美国最根本的原则。对中国或将对世界其他国家更有吸引力的担忧并没有任何事实依据，而且有很多迹象表明多极化从政治和经济层面都可能对全球秩序产生积极作用。亚投行的建立就是一个有力的证据：其崛起将迫使世界银行改变陈旧的权力分配方式，使机构变得更高效且更具正统性。

现在预测中国倡导创建的机构需要多久能够得到西方领导机构一样广泛的认可度还为时尚早。中国邻国之外的全球不稳定（出现落难政权需要中国的支持）和制度惯性（减缓了必要的改革，为新兴势力提供了更多的空间）会降低现有构架的正统性，很有可能会使中国获益。俄罗斯与西方越来越疏远和美国国会大幅拖延批准 IMF 配额就是很有力的例子。

第 6 章

后西方时代来临

第 4 章和第 5 章中介绍的"平行秩序"的崛起对全球规则和规范意味着什么? 很多西方学者坚信新兴势力将寻求破坏西方机构, 从而削弱其基础规则和规范。这种认识是基于一种错误理解, 认为当今的规则从本质上是纯粹西方的, 因此对中国和印度等新兴势力而言是陌生的。正如第 1 章所述, 这种理念是西方中心论世界观的产物, 没有认清非西方势力在当今全球秩序的创立过程中起到的重要作用, 特别是在民族自决、主权和人权等核心理念方面。这种主人翁意识也解释了巴西利亚、新德里和北京的政策制定者不提出新规则的原因。保护的责任 (R2P) 就是很好的例子。西方评论家经常认为中国、印度和巴西等国不认同 R2P 规范, 但其实新兴国家原则上完全赞同, 只不过对西方势力的操作方式心存疑虑——2011 年北约牵头对利比亚的干预后果就是很明显的例证。[1]

因此, 我们不应认定新机构——从亚投行到新开发银行到亚洲相互协作与信任措施会议——将明确表达或推行任何全新的规范, 要求后西方世界中国际事务应按之行事。有评论家认为, 中国倡议创建新机构并积极发挥作用是在模仿美国的领导方式: 以规则为基础, 但有内在的附加影响, 有权偶尔在未获得"同意书"的情况下行动——即若中国的政策制定者认为有必要, 就有权打破规则。巴西和印度等其他新兴国家也在做同样的事, 但局限于地区层面。其中具有象征意义的事件如巴西忽略美洲国家组织 (OAS) 泛美人权委员会 (IACHR) 因巴西政府未能与土著人合理协商而暂停亚马逊森林一处大坝施工的要求。然而, 显而易见的是, 在当今秩序下, 只有美国享有"全球例外主义", 这表现在二战后美国经常违背国际法, 对地理远方的国家实施军事干预, 但却不会被国际社会惩罚。

除了在国家利益处于危险时有权不获取"同意书"而采取行动的权力，美国还通过一系列隐含或公开的协议享有一些额外影响力。认为中国和其他国家在新建立的机构中也在尝试效法美国同样的特权的观点，其依据之一是，一项特别明显的优势就是地理位置。联合国、IMF 和世界银行的总部都在美国，使美国政府更易对其产生影响，而新机构的总部大多数都以中国为基地。此外，该观点认为，美国政府可以任命世界银行的主席，而中国政府则在亚投行等机构的领导层遴选中扮演极为重要的角色，掌控筛选领导层的过程，其重要性不论怎么强调都不为过。比如在世界银行和 IMF，这意味着有能力根据战略利益，有意地倾向于某些国家，过去几十年里，美国和欧洲都在大量使用这种特权。但就目前的事实来看，中国并未有任何使用"特权"的行为。

中国不会直接对抗现有机构，而是会继续对其加以支持，但同时将开拓出自己的机构空间。这将避免偶尔的违规造成被驱逐的后果。各国对美国干预伊拉克的反应就是很好的一个例子：由于其特殊的机构地位，当时任何国家都没有说出将美国逐出八国集团的想法。也没有任何国家提议要求万事达和维萨停止与美国银行和顾客的交易。鉴于两家公司总部都在美国，即使有国家提出这样的意见，也是不可能实现的。美国处于体系极为中心的位置，根本无法对其惩罚，使其特殊地位得以正式化，只要美国认为有必要就可以采取单边行动。

最后，美国在竞争性多边主义下保持着垄断地位，根据国家利益挑选不同的机构场所，解决特定问题。中国倡议的新机构使中国也能采用类似的战略，从而形成高度竞争性的多边主义。[2]

对自由主义秩序下西方特权的质疑

批评家指出新兴势力经常质疑自由主义秩序的基础，对于合作的范围、规则的定位和权力的分配都表达出不同的观点。根据这种观点，所有新兴势力都对战后自由主义共识的实质政策表达过根本性的不同意见。结果是对实质领域自由国际主义项目发起挑战，包括贸易、人权、R2P 和核不扩散等方面。因此，分析家称新兴势力"还没有准备好黄金时期的到来"[3]或是称他们可能成为全球秩序中"不负责任的利益相关方"。[4]这样的评价未能恰当理解新兴势力对所谓的自由主义西方秩序的关切，混淆了以规则为基础的秩序和西方在其中的领导地位。

新兴势力赞同一些根本问题，比如国际机构、合作安全、民主社会、协同问题解决、共享主权和法律规则等。他们这样做的原因很明显：这种以规则为基础又相对开放的秩序对过去六十年里它们现象级的经济崛起有巨大的贡献。这种秩序助力中国政府实现（并引以为傲）了人类历史上最大规模的减贫计划。对中国或其他新兴势力是否意图颠覆现有国际框架存在犹疑，是未考虑这些国家需要未来数十年保持现有秩序以实现经济现代化，成为发达国家的需求。

然而，阿米塔·阿查亚写道，不能因为新兴国家从美国统治的国际秩序中获益就认为他们会全盘接受这种秩序并追随美国的领导。[5]事实上，新兴势力认为当今的秩序是有缺陷的，经常被体系的创造者破坏（在不同程度上）。巴西、南非和印度特别反对国际机构中隐含或公开的等级制度以及国际商议中大国享有的很多特权。中国虽然已经很好地融入联合国安理会等很多架构中，但也同样厌恶美国在当今秩序中固定的优势地位。这并不是抨击当今以规则为基础的体系，而是对其中的霸权主义行为的批判。

因此不是对引导自由主义规范的目标和价值观有意见，而是由于对自由主义规范的操作存疑，才塑造了金砖国家与当今全球秩序的关系。这也解释了为什么自由国际主义仍时常被新兴势力解读为一种自由帝国主义，而位于自由主义秩序中心位置的美国的力量则被描绘成一种威胁。[6]

新兴势力认为自由主义秩序不完美是由于其创造者违背规范，经常破坏体系。这些特权经常体现在一些小细节上，比如美国有任命世界银行主席的权力，但同时还在于有破坏规则但逃脱惩罚的能力，比如美国非法干预伊拉克内政，遭受的后果却极其有限。正如理查德·拜慈（Richard Betts）所指出的：

"获益于特例、例外条款、否决权和其他机制，实力最强的国家能够将机构作为工具实施政治控制，因此霸权永远也不可能彻底限制。"[7]

这也指向当今秩序的决定性要素，既是其最强的优势，也是其最大的弱点：如何结合等级制度原则和不论强弱都应普遍适用的规则这一问题的不确定性。约翰·伊肯伯里在《自由利维坦》（*Liberal Leviathan*）一书中将当今秩序描述为"具备自由主义特征的等级制度秩序"，总结了这种矛盾的状态。[8]作者称规则并没有限制霸权，因为霸权可以"引导规则"，而且规则可以"被用作更直接的政治控制工具"，由此解释这种矛盾。[9]他明确指出"例外条款、加权表决、退出协议和否决权"等都属于霸权例外主义。其他国家可能会疑虑，最强大的国家可逾越法律限制的秩序与毫无限制的帝国主义秩序有什么不同。如果强国可以随意打破规则，那么规则又有什么价值呢？这样的体系在极端单极化下可顺畅地运转，在这种环境下其余国家只能谦卑地接受霸权规则。然而一旦经济和军事力量分散，其他势力崛起，伊肯伯里认为可通过改变美国领导为合作而解决的紧张局势将累积。自由主义的美国学者暗示，冷战结束毁掉第二世界时，西方第一世界"内部"秩序就变成其他国家的"外部"秩序。然而，这样的观点有深刻的西方中心论烙印，中国和印度，甚至巴西等相对"温和"的国家都不能接受，他们对北约的设计都存有深刻的疑虑。[10]

因此如今新兴势力没有质疑国际秩序背后的智识基础，而是要寻求以普世的规则为基础创建多极化的体系。在现实中这意味着他们将在既有的全球治理体制下寻求越来越多的自主权力，就如克里米亚危机中发生的事情一样。这样他们就能通过对正式规则的调整或通过增强非正式的影响力，塑造议程及其在他们关注的问题上的应用。[11]

这些并不是因为新兴势力对打破规则有特别的兴趣，而是随着经济实力的增长，它们对"至关重要的"利益的定义也在扩大，导致打造区域（逐步扩张到全球）影响力范围的欲望。因此，中国的长期规划者一定会确保其他行为体无法阻碍他们获取维持经济发展所必需的资源。[12]

要使这些要求平等待遇的权力更多地被国际社会接受，新兴势力就要在安全和经济领域提供更多的公共产品，由此保障体系能够为其他国家带来足够的利益，从而得到其他国家的支持。从中国方面讲，这些公共产品包括中亚（通过丝绸之路基金）、拉丁美洲和非洲的大型基础设施项目。就像今日的美国一样，中国和其他新兴势力将小心保持打破规则和提供公共产品之间的平衡。巴西和印度等较小的新兴势力提供的全球公共产品要少得多，因此获得特别待遇的权力也有更多的局限性。尽管如此，印度已经成为区域内发展和人道主义援助的重要捐赠方，巴西在本地区和若干非洲国家也承担了类似的努力。从2004年起，巴西除了领导联合国海地稳定特派团（MINUSTAH）的维和任务外，还领导了联合国在刚果民主共和国（Democratic Republic of the Congo）的维和任务。

走向全球竞争性多边主义

正如美国越过国际法对伊拉克实施干预一样（2003年），如果情况必要，中国（也可能是其他新兴国家）也会同样打破规则，或有选择地选取规则。此外新兴势力还可能根据自身需要和喜好，对国际机构加以利用。比如2009年，以英国和美国为领导的西方退出联合国大会，笃定联合国在全球金融危机及其影响的讨论中无法起到核心作用，因此提出应该将这个话题留给西方统治的组织来探讨——自然也会小心翼翼地提出一些措施，避免损害西方的利益。当时苏珊·赖斯（Susan Rice）利用计谋胜过了寻求给联合国大会（"192国"）更大权力的各方。结果，联合国秘书长潘基文（Ban Ki Moon）拒绝向斯蒂格利茨委员会（Stiglitz Commission）——受联合国大会委派完成一份独立报告——提供任何经济帮助。尽管该委员会有足够的能力，但是美国辩称他们"坚定认为……联合国不具备专业能力或权力成为一个好的论坛或提供方向引导"。[13] 英国要求外交人员向委员会成员施压，迫使他们退出。如西方所愿，二十国集团展开了初步探讨，IMF（仍然由西方掌控）

再次成为唯一展开难题讨论和磋商的正统论坛。同样，2012 年，西方几乎成功阻止 UNCTAD——由发展中国家控制——对全球金融危机做进一步分析。因此美国领导的竞争性多边主义成为首选的战略。路德·韦奇伍德（Ruth Wedgwood）称：

> 竞争性多边主义的理念避免了或独自承担或找联合国的严酷选择。美国必须继续支持联合国的意志；这是历史性的同盟，二战的产物，而且仍然是唯一一个包含全球所有国家的政治组织。美国享受着再也难得的联合国常任理事国特权。但是我们还是有一些灵活性，可以决定如何选择开展国际合作的方式。[14]

很长一段时间里，西方势力找到了对自己有利的竞争性多边主义游戏的最佳玩法，聪明地将讨论从一家机构转移到另外一家，以更好地实现自己的目标。二十国集团就是最主要的一个例子：其创立就是为了避免在联合国大会或联合国经济和社会理事会（ECOSOC）上讨论金融危机问题，后来西方又退出了二十国集团，重新聚焦七国集团（驱逐了俄罗斯之后）。正如斯图尔特·帕特里克（Stewart Patrick）所写，这些行动"从本质上恢复了全球经济的老套路，这种套路在全球金融危机后因必须与中国合作而遭到摒弃"。[15] 西方国家经常利用现有体系为自己谋利或保留自身权力，比如通过"笔座体系"——英国和法国控制着联合国安理会关于他们旧时殖民地的决定。

事实上，西方利用规则和机构为自己谋利以及在关键阶段的团结协作能力（比"其他势力"要强很多）将使他们对全球治理的影响延续下去。这很大程度上是因为所谓的"其他"并非紧密联合在一起：事实上"其他"国家千差万别，很难作为一个可分析的概念出现。即使像金砖国家集团这样较小的集团，在很多时候也无法保持利益一致，这种无能为力在历史上一直是明确提出联合提案要面临的一个主要问题。

2011 年 4 月金砖国家的《三亚宣言》中，巴西、俄罗斯、印度、中国和南非宣誓"新兴国家和发展中国家在国际事务中的声音应该增强"。然而一个月之后，西方国家迅速决定由法国财长拉加德（Lagarde）取代多米尼克·斯特劳斯-卡恩（Dominique Strauss-Kahn），违背了 2009 年"通过公开、透明和以业绩为基础的选择过程任命国际金融机构一把手和高级管理层"的承诺，此时新兴国家只能无助地接受欧洲再次独自选定 IMF 常务董事的事实。新兴势力想让拉加德在 2016 年之前下台，为非欧洲人腾位置的期望完全是幻想。金砖国家错过一次机会，可展现集团的重要性，同时迫使西方打破只有欧洲人能够领导国际货币基金组织的陈旧君子约定，这一约定歧视了超过全球 90% 的人口，也降低了 IMF 的正统性。

新兴势力内部强烈的改革热情为何如此迅速地消散了？巴西和印度外交官称斯特劳斯-卡恩的离开令所有人措手不及，给了金砖国家极少的时间准备一份联合响应，更不要说提名一位联合候补人了。可是美国和欧盟也面临着同样的问题，但却能迅速就候选人达成一致。考虑到 IMF 内部糟糕的性别歧视工作文化细节外泄，欧洲人选一位女性候选人是非常明智的，他们可以就此辩称拉加德的任命标志着基金的重大变革。然而新兴势力方面仅仅喊叫着要求一位非欧洲人占据岗位，但事先内部并没有商定候选人。他们有很多合适的人选，其中很多和拉加德女士一样能胜任国际经济职务，甚至能力更强。毕竟，巴西和土耳其等国的经济学家有成功控制经济危机的宝贵经验，可以帮助欧洲受影响最严重的国家。

当巴西官员闷闷不乐地承认"欧洲很可能将继续牢牢占据这个职位"[16]时，也是隐含地承认新兴势力未能选出一位强力候选人抗衡法国财长，其实是被西方用计谋打败了。虽然欧洲和美国有足够的票数推出任何候选人，但是却很难拒绝得到中国、印度、巴西、俄罗斯和南非全面支持的可靠候选人。很多其他非欧洲国家非常可能加入金砖国家的阵营。甚至澳大利亚外交官也发声表达了对欧洲之顽固的关切。

金砖国家成员国经常不同的意见、战略利益和观点，阻碍了快速高效选定一位"金砖国家候选人"。巴西人或许也没有什么动力利用政治资源为一位新加坡候选人争取机会。巴西甚至还会想办法阻挠阿根廷或墨西哥候选人提名。同样，印度或许喜欢欧洲常务董事胜过中国常务董事。新兴势力在选择候选人对抗欧洲政客成为 IMF 领导人的过程中乏善可陈的助选工作暴露出，尽管金砖国家有关注度和吸引力，但是内部并不像人们想象中那样团结。像斯特劳斯－卡恩下台之类的关键时刻，新兴势力联盟仍是一盘散沙，无法匹配金砖国家峰会上经常听到的那些鸿篇大论。

同样的场景一年之后再次发生，当时罗伯托·佐利克（Roberto Zoellick）宣布将卸任世界银行总裁。巴西财长曼特加宣称"我们金砖国家将保持相同的立场，做出共同选择"，各方都因此满怀期望认为来自尼日利亚的奥孔约·伊维拉（Okonjo-Iweala）将赢得发展中国家和新兴国家的广泛支持。然而之后不久，俄罗斯政府宣布支持美国提名的候选人金墉（Jim Yong Kim），一位印度外交官评论认为该决定"完全未与其他金砖国家协商"。据这位外交官称，印度政府从媒体处听闻俄罗斯的决定。这也证明即使相对简单的问题（普遍认为尼日利亚候选人更有资格当选），金砖国家内部也没有能力协调统一立场。一位强力的非洲候选人与一位弱势的美国候选人之间的竞争，为金砖国家显示团结提供了一个很好的机会。韦德恰如其分地指出，这个片段展现了"发展中国家之间的互相不信任使美国人很容易通过双边交易分裂他们"。[17] 所有这些都说明有效地平衡各方实现联合对抗霸权有困难。[18]

上述片段使观察家怀疑，西方是否已经成功将如今的新兴势力转变成"有用的傻瓜"，自豪于自己成为二十国集团的一员，不再维护发展中国家的利益。从这个角度看，金砖国家的崛起或许是有利于西方的发展，现在穷人已经失去了巴西利亚、比勒陀利亚和新德里方面的强大守护人——他们越来越多地维护大国的利益——二十国集团也逐渐被复兴的七国集团边缘化。与此同时，新兴势力不应抱怨：西方竭尽一切手段把持在手权力是很自然的。到目前为止，西方国家在掌控战略制高点方面的努力极为成功。他们的成功很大程度上是由于他们数十年前，早在全球南方崛起前很久制定的特定机构规则。尽管如此，全球南方还是要负一定的责任，因为他们无法团结起来，展示更强有力的想法，这也说明了改革的必要性。新兴势力之间的分歧不仅仅局限于IMF和世界银行。比如，金砖国家之间对联合国安理会改革的需求也莫衷一是，最值得注意的是俄罗斯和中国是常任理事国，因此相比巴西、印度和南非对改革主体的支持程度就要低很多。

中国的制度创业证明它将扭转局势，在竞争性多边主义中开始玩一局自己的游戏。而如上文所说，西方在多边主义阶段叱咤数十年，最是如鱼得水。

尽管西方战略成功地控制住了在手权力，但是在未来数十年里，将根据自身利益利用国际体系的更多可能是以中国为代表的新兴势力。虽然当前伊肯伯里所谓的"自由"（机构、法律规则等）现代国际秩序的很多方面从本质上是受新兴势力欢迎的，但是他们还是会更多地抵制伴随这种秩序而来的美国霸权活动，并逐步寻求为自身创造空间。

新兴势力接受全球秩序的自由主义特征，而且很可能会继续维持，但是他们将改变该体系背后的等级制度。除了新兴势力创建的新机构，几个既有国际机构在未来数十年或许也不会有太大变化，同样其依据的规范和规则也不会有太大变化。然而，虽然如今是美国能够打破规则而不受惩罚，但是这种特权很快也将为中国所有，而且可能在未来某一天被其他新兴势力享有。

尽管如此，竞争性多边主义的新潮流将是西方势力所不熟悉的，因为其中将牵涉很多非西方势力创建的新机构。在中国的地盘上行动，议程设定对于华盛顿和伦敦的政策制定者而言将变得异常困难。因此关于全球挑战——比如中亚地缘政治紧张局势，或对遭遇困境的发展中国家提供必要援助的决定性磋商首先要关注的就是在何处启动讨论。

论及全球标准时，大多数观察家会将过度的地点选择和过度的竞争性多边主义与普世规范的削弱和"逐底竞争"相联系。的确在某些领域，比如银行系统，标准的增加可能会要求金融机构按照多种体系运转。但是几乎没有证据证明，逐渐增多的开发银行对借贷业务产生负面影响。机构的增加可能会带来重要的积极结果。毕竟，垄断将破坏任何机构的灵活性和高效性，而竞争将有助于产出新思想，发展出新的最优实践。因此，大多数观察家，甚至包括世界银行内部的观察家，都乐见新开发银行的崛起。比如，非盟在维和任务的探讨中起到非常重要的作用。这种潮流还有助于占人口更多的国家在处理全球挑战相关问题时起到更重要的角色。正如《金融时报》在第六次金砖国家峰会之后的一篇社论中所说的：

全球经济权力的迁移表明机构权力的转变或许是有逻辑可寻的——甚至是不可避免的。当最大的网络流量不再涉及美国时，为什么依然由美国设定网络规则？当美国不再是全球经济不可挑战的核心时，为什么还要以美元为全球储备货币？[19]

如上文所指，更重要的是，大国总会小心平衡例外主义和全球公共产品供应，维持保护他们重要利益所必需的稳定状态。中国完全了解现实，他们知道只有遵守公认的规则和规范，其硬实力才能转化为政治影响力。不关心其他国家的全球制度破坏者的身份是中国决不承担的。正是理解到中国的实力一定要融入某个有正统性的规则和规范网络中这一点，中国的政策制定者才创建了前述章节中介绍的诸多机构。

尽管权力迁移要求大国与世界其他国家不断地重新磋商，但是对于未来全球的规则和规范倒不尽然是坏消息。

结　论

如上文分析所述，关于新兴势力是欣然接纳还是抵制西方领导的秩序很难有令人满意的答案。鉴于如今的规则和规范并像普遍想象中一样全然为西方的，非西方势力不会与他们针锋相对。认为中国将恢复在亚洲存续了数千年的等级分配体系的预测，没有考虑当今世界经济和军事力量的分配远比封建社会时期更均衡。此外，这种预测忽视了中国在当今世界秩序的建立中起到的核心作用，暗示如今的体系从某种程度上对中国是"不自然的"，中国从本能上要推翻它。

阿米霍（Armijo）和罗伯茨指出："金砖国家，不管是个体还是作为整体，更倾向于启动全球治理的改革和进化，而不是革命。没有任何一个新兴国家对重塑国际体系秩序表现出革命性的目标，这一点很令人吃惊。"[20]

一位印度外交官的话支持了这种观点，他说："[我们的] 观点更多的是非西方，而不是反西方。"[21] 因此，平行秩序的崛起不太可能对当今秩序的规则和规范带来威胁。然而，这并不意味着本能就可以成功解决权力过渡过程中的所有危险。尽管预测后西方时代的混乱没有历史和理论基础，仅仅是依据偏狭的西方中心论信念，认为只有美国和欧洲才能领导世界，但是大国之间的竞争仍是不争的事实。约翰·伊肯伯里的理念认为"战争驱动的改变已经走出了历史舞台"，[22] 尽管当前不太可能发生战争，但这种理念看起来仍然不太现实。相反，中国的崛起或许能使美国在伍德罗·威尔逊之后一直过度乐观的自由主义言论有所克制。正如斯蒂芬·沃尔特（Stephen Walt）所说：

第一次世界大战是"结束所有战争的战争"。而后的第二次世界大战将使世界"成为民主的安全港"。可是我们又等来了冷战。然而，冷战结束后乔治·H.W.布什总统又谈起"新世界秩序"，总统候选人比尔·克林顿宣称"强权政治的顽石……在新时代不相称"。聪明的知识分子也插话，宣称人类已经走向了"历史的尽头"，战争将"废退"。……认为我们能够永久性地克服大国竞争是过分乐观的，有潜在危险的，而且坦白讲是有些荒谬的。[23]

除了最后一点警示，上述分析显示已有一些迹象表明，平行秩序的崛起是自由主义秩序走向尽头的先兆。关于全球不和的预测是受西方中心主义驱动，而不是基于对塑造全球秩序动态的客观分析。新多边主义机构的崛起是向新兴势力肯定，未来统治的仍将是一个可能不尽完美但却切实的、以规则为基础的全球秩序。

第 7 章

世界期盼中国之治

在唐纳德·特朗普于 2016 年 11 月的美国总统选举中获得了惊人的胜利之后，大多数国际事务分析师立即敲响警钟。作为美国——这一当今世界的最大经济体，在过去七十年来对"二战"后秩序的构想和维系方面发挥了关键作用的国家的新当选总统，特朗普重申自己对当今全球治理体系的规范的深刻怀疑，这也引发了全球的不安。事实上，一些分析人士指出，特朗普的孤立主义将成为今天全球秩序的终结。恰如《金融时报》菲利普·史蒂文森（Philipp Stevens）所写的那样：

美国设计的全球体系在一段时日里已经处于分崩离析的状态。这一体系在美国退出领导舞台后将消失殆尽。2008 年的金融危机、收入停滞、紧缩和对自由贸易的幻想破灭已经埋葬了自由经济的共识。现在，特朗普先生已承诺要推翻旧秩序的政治支柱。……危险将会蜂拥而至。当美国收起保护伞后，自由的欧洲在多大程度上可以幸免于难？俄罗斯会被允许在东欧和中欧前共产主义国家重建其影响力吗？谁能保障中国东海和南海的和平？一个围绕少数大国利益和冲突建立起来的世界安全或稳定的级别到底有多高？[1]

尽管其中的一些关注仍然具有现实意义，但仍然掩饰了一种西方中心主义的狭隘叙述，即以一种暗示性的口吻假设只有西方国家才能领导世界并提供全球公共商品。史蒂文森的观点代表着一种在大多数国际事务著述中广泛存在的偏见，这种观点不仅往往低估了非西方角色在过去和当代国际政治中所发挥的作用，也低估了其在未来可能发挥的建设性作用。随着中国这样的大国向全球提供越来越多的公共商品，后西方秩序并不一定比今天的全球秩序更加暴力或不稳定。

对于许多西方思想家而言，接受这一现实令他们深感不安。诚然，看到中国向全球提供大量的公共商品——就像如今这样——会潜在地破坏西方例外主义的观念，这是第二次世界大战结束后我们看待全球政治方式的一个关键因素。唐纳德·特朗普的当选加速了承认这一现实的必要性。与此同时，它也强化了全球对于中国填补美国留下的领导席位的空缺所持有的期待。对于北京，这既是一个巨大的机遇，也存在着一系列风险，需要审慎地处理。

在这种背景下，本章着眼于最新的全球发展情况并对中国在其中发挥的作用进行评估，从习近平的宏伟战略阐述到中国创建新机构的倡议，如"一带一路"、金砖国家、亚太经济合作组织以及本书前几章所描述的中美关系。本章结尾将探讨中国是否可以引领全球，指明中国政府所面临的挑战，以及如何最好地应对这些挑战。

习近平在利马和达沃斯

就在唐纳德·特朗普当选美国总统之后，习近平即刻施展前所未有的全球努力，强调中国愿意更全面地担负起全球化和全球治理的捍卫者角色。这导致我们思考全球秩序的方式发生了巨大转变。美国前任世界银行行长罗伯特·佐利克十多年前为了说服中国承担起更多的责任所发表的"负责任的利益攸关方"的措辞，突然已封藏在遥远的过去。如今轮到中国敦促美国履行自身的国际承诺，呼吁后者不要退缩。这一举动的成效立竿见影。虽然最初的评估认为特朗普象征着全球化本身的收缩，但是更为细致入微的分析很快见之于世：全球化将继续下去，但将不再仅仅以美国为中心，甚至在美国缺席的情况下还会出现几项新举措。

亚太经合组织工商领导人峰会于秘鲁利马召开之际正值唐纳德·特朗普当选美国总统，这一结果令举世震惊，习近平在会上重申了中国对全球化的承诺，并阐释了在他治下政府的几项举措：

> 3年前，我提出"一带一路"倡议，就是要以互联互通为着力点，促进生产要素自由便利流动，打造多元合作平台，实现共赢和共享发展。截至目前，共有100多个国家和国际组织积极参与和支持，结成志同道合、互信友好、充满活力的"朋友圈"。亚洲基础设施投资银行开业运营，丝路基金顺利组建，一大批重大项目付诸实施，产生巨大经济社会效益。中国将同各方一道，秉持共商、共建、共享原则，推进政策沟通、道路联通、贸易畅通、货币流通、民心相通，实现发展战略对接，深化互利合作，为区域经济发展和民生改善注入强大动力。我们欢迎各方参与到合作中来，共享机遇，共迎挑战，共谋发展。

演讲结束后，新西兰总理约翰·克里克（John Key）捕捉到了普遍的情绪，他表示美国是亚太地区的重要合作伙伴，但如果特朗普政府退出自由贸易，中国将会填补其空白。[2]

几个月后，相比美国的收缩，中国政府再次反其道行之。习近平决定受邀参加世界经济论坛，再一次展现了在全球化中的有力形象，而就在几天之后，特朗普作为新任美国总统的第一天就退出了"跨太平洋伙伴关系协定"（TPP）。奥巴马的美国贸易代表弗罗曼曾经发表过著名的论点，认为拒绝"跨太平洋伙伴关系协定"如同在全球化方面"将城堡的钥匙交给中国"。将"跨太平洋伙伴关系协定"描述成打击中国的一种方式总是具有某种风险。当然，特朗普的决定又引发了中国外交上的一次胜利，如同美国未能说服其盟友远离中国的亚洲基础设施投资银行（AIIB）一样。中国的言论备受重视。的确，北京一直对"跨太平洋伙伴关系协定"公开表示欢迎，并表明对所有有利于世界贸易自由化和区域经济一体化的自由贸易协定持开放态度，只要它们公开和透明。实施"跨太平洋伙伴关系协定"的失败标志着美国在实现亚洲地缘政治目标过程中所遭受的重挫。华盛顿在该地区的影响力已经减弱。中国的邻国将愈发期盼着北京在经济事务方面处于领导地位，这是向以亚洲为中心的世界秩序迈出的又一步。

在达沃斯，习近平阐述了美国政治家们几乎无法公开发表的言论：

我想说的是，困扰世界的很多问题，并不是经济全球化造成的。……世界经济的大海，你要还是不要，都在那儿，是回避不了的。想人为切断各国经济的资金流、技术流、产品流、产业流、人员流，让世界经济的大海退回到一个一个孤立的小湖泊、小河流，是不可能的，也是不符合历史潮流的。[3]

与在利马的主张相似，中国国家主席习近平强调了他领导的国家所做出的国际贡献要优于美国的逆全球化，如前几章所详述：

1950 年至 2016 年，中国在自身长期发展水平和人民生活水平不高的情况下，累计对外提供援款 4000 多亿元人民币，实施各类援外项目 5000 多个，其中成套项目近 3000 个，举办 11000 多期培训班，为发展中国家在华培训各类人员 26 万多名。改革开放以来，中国累计吸引外资超过 1.7 万亿美元，累计对外直接投资超过 1.2 万亿美元，为世界经济发展做出了巨大贡献。国际金融危机爆发以来，中国经济增长对世界经济增长的贡献率年均在 30%以上。这些数字，在世界上都是名列前茅的。[4]

在整个 2017 年，随着美国总统相继宣布退出一系列国际承诺，特别是退出《巴黎协定》，这个重要的变化引发了关于加快建设真正多极化秩序的必要性的充分讨论。正如《金融时报》所观察到的：

全世界都意识到，为了应对全球变暖应该做出何种巨大的转变，在此背景下可以看到北京——这个曾经被视为联合国气候谈判中的阻挠力量——现在正在引领和推动进步，作为对由特朗普产生的美国退出这一里程碑式的协议而引发的担忧的回应。[5]

随着美国领导地位不确定性的增加，全球的决策者们开始务实地寻求其他选择。在随后的几个月中，最显著的成果是欧盟与中国共同建立应对气候变化的"绿色联盟"。[6]正如查宁·阿恩特（Channing Arndt）所做出的正确论断，特朗普对巴黎承诺的背弃，使中国有机会在二十一世纪的决定性问题上承担起全球引领者的角色——这是一个真正巨大的机遇和责任。[7]

金砖国家凸显"金砖"力量

在这种情况下，将金砖国家这一首字母缩略词的概念从投资术语转变为国际政治家喻户晓的名称，再到最近变为半制度化的政治组织（称为金砖五国，南非加入后增加字母"S"），不仅标志着二十一世纪头十年国际政治领域的一项重大进程，也显现了中国在亚洲以外地区建立国际机构的巨大能力。金砖国家在 2009 年开始正式向制度化进程迈进，虽然起初并未得到以西方为主的国际关系社会的关注，但如今已经成为中国全球战略中越来越重要的因素。

近年来，欧洲和美国的大多数观察家认为，由于金砖国家之间的差异远远超过了它们的共同点，所以这一类型的结盟不足以被进行更严格的分析。例如，最常见的观点是，在经济方面，俄罗斯和巴西是大宗商品出口国，而中国是大宗商品进口国。中国是多哈贸易回合谈判的支持者，印度则持怀疑态度。从政治角度看，巴西没有核武器，另外三个国家拥有核武器，而印度拒绝签署"不扩散核武器条约"（NPT）。

同样，从一开始，大多数分析家认为金砖国家并不是一个有着共同目标的团体，因为他们在全球政治秩序中的地位差别很大。更为重要的是，中印之间未解决的边界冲突以及在印度洋相互重叠的利益经常被视为金砖国家不具备联盟可能性的论据。

总之，对于大多数观察家而言，金砖国家由于过于缺乏一致性以至于不能成为一个重要的类别——在国际媒体中，金砖国家被习惯性地描述为"相异的四重奏""杂乱的团队"或"奇怪的团体"。按照这一叙述，金砖国家作为一个集团的想法是有缺陷的，金砖国家成员国由于过于多元化，从而无法形成一个有凝聚力的团体。

这种论调在 2012 年得到了强化，当时世界各地的新兴市场开始遭受商品价格走低的冲击，特别是俄罗斯和巴西的增长受到了打击。即便是中国也进入了增长放缓的阶段。许多人认为这个概念已经失去了其效用——既然成员现在有了麻烦，他们是否还有必要共同讨论未来的全球秩序呢？

然而，虽然许多人因假设的分歧而批评这一组织，但一个重要的细节往往被忽视：与即将面临解散的预想不同的是，各成员国通力加强合作。金砖国家不仅继续存在，而且开启了制度化进程，并定期在教育、公共卫生和国家安全等领域召开部长级会议，总统和外交部长之间经常举行会晤——或许最为重要的是——建立了总部位于上海的金砖国家新开发银行（NDB）和应急储备协议，即应对金融危机的金融安全网。金砖国家首脑会议摒除了意识形态的分歧，已成为各国总统年度行程安排中的重要事项。在最近在果阿（Goa）举行的会议期间，基于现有评级机构——穆迪、标准普尔和惠誉对西方国家和企业采取不公正的优待，各成员国领导人决定继续推行以金砖国家为主导的评级机构。

有些人担心继 2016 年 8 月迪尔玛·罗塞夫遭弹劾之后巴西发生的深刻政治变化——从中左派工人党到米歇尔·特梅尔的中央权利行政机构会降低该国对金砖国家联盟的承诺。但是，泰勒已经以赞许的口气谈论这个集团，并在任职的头几个月里两次访问亚洲。

在考虑金砖国家联盟的未来时，要牢记四个关键方面：

首先，虽然中国增长率放缓目前占据着头条新闻，但认为全球向新兴国家的转变是昙花一现的观点是错误的。观察家们应该记住，对于发展中国家来说，工业化和城市化的浪潮以及随之带来的生产率提升远远没有结束。随着人口和生产力的增长，他们将在未来一段时间内不可避免地享有超过发达经济体的增长优势。中国可能需要更长的时间才能超越美国经济，但很少有人否认过渡正在发生。世界经济不会重返二十世纪末的权力分配。正如吉姆·奥尼尔（Jim O'Neill）最近指出的那样：

认为金砖国家的重要性被夸大的意见是幼稚的。最初四个金砖经济体的体量之和大致符合我在几年前做出的预测。[8]

第二，对于巴西利亚、比勒陀利亚和北京的决策者来说，很明显，金砖国家集团通过创造一个重要的讨论平台为其成员创造了巨大的利益。在城市规划、学术界、反恐措施、水资源管理、政策职位协调和高等教育等领域，这些国家面临着共同的挑战，但之前几乎没有沟通渠道。鉴于巴西和印度等国家在历史上关系的局限性，这种协调行动的重要性不应该被忽视。

第三，上述集团内存在的差异和分歧是真实的，金砖国家集团与欧盟或北约绝无相似性。同时，认为他们会排除有意义的合作的想法是天真的。除了上述的分歧之外，批评者经常指出，俄罗斯的人均国内生产总值为 2 万美元，而印度为 3000 美元。然而，当拥有挪威（人均国内生产总值在 10 万美元左右）的北约接受了人均国内生产总值不足 4000 美元的阿尔巴尼亚加盟后，就没有人在乎人均国内生产总值了。欧盟、南方共同市场、东盟、非盟、联合国、二十国集团或几乎每个能想到的国际集团都存在类似的差异。在历史上，很久以来就有存在巨大差异的国家之间成功合作的实例——想想土耳其加盟北约，美国和中国之间深度的经济合作，或者美国与沙特阿拉伯或巴基斯坦等国家建立的军事联盟。

同样，经常性的分歧并不能阻止国家间的合作或共同加入某一俱乐部。德国和意大利在联合国安理会改革方面处于严重对立，德国和法国对于对利比亚的军事干预存在严重分歧。就英国和法国而言，在诸如对伊拉克的军事干预等重大问题方面观点是相左的。没有一个分析家会认为这些分歧表明北约或欧盟是个坏主意。

第四，西方作为国际领导者的观念是如此根深蒂固和普遍存在，以至于人们认为这是理所应当的，从而限制了观察者客观评估其衰落所产生的后果的能力——金砖五国之间的合作便是其中之一。非西方国家将继续承担更大的责任——很自然，在某些情况下，如果没有西方同行，他们也会这样做。中国在非洲和拉丁美洲的投资，印度日益增长的军事能力以及巴西试图在前总统卢拉执政下与伊朗谈判核交易的尝试都是这个新的多极现实世界的实证。

这一切表明金砖国家之间的合作就此落地生根。虽然向真正多极化的过渡——不仅在经济方面，而且在军事上和关于议程制定的能力——将会令许多人感到不安，但它最终或许会比历史上的全球秩序更为民主，并在未来的几十年中可以实现更高级别的真正对话、更广泛的知识传播以及找到应对全球挑战更具创新性和行之有效的方法。

乌 法

2015 年，俄罗斯第七届金砖国家首脑会议上签署的文件对当时塑造集团的动力，以及如何思考其在未来几年所具有的潜力提供了一些重要见解，绝大多数评论峰会的权威人士都不会浏览这些文件——它们的篇幅超过一百页——但是值得一看：多伦多大学最近的一项研究表明，金砖国家在 2014 年福塔雷萨峰会上做出的承诺已兑现了 70%，继续保持历届高峰会议高水平的承诺履行程度。[9] 研究的作者总结道，"金砖国家将履行其发展承诺作为其议程要义（四次首脑会议的履行度平均为 +0.60 或 80%）"，但同时指出，对于贸易问题上的执行力度存在不均衡，总体平均值为 +0.10（55%）。这表明最后的峰会声明远非一纸空文。《乌法宣言》中要注意的关键议题是什么？

多边机构

金砖国家的《乌法宣言》与以前的所有宣言类似，反复强调了该集团"向联合国承诺作为一个全球性的多边组织，接受委托协助国际社会维护国际和平与安全、促进全球发展、促进和保护人权"。宣言中的几个段落专门针对具体的联合国机构和公约，如贸易和发展会议，教科文组织和工业发展组织，联合国全球反恐战略和联合国反腐败公约。同样，金砖国家肯定了对世界贸易组织（WTO）的承诺。这表明了西方分析家们经常忽略的一个现实：金砖国家并不想试图推翻全球秩序；相反，他们寻求对现有结构进行改革或创造互补结构。金砖国家集团的提案从未质疑今天全球秩序的基本规则和规范，也不曾质疑联合国安理会等关键机构的合法性。

加强金砖国家关系 / 金砖国家经济伙伴关系战略

金砖国家领导人表示：

……努力促进市场间的相互联系、强劲的经济增长以及推动一个以资源有效分配，资本、劳动力和商品自由流动为特征的包容开放的世界经济，以及公平和管理有效的竞争。

减少金砖国家资本、劳动力和商品流动的障碍显然是集团面临的主要挑战。鉴于过去首脑会议所作出的承诺，金砖国家未能取得进展的承诺是对世界贸易组织（WTO）的争端解决谅解协定（DSU）进行改革。尽管金砖国家长期以来一直支持多边贸易和世贸组织的首要地位，但在监督期内，金砖国家成员无法推动 DSU 改革的谈判。虽然在签证规则领域取得了一些进展，但决策者们无法就全面的金砖国家免签协议达成一致。金砖国家经济伙伴关系战略提出了扩大贸易投资、制造业和矿产加工、能源、农业合作、科技创新、金融合作、联通性和信息通信技术合作的重要方针。未来几年，所有的关注点将放在新开发银行，金砖国家集团的最终成功将在很大程度上取决于各成员国之间经济合作的能力。

宣言还提到加强二十国集团的合作，金砖国家在某些问题上已经展开灵活的合作。

果　阿

巴西、俄罗斯、印度和中国的外长在纽约联合国大会期间首次会晤，共同讨论全球面临的挑战（2006 年讨论主题为黎巴嫩战争），就在十年后印度于 2016 年 10 月 15 日至 16 日在果阿举行了金砖国家第八次年度首脑会议。在首脑会议上，有三点值得注意。

首先，与世界其他地区相比，经济成绩最好的印度利用首脑会议强调了自己新兴大国的重要地位，它的增长速度高于其他主要经济体。事实上，印度政府非常清楚，它和中国是世界上少有的可以拿出有希望的经济数据的地区，这也赋予其巨大的合法性。印度人均国内生产总值刚刚超过美国的 10%，甚至远低于中国的人均国内生产总值。这表明印度具有巨大的进步空间，它可能是未来几十年全球经济的主要动力之一。印度的高增长与中国的主导地位相结合，使得金砖国家进一步成为以亚洲为中心的俱乐部。

其次，金砖国家首脑会议的重点将是巩固现有机构。由金砖国家领导的新开发银行将在下个月公布其首批贷款，因此讨论重点集中在机构结构和贷款标准等方面的细节。

最后——对于研究这个话题的人来说，这并不会让人感到意外——金砖国家集团早已比大部分西方分析家乐于承认的要精彩得多。制度化保证其在未来极有可能会长期存在。权威人士们撰写的题为《忘记金砖国家》的文章仍然认为集团各成员之间的主要胶合作用是高速增长的经济（鉴于今天放缓的增长率，这种观点应该不复存在），其制度化进程远远超过任何西方主流分析家的预测。不论各国意识形态之间的差异，金砖国家首脑会议已经成为所有成员国总统每年的主要行程。所有这一切都表明了金砖国家内部合作持续迈向扩大，而非减少的总体趋势。

厦 门

2017 年 9 月，金砖国家的五位领导人将齐聚在福建省厦门市。从上周末在北京举行的"一带一路"国际合作高峰论坛到一系列金砖国家的内部活动，包括网络安全、二十国集团和加强人与人之间的交流的议题将掀起中国外交行动上前所未有的高潮。[10] 决定峰会的关键动力是什么？

首先，越来越明显的是，由于集团内权力不平衡的增加，金砖国家必须被理解为中国在重塑全球事务方面所做出的更广泛努力的一个部分。这并不意味着这个集团没有被置于中国外交的首要位置——恰恰相反：北京外交部精心挑选了派驻金砖国家首都的外交官，第九次首脑会议也得到了习近平和中国媒体的高度关注。印度和俄罗斯两国继续阐述了金砖国家集团下一步行动的新想法，北京的喜好变得越来越重要。巴西方面，一个数字解释了缘由：中国对拉美的融资已经远远超过了世界银行和美洲开发银行对拉美的融资总额。[11]

2017 年，中国的影响力大大增强，因为根据规定，首脑会议主办国在整个轮值主席国期间享有更多为集团代言的自由。中国在这个阶段的首要外交政策是强化和证实其区域作用，因此中国作为金砖国家轮值主席和厦门首脑会议在这一更广阔的背景下产生。

中美新型大国关系的建立

在这种环境下，中国中心主义的全球治理的出现也取决于华盛顿将如何对其影响力的减弱做出决定。过去几年来，中国政府制定了一系列原则，依照北京的说法，这些原则应该引导世界上最重要的双边关系。也就是说，重点将放在避免对抗、相互尊重和"双赢合作"上。[12] 这在很大程度上取决于华盛顿是否愿意接受一个与自己不相上下、具有在短时期内超越美国的巨大潜力的国家。关于全球秩序未来的辩论是由认为美国的领导地位将会持续下去［如罗伯特·卡根（Robert Kagan）的《美国世界》（*The World America Made*），布鲁斯·琼斯（Bruce Jones）的《我们仍然是领导者》（*Still Ours To Lead*）和持美国衰落论者（例如李淯《美国能够向中国学习什么》，以及斯蒂芬·李伯（Stephen Leeb）的《红色警戒》（*Red Alert*）］的美国学者们主导的。卡根和琼斯认为，中国的崛起不会威胁到美国的全球领导地位。持衰落论者（通常被批评家称为悲观主义者）则认为单极性即将结束或已经结束。

在这种情况下，查尔斯·肯尼（Charles Kenny）的著作《颠倒：为何世界的崛起有利西方》（*The Upside of Down: Why the Rise of the Rest if good for the West*）做出了关于美国如何能够因不再负责而更加舒适的见解。作者前不久表示，相对衰落是不可避免的——这不是一个选择的问题，这也是强健外交政策的拥趸（如卡根）与其争辩的。"重要的是要认识到，'重获美国统治地位'的政策注定会失败。"他写道。肯尼认为其余世界的兴起不仅在进行中，也是受欢迎的；他认为美国应该拥抱，而非抵制一个追赶上西方的"其余世界"。作者意识到这听起来或许会有违直觉：

> 国际关系理论往往只是纯粹的相对论。现实主义的立场有力地提出，每个单独的国家都可以脱颖而出，独占鳌头。当然，对于绝大多数人而言，这是不可能的，甚至对于那些觉得似乎言之有理的人来说，也是愚蠢的。这不是零和竞争，并且就外交政策而言，以这种思想对待世界的做法是会适得其反的。[13]

肯尼认为美国可以向对自身的衰落泰然自若的英国学习，这种评论很可能不会受到华盛顿特区的外交政策制定者们的欢迎。他的论点很鲜明，但很少被提出：如果美国只是多极体系中的一极，美国公民的生活不一定会受到负面影响。他写道：

> ……经济的绝对量和任何有关痛痒的指标之间几乎没有什么联系。当中国跻身榜首时，生活质量的指标距世界领先国家还差得远呢。[14]

如果美国出牌正确，中国的崛起对西方而言是一个很棒的消息——它的崛起会让所有人的财富水涨船高，美国经济也会从中受益。1990 年至 2012 年间，美国对新兴国家出口的比重翻了一番，不久这个数字还将进一步提高。有趣的是，他写道："没有任何理由解释为什么二十一世纪不应该是一个'美国世纪'——如果这意味着美国作为一个被仿效的国家保留甚至提高其在全球的声誉。"这里面有一个重要的问题——美国是因其教育、公民权利和开放性而令人钦佩，还是因为其经济和军事优势呢？肯尼认为硬实力并不重要。这听起来多少有些不太现实。毕竟正是美国在过去六十年中的经济和军事优势使其可以根据自己的利益塑造世界，传播美国的价值观、思想和文化。一旦中国超越了它，一个很大的疑问便会产生，即美国在多大程度上还可以保持世界最具吸引力的社会形象？对于一个已经习惯于统治世界的令人担忧的国家而言，只有承担责任的义务可能是极具灾难性的。避免美国对中国崛起的强烈抵制将是北京面临的最大挑战之一。

对于双边关系的未来，最有见识的分析人士毫无疑问是亨利·基辛格（Henry Kissinger）。关于未来的挑战，他这样写道：

> 美国和中国是世界秩序不可或缺的支柱。显然，两国历来对现在的国际体系表现出矛盾的态度，即使在肯定自己承诺的同时也对设计方面的评判做出保留。作为一个大国，中国在二十一世纪的秩序中所起的作用也是史无前例的。美国在与这个在体量、影响和经济成就与其旗鼓相当，但国内秩序迥然不同的国家持续进行互动方面也缺乏经验。
>
> 双方在文化和政治背景的重要方面也存在分歧。美国的政策措施是务实

的；中国是概念性的。美国从来没有一个强大的具有威胁性的邻居；中国从未在边界有过强大的对手。美国人认为每个问题都有解决办法；中国人认为每一套新问题都有新的解决方案。美国人寻求应对当前情况的结果；中国人专注于渐进式变革。美国人概述实际"可交付"项目的议程；中国人阐述普遍原则，并分析其导致的结果。中国思想是由共产主义塑造的，但是越来越多地以传统的中国思想为主，对美国人而言从直观上是感到陌生的。

中国和美国在历史上只有最近才完全参与到主权国家的国际体系中。中国认为自己是独一无二的，大部分植根于自己的现实中。美国也认为自己是独一无二的——即"特殊"——但是由于超越国家理性的原因，美国出于道义上的责任在世界各地宣扬自己的价值观。两个具有不同文化和不同前提的伟大社会正在进行根本的国内调整；二者最终会转化为对抗还是新型的伙伴关系对于二十一世纪世界秩序的前景将起到重要的塑造作用。[15]

结　论

亚洲——二十一世纪的经济中心——将成为美式和平（美国霸权下的和平）的未来和决定中国中心主义世界秩序的所在。如果北京能够让邻国接受其区域主张（包括其在南海的主张），中国可以大大减少美国在一个拥有世界人口一半以上地区的影响力。这种愿望会出现在北京并不令人惊讶。有抱负的大国都不会因为将后院的安全责任割让于外国而获得地位或尊重。

为了获得区域支持，中国已经启动了一系列涉及邻国机构设置的高调举措：亚洲基础设施投资银行、亚洲安全架构建立信任措施会议，以及通过巴基斯坦和缅甸连接印度洋的经济走廊。如果这些举措获得成功，中国的努力将有助于创造一个中心越来越偏重中国的亚洲。

中国最为雄心勃勃的项目是新丝绸之路经济带，通常被称为"一带一路"。这个经济走廊将横跨欧亚大陆，不仅将中国与中东和欧洲相连，而且将其嵌入该地区。据说中国对于"一带一路"的投资在8000亿美元到1万亿美元之间，覆盖了 60 多个合作伙伴国家的 890 个项目——这是一个非常具有纪念意义的举措。一些评论家已经将"一带一路"与美国赞助的用以协助战后欧洲重建的"马歇尔计划"相提并论。

美国对中国主动行动的反应体现在两方面。首先，它试图挫败亚洲基础设施投资银行，迫使其他国家不加入。作为美国最重要的盟友，英国成为第一个冲破其束缚加入该银行的国家，这个努力宣告失败。该银行目前拥有 50 名成员，其中包括来自世界各地的美国的许多盟友。

美国的决策者们还推动了"跨太平洋伙伴关系协定"（TPP），这是一个连接美国、日本、马来西亚、越南、新加坡、文莱、澳大利亚、新西兰、加拿大、墨西哥、智利和秘鲁的贸易协定。如果这个协定得到所有参与国立法机构的批准，将是奥巴马总统"转向亚洲"的第一个真实表现，然而到今天这只不过是一句漂亮话。特朗普决定退出 TPP 或许被未来的历史学家看作是一个关键的转折点。被排除在 TPP 之外的中国，通过推动不包括美国在内的区域全面经济伙伴关系（RCEP）和促进北京与东京之间的和解作为回应。区域全面经济伙伴关系涉及投资、经济和技术合作、知识产权、竞争、争端解决和政府监管等一系列规则。

美国和中国在亚洲的影响力之间的冲撞解释了为什么当菲律宾总统罗德里戈·杜特尔特（Rodrigo Duterte）宣布与美国"分道扬镳"时，华盛顿便敲响了警钟。事实上，自从当选以来，杜特尔特的言辞便使这个国家与华盛顿几十年的伙伴关系受到质疑。一个月后，马来西亚总理纳吉布·拉扎克（Najib Razak）宣布从中国购买濒海多任务舰，从而启动了与北京的和解。鉴于美国此前也希望与马来西亚达成协议，它成为吉隆坡与北京之间的首个实质性的防务合同，也是一个重要的信号。

这些举动令人感到非常惊讶，因为菲律宾和马来西亚都曾向南中国海岛屿和礁石提出主权要求。华盛顿希望利用这个地区的紧张局势建立一个联盟，用以在该地区牵制北京并对中国施加国际压力。菲律宾是唯一一个作为美国条约盟国的南海索赔人。两国最近缔结了《加强防务合作协定》，允许华盛顿进入菲律宾五个军事场所。

美国计划在亚洲保持强大的政治影响力，并建立遏制中国的联盟面临许多重大障碍。很多美国的盟国之间缺乏相互信任（例如日本和韩国）。这可能会导致集体行动方面的问题，例如国际关系理论中所谓的"搭便车"——受益于公共商品而不做出任何贡献。

此外，这个地区的很多国家越来越依赖中国的经济，从而降低了反对北京的意愿。时机显然有利于中国。

当我们展望未来的时候，一个问题隐约浮现：中国会接过引领全球的角色吗？哈佛大学教授威廉·柯比（William C. Kirby）最近做出如下回答：

当然会。中国已经在引领全球。中国在世界历史上有着最为悠久的连续文明。中国的道德和政治模式界定了文明的意义。在两百多年前，清帝国掌控了地球上最强大、最丰富和最精致的文明。它有着世界上规模最大的经济，也是自由度最高的经济中的一种。……中国在帝国主义时代中得以幸存——胜过了世界大部分地区。中国目前的"崛起"，它的经济增长常常被描述，不仅仅是过去35年努力的结果。这是一个多世纪以来累积的成就。[16]

中国面临的内外挑战将是艰巨的。在日益全球化的世界中，如果缺少涉及大多数政府的规则和规范的复杂系统，没有一个国家能够单独提供全球公共商品。北京所要做的并不是独自应对世界上最复杂的挑战，而是要建立和维持尽可能包容的秩序，避免别人担心中国的崛起。美国的危机及其领导全球的意愿和勇气的不断减弱使中国增强了发挥更加显著的全球作用的紧迫感。

第 8 章

全书总结

本书无意预测未来，而是尝试描述一些可能塑造未来的动态，强调根据真切的多极化现实调整我们看待全球事务之视角的重要性。

这些分析是在全球南方面临危机的时刻所做。经过多年爆发式的增长，除印度之外所有金砖国家都遭遇了经济增长放缓。中国的经济增长率为近年最低。俄罗斯和巴西在商品繁荣期未能实现经济多样化，现在也陷入经济衰退的泥潭。印尼和土耳其的经济增长也放缓，后者还面临着专制统治的忧虑。金砖国家第五位成员南非，遭受腐败的限制，无能的政府无法领导必要的结构改革。尼日利亚是过去几年里少有的几个发展顺利的国家，但国家北部仍在与血腥的极端主义叛军对抗。世界上最大的民主国家印度，很快也将成为世界第一人口大国，是仅有的亮点。

这种发展趋势的政治影响在全球范围已经很明显了。对新兴世界经济发展的失望缓解了美国和欧洲的压力，使它们不必急于改革国际机构并增加巴西和印度等国家的代表。终于越来越多的美欧政策制定者和评论家感觉从十年长的噩梦中醒来。现在谢天谢天，一切又回到"正常的"二十世纪权力分配状态了。联邦储备银行的低息货币已经枯竭，中国越来越关注刺激国内消费。因此，极度依赖中国的新兴势力遭受了极大的困境。"其他势力的崛起"是二十一世纪第一个十年的象征，现在似乎要走向尽头了。有些人认为，世界的核心机构将保持西方中心主义的设计。有言论将全球南方的崛起描绘成本质上依赖西方低息货币和中国进口的昙花一现，新兴势力是无助的行为体，懵懵懂懂地撞了进来，未曾预想享受了本不应得的十年发展。

然而，全球南方暂时较低的经济增长率不会随着新兴势力所实现的历史性发展而结束，尤其过去十年，全球南方经历了前所未有的解放——包括非洲大陆。新兴世界的瓶颈并不会改变远期的预测，中国仍将取代美国成为世界第一大经济体。我在本书中一直称，新兴势力的巨大人口优势，这在很大程度上是一种自然现象。尽管当前有各种问题，但是印度在二十一世纪注定要成为全球经济的主要支柱之一。世界经济不会回归二战之后的势力分布。

扎卡里·卡拉贝尔（Zachary Karabell）就这些变化做了如下论述：

情绪或许有戏剧性的转变……但是这与结构性崩塌和危机有着本质区别。诚然，新兴世界经济的增长相比近年来高企的增长率有所下降；的确，转型为内向型经济的活动并非易事。但是这并不等同于重新撰写过去十年的剧本，将很多这样国家的成就写成幻影。

当撰写二十一世纪前几年的故事时，全球叙事将不仅仅是美国为了适应权力分散的世界而做的挣扎，或中国的崛起和欧洲的衰退。主要的叙事将是地球上如何实现相当大的区域从贫穷的农业社会走向相对富足的早期城镇阶段。主要叙事将是由中国崛起而锚定的网络和手机革命开始重塑撒哈拉以南的广阔地区；将是印度的中产阶级将如何重新定义这个国家；将是数百万的拉美人民如何推翻数十年的无能独裁统治并走向繁荣。人类历史上任何时期都未曾像二十一世纪初这几年一样见证了如此多的人，如此迅速地走向富足。[1]

因此，尽管平行秩序正在崛起，但是改革全球治理构架的基本需求仍然存在。对于欧洲和美国的政策制定者而言，只有吸纳新兴势力才能确保传统势力无法控局之时，传统国际机构仍然维持运转。

适应新现实的困难过程已经开始。未来几年，甚至几十年，世界银行、IMF和联合国安理会等机构如果想要在二十一世纪保持正统性，就必须展开更深入的改革。毕竟，世界权力的分配与机构内的权力分配一旦出现比例失当，就注定会造成紧张的局面。恰如凯尔（Carr）在《二十年危机：1919—1939》（*The Twenty Years' Crisis: 1919–1939*）中所描述的，凡尔赛体系之所以失败是因其代表的秩序与欧洲大陆上实际的权力分配出现差距。一定程度上是由于这种比例失当，造成现有机构不得不越来越多地与新兴国家领导的类似机构竞争，这种现象从整体上可以看作是平行秩序的发端。

除了国际机构的改革之外，还有必要采用后西方的观点，将关于全球秩序的各种不同的视角都纳入考量。想要充分分析未来几十年全球秩序将如何发展，我们就需要越过西方中心论的世界观。鉴于我们的西方中心主义偏见根深蒂固（在西方和其他地区都是如此），这样的要求也是一个很大的挑战。除此之外还有其他阻碍。主流的国际关系文献还是由美国和英国出品，其他地区提出的想法或是没有英文版本可寻，或是理论水平不足以在顶尖学术期刊发表或成书出版。少数几家中国或印度的报纸也有类似于《金融时报》《纽约时报》或《经济学人》的全球展望。但是，从未有过如现在一般渴望倾听其他声音的需求，不仅从美国的角度，而且将中国、印度、巴西和其他形式的例外主义和中心主义纳入考量，这些思考在过去、现在和将来的西方媒介中都得不到同样的重视。

本书围绕五个核心论点展开论述，给了政策制定者一些启示。

第一，西方中心论的世界观不仅诱导我们低估了非西方行为体在过去（全球秩序的历史并不像我们笃信的那样一般是纯粹西方的）和当代国际政治中起的作用，同时也低估了它们在未来很有可能扮演的建设性角色。本书认为后西方秩序不一定比当今全球秩序更暴力。

从政策层面讲，这意味着想要更客观地评价亚投行、金砖国家集团和上合组织等非西方行为体领导的机构，首先要问这些机构是否能成功提供全球公共产品，增强成员国之间的联系，而不是问它们是否会对美国的霸权产生威胁。在亚投行的问题上，美国就没有持这种务实的立场。美国决定抵制中国倡议的银行，完全是一种短视的零和竞争手段，引发了外交灾难。该事件中华盛顿的政策制定者严重错误地估计了自身的能力，认为可以说服世界各国——英国、德国、巴西、韩国、日本和澳大利亚——不要加入这个新机构。或许最令人费解的是，他们决定将亚投行的建立看作是一种外交竞争。如果美国能够从初期寻求银行的会员身份，或只是决定对此事不做评论，全世界的观察家也不会像今日一样对该机构如此关注，也不会将其解读成单极化到多极化过渡的分水岭。华盛顿对亚投行的战略设定前提是认为中国的崛起极可能带来不可避免的紧张局势和潜在的冲突。认定新兴势力的一举一动都以修正主义战略为指导的想法是偏狭的，具有误导性的。亚投行和新开发银行的建立突显了非西方新兴势力意愿助力修复无法满足当前需求的体系。中国或许会尝试改变西方对体系的管理权，但是并不一定要改变体系背后的规则和规范。

从更广的层面讲，这意味着要学会不将中国和其他新兴势力的崛起看作是象征自由世界主义终结的灾难。从历史角度来看，西方统治的结束无非是一段反常时期的结束，在这段时期里财富和权力高度集中在全球相对较小一部分地区。这种权力的异常——或许有人还要说是不自然的，但集中最终走向终结却是很正常的。尽管这种转变会带来很多困难，但是财富和权力更平均地在全世界分配是一种积极的现象，对这种现象原则上不应该担忧而应该欢迎。

第二，我认为经济上"其他势力的崛起"，尤其以中国为代表，将使其军事实力得到提升，并最终强化其国际影响力和软实力。领域内普遍认为中国不可能真正成为像美国一样的全球性大国，我对这种观点提出了疑义，因为我认为软实力在很大程度上是由硬实力决定的。随着中国和其他新兴国家的经济崛起，很可能会交到更多的朋友和盟友，就如西方在过去靠着提供实在利益的做法一样。当然，俄罗斯在西方的软实力非常有限，尽管如此，俄罗斯还是在世界各地吸引了一干追随者，足够迫使西方完全依靠硬实力而不是软实力来制定政策：美国在中东、中南半岛和非洲的军事干预证明单纯靠软实力不足以左右全球意见，而且与普遍的认识相反，冷战的结束并没有得到新德里、北京和巴西利亚的颂扬，反而使它们犹豫和焦虑单极化的崛起。

从政策角度来看，这意味着要用更多的时间和精力评估发展中国家眼中的中国和其他新兴势力。或许中国的软实力在欧洲和美国极其有限，但是由此认定中国的软实力战略在全球范围内都不成功却是错误的。更客观地处理中国在非洲的角色，还意味着质疑某些关于西方在这片大陆上做法的言论，其实西方的做法与今日新兴势力所追求的并没有不同。此外这还意味着公开认可中国已经提供了大量的全球公共产品，并鼓励这种趋势。来自中国、印度和其他国家在各个领域——维和、打击海盗行动、气候变化、发展援助等更多的贡献应该受到欢迎。事实上，更完整的新兴势力将增加深度合作平台的数量，减少误解，从而避免合作不理想或引发冲突。这意味着西方政策制定者应该保持开放的态度，邀请新兴势力参与，在现有机构中提供充足的空间，真心实意地吸纳新兴国家。相比之下，在涉及全球规则和规范探讨的时候，中国、印度、巴西和其他新兴势力的政策必须更加大胆，展现出领导者的姿态。

巴西提出"责任并保护"（RwP）的倡议——这是 R2P 的补遗，有关更透明的人道主义干预监控机制——从很多方面象征了巴西利亚真正想要贯彻的战略：通过思想领导地位，成为一个桥梁搭建者、调停人和舆论引导者。RwP 尽管有其不足，但也是一种具有创新性和建设性的提案，可以消除过于好战的北约和极度抗拒的俄罗斯之间的隔阂。巴西和海外的学者都对这项倡议交口称赞。这是罗塞夫（Rousseff）政府最好的一项多边倡议。[2]

然而，自从该倡议于 2011 年 11 月实施之后一年，驻纽约的外交官私下坦白对所谓的巴西"神秘退出"感到非常失望。RwP 在论争中仍然会被提及，但是巴西显然已经不再将这项工作放在重要位置。在这个倡议中原本可以有更多可能。R2P 能够成功完全是由于一个小群体不懈努力地推动这个主题。同样，RwP 如果没有巴西这样强力、可信的背后支持者，也很难在论争中保持持久的影响。不管巴西是主动还是被动退出，此举都将损害巴西的国家利益：未来尝试成为议程设定者时可能会遭到更多的犹疑，因为普遍会疑虑巴西是否愿意坚持到底，能否经得起最初（也很正常的）批评。另一方面，RwP 倡议或许有助于管中窥豹，了解巴西在全球范围里有怎样的能力。尽管巴西的硬实力有限，但暂时还引导着一项可能塑造未来数十年国际事务的论争。[3]

本书第三个核心论点认为，以中国为先导的新兴国家不会直接挑战现有制度，而是会韬光养晦，默默地打造所谓"平行秩序"的基本模块，最初只是对当今的国际制度进行补充完善，或许某一天会对其发起挑战。这种秩序已经在逐步形成；其中包括金砖国家领导的新开发银行和亚洲基础设施投资银行（对世界银行的补充）、世界信用评级集团（对穆迪和标准普尔的补充）、中国银联（对万事达和维萨的补充）、人民币跨境支付系统（对环球银行金融电信协会的补充）以及金砖国家（对七国集团的补充）等二十多个机构组织。这些机构组织的出现并不是因为中国和其他国家有了解决全球挑战的变革性新思想，也不是因为他们试图改变全球秩序和规范；他们创建这些组织是为了更好地发挥其影响力，和先行的西方行为体当年的做法是一样的。

由此对各方的政策启示非常清晰。新兴势力和发达行为体都应该全面接受这些新机构，而不是对其加以抨击或孤立。它们的出现是自然且不可避免的（由于反对改革现有机构而加速），抵制它们将会使西方受到削弱。英国就采用了这样有远见且务实的立场，成为第一个申请加入亚投行的主要西方政府。华盛顿应该跟随英国的脚步。作为对中国体制创业的回应而停止整合中国和其他国家加入现有机构，将会是一个严重错误，毫无必要地限制了中西政策制定者在未来数十年里管理不对称双极化的平台。

第四，以中国为代表的新兴势力会继续投资现有机构组织，承认当今秩序的实力，以此为对冲策略。新兴势力积极接纳当今"自由层级秩序"下的大部分要素，但同时也在寻求改变体系中的层级。此外，几个以中国为中心的组织的创立能够避免草率行事或简单极端化，既不对抗现有秩序，也不全然加入其中，使中国能够着手打造具有自身特色的竞争性多边主义，根据自身国家利益，从灵活的框架中做选择——由此掌握更多话语权表达自身诉求，逐渐免疫西方的驱逐威胁，提升政策自主权。

这一点可能是最令西方政策制定者痛苦的，而且这一点也确实对西方以往的做法产生了巨大挑战，侵占了他们调遣军队的空间，过去西方经常利用这种优势，在幕后向小国施压或选择最可能令其达成目的的平台，以此获取利益。因此指责非西方崛起国家希望利用多边主义体系为自己服务是错误的。毕竟，西方已经这样做了数十年了。

能够在多个领域设计出共同项目使西方受益匪浅，这些组织包括北约、七国集团、欧盟和经济合作与发展组织（OECD）等。这些组织内虽然也存在意见分歧，但是远比印度和中国、中国和日本或印度和巴基斯坦之间的纷争要小。同样，像金砖国家、对话论坛（IBSA）或77国集团等从历史上就很难明确实现共同项目，而且未来几年想要彻底改变这种局势要克服很大的困难。这也使得西方在未来很多年里仍能占据优势。

从中国的角度看，创建独立机构的计划既是聪明的举措，也是完全能够理解的。新形势将降低西方势力朝着有利于自己的方向调整游戏的能力。未来中国将有能力自主选择发展的平台，就像西方国家在过去所做的一样。

该分析显示典型的西方中心论历史叙事是片面的，对全球秩序的理解将不利于我们认识和了解当前的潮流。这种历史叙事过度强调了西方在全球历史中的地位，过分简化了西方崛起的源头，因此得出错误的见解，认为当前多极化的过程是重大的破坏，将不可避免地带来根本性改变。

第五，亚洲将成为美国霸权下的和平的未来和决定中国中心主义世界秩序的所在。中国已经启动了一系列涉及邻国机构设置的举措，如亚投行、丝绸之路经济带等，这些举措如获成功，将有助于创造一个中心偏向中国的亚洲。美国试图挫败亚投而引发的外交灾难以及退出"跨太平洋伙伴关系协定"表明，美国计划在亚洲保持强大的政治影响力，建立遏制中国的联盟面临许多障碍。这个地区的很多国家，越来越信赖中国的经济，从而降低了反对中国的意愿。

与美国总统相断宣布退出一系列国际承诺，特别是退出《巴黎协定》的行为形成鲜明对比，习近平强调中国愿意更全面地担负全球化和全球治理的捍卫者的角色。这一重要变化导致我们思考全球秩序的方式发生了巨大转变：全球化将继续下去，将不再以美国为中心，即便美国缺席，新举措还是会出现。"绿色联盟"就是其中最有力的佐证。

立足现在，展望未来，一个问题隐约浮现出来：中国会接过引领全球的角色吗？

毫无疑问，中国面临的内外挑战将是艰巨的。中国要做的并不是独自应对世界上最复杂的挑战，而是要建立起维持尽可能包容的秩序，避免别人担心中国的崛起。

横贯历史，大国一直都试图将暂时的超级实力在国际规范中实现制度化和固化，使国家社会流动更困难。[4]用例外主义者的话讲，最主要的辩护理由总是说维持霸权对于保持稳定至关重要：目前西方国家积极使用的论据。然而对后西方秩序的恐惧被误导一定程度上是由于过去和现在的体系中西方化程度比普遍认识中要低得多。非西方势力对全球规则和规范的建立做出过巨大的贡献，它们所做的贡献往往早于欧洲行为体，像中国和印度等国家也有越来越强的意愿和能力带头提供全球公共产品。尽管向真实多极化的转变——不仅从经济上，还从军事上以及议程设定能力上——会令很多国家不安，但是后西方多极化最终一定会比此前任何秩序下都更民主。这种多极化将打开潜在的窗口，实现更多层面的开放对话和知识传播，实现更多有效解决二十一世纪全球核心挑战的方式。

注　释

引　言

1.尽管"西方"一词在媒体、政界和学术圈经常使用，但这个概念仍然很抽象，经常被误读。这个概念并非静态的而是变化的，随新的现实状况不断调整，心怀不同利益的不同群体——不管是西方还是非西方——对其认识都有不同。我赞同拉扎鲁斯（Lazarus）所说的"有一种盲目迷恋西方的倾向，将其看作统治现代世界的超级媒介"，认为这种称谓是不可或缺的，又如莫洛佐夫（Morozov）所说"广泛使用，但不足以充分反映"。所谓的西方也有分化和层级，其边界多有模糊，且这个概念的拥有者不局限于宣称属于其中一员的国家。因此客观的做法不是指定一个定义，这将不可避免地将西方变为一种平面化的概念，而是应该接纳这个短语的矛盾本质。

参见尼尔·拉扎鲁斯（Neil Lazarus）《捕捉幽灵：后社会主义和后殖民主义》（Spectres haunting: Postcommunism and postcolonialism），《后殖民写作日报》（*Journal of Postcolonial Writing*）48 : no. 2 (March 2012),122, http://www.tandfonline.com/doi/abs/10.1080/17449855.2012.658243

维特柴斯拉夫·莫洛佐夫（Viatcheslav Morozov），《俄罗斯的后殖民身份：欧洲中心世界下的次级帝国》（*Russia's Postcolonial Identity: A Subaltern Empire in a Eurocentric World*），London : Palgrave Macmillan, 2015，第24页。

2.约翰·M.霍布森（John M. Hobson），《欧洲中心化的世界政治理念：西方国际理论》（*The Eurocentric Conception of World Politics: Western International Theory*），Cambridge: Cambridge University Press, 2012，第1页。

在诸多历史事例中有一个关于卡尔·马克思的，他在彻底的西方中心论框架下写作，坚信东方没有进步性自我发展的前景。西方中心论的偏见在大多数现代国际关系分析中也仍然可见。

3. 比如，参见爱德华·W. 萨义德（Edward W. Said）《东方主义》（*Orientalism*），New York: Vintage Books, 1979；马克·梅佐尔（Mark Mazower）《没有魔法宫殿：帝国的终结和联合国的意识形态起源》（*No Enchanted Palace: The End of Empire and the Ideological Origins of the United Nations*），Princeton：Princeton University Press，2013；约翰·达尔文（John Darwin）《帖木儿之后：全球帝国的兴起和衰落，1400—2000》（*After Tamerlane: The Rise and Fall of Global Empires 1400—2000*），New York：Penguin Books, 2008；爱德华·基恩（Edward Keene）《超越无政府主义的社会：格老秀斯，殖民主义和世界政治秩序》（*Beyond the Anarchical Society: Grotius, Colonialism and Order in World Politics*），Cambridge：Cambridge University Press，2002。

4. 二十世纪六十年代至二十世纪七十年代开始，有大批后殖民主义学者公开寻求挑战西方中心主义。这些批评重点关注统治国际关系学科的学者和专家，而不是西方中心化程度低很多的历史学家或人类学家。

5. 马科斯·托里诺（Marcos Tourinho），《超越扩张：全球国际社会的政治论争（1815—1960）》（*Beyond expansion: Political contestation in the global international society* ［1815—1960］），2015 年日内瓦高级国际关系及发展学院博士讨论，第 24 页。

6. 亨利·基辛格，《世界秩序：对国家特性和历史进程的反思》（*World Order: Reflections on the Character of Nations and the Course of History*），New York：Penguin Press，2014，第 277 页。

7. 在所谓的二战后秩序崛起的过程中操纵和吸引起到很重要的作用，就此还有一次激烈的争论。盖尔·伦德斯塔德（Geir Lundestad）等西方学者《邀请来的帝国主义？美国和西欧，1945—1952》（*Empire by invitation? The United States and Western Europe,1945—1952*），《和平研究杂志》（*Journal of Peace Research*）23，no. 3(1986): 163–277, http://jpr.sagepub.

com/content/23/3/263；马克·A. 斯托勒（Mark A. Stoler），《同盟国与对手：联合参谋部、大联盟和美国在第二次世界大战中的战略》（*Allies and Adversaries: The Joint Chiefs of Staff, the Grand Alliance, and U.S. Strategy in World War II*），Chapel Hill：The University of North Carolina Press，2003，或弗兰克·克斯提格里欧拉（Frank Costigliola），《罗斯福失去的同盟：个人政治是如何促成冷战发动的》（*Roosevelt's Lost Alliances: How Personal Politics Helped Start the Cold War*）Princeton：Princeton University Press，2013，倾向于强调自由体系的内在吸引力，而阿亚斯·扎洛克（Ayse Zarakol）等非西方学者，《失败后：东方学会如何与西方相处》（*After Defeat: How the East Learned to Live with the West*）Cambridge：Cambridge University Press 2011，则认为操控的因素更具有决定性。努诺·蒙泰罗（Nuno Monteiro）等现实主义学者（努诺·蒙泰罗"蒙泰罗平伊肯伯里《权力秩序及世界政治的变化》，《外交与国际关系史圆桌评论》［*H–Diplo*］，2015 年 9 月，https://networks.h–net.org/node/28443/reviews/85222/monteiro–ikenberry–power–order–and–change–world–politics）辩称统治与控制、操纵与正统，其关系经常是模糊缺乏清晰证据的。

8. 做出该评论的有珍妮特·L. 阿布 – 卢格霍德(Janet L. Abu–Lughod)，《欧洲霸权之前：世界体系，公元 1250—1350》（*Before European Hegemony: The World System A.D. 1250—1350*），Oxford：Oxford University Press，1991；和 J. M. 布劳特（J. M. Blaut），《殖民者的世界模式》（*The Colonizer's Model of the World*），New York：The Guilford Press，1993。

9. 这一点由贝亚特·雅恩（Beate Jahn），《自由国际主义：理论、历史、实践》（*Liberal Internationalism: Theory, History, Practice*），London：Palgrave Macmillan，2013。如奥德·A. 韦斯塔（Odd A. Westad）在《全球冷战：第三世界干预和我们时代的形成》（*The Global Cold War: Third World Interventions and the Making of Our Times*），Cambridge：Cambridge University Press，2007 一书中所述冷战的结束并不是由于自由亲西方力量，而是由于政治伊斯兰的崛起。

10. 格雷厄姆·艾利森（Graham Allison），《修昔底德陷阱：美国和中国走向战争》（The Thucydides trap: Are the U.S. and China headed for war?），《大西洋月刊》（*The Atlantic*），2015 年 9 月 24 日刊，http://www.theatlantic.com/international/archive/2015/09/united-states-china-war-thucydides-trap/406756/。

11.《生活》（*LIFE*）杂志在 1997 年 9 月刊中推出千年最重要的 100 位人物和事件名单时，评论道："西方人在改变和震撼全球方面做出了超越比例的成就。[100 位中] 除了 17 位之外都来自西方。……这并不是翻译《生活》杂志编辑和专家顾问的偏见，而是过去千年里的社会政治现实。"节选自 1997 年 9 月刊《生活》杂志，135 页，由安德烈·冈德·弗兰克（Andre Gunder Frank）在《重新定位：亚洲时代的全球经济》（*ReOrient: Global Economy in the Asian Age*）Berkeley：University of California Press，1998 一书第 12 页中引用。

12. 托里诺，《超越扩张》，第 9 页。

13. 很多人都做过类似的论辩，其中包括阿玛蒂亚·森（Amartya Sen）《身份与暴力：命运的幻觉》（*Identity and Violence: The Illusion of Destiny*），New York：W. W. Norton & Company，2007 和杰克·古迪（Jack Goody）《盗窃历史》（*The Theft of History*），Cambridge: Cambridge University Press，2007。

14. 罗比·什耶连姆（Robbie Shilliam），《国际关系和非西方思想：帝国主义、殖民主义和全球现代性的调查》（*International Relations and Non-Western Thought:Imperialism, Colonialism and Investigations of Global Modernity*），New York：Routledge，2011。有一个很值得注意的例子，除了阿米塔·阿查亚（Amitav Acharya）、坎蒂·巴杰帕伊（Kanti Bajpai）或雷嘉·莫汉（Raja Mohan）等思想家之外，在国际关系学科中长久以来都缺乏对尼赫鲁政治思想深度、批判性的探讨，尽管他在不结盟运动、反殖民运动和防止核扩散等方面都有很重要的见地。

15. 迈克尔·马斯坦多诺（Michael Mastanduno），《世界政治秩序和变化：金融危机和美中大交易的破灭》（Order and change in world politics：the financial crisis and the breakdown of the US-China grand bargain），《世界政治中的权力、秩序和变化》（*Power, Order and Change in World Politics*），由 G. 约

翰·伊肯伯里（G. John Ikenberry）编辑，Cambridge：Cambridge University Press，2014，第 183 页。

16. 此前已有多位学者明确表达过类似的观点，其中尤以阿瑟·扎拉库（Ayse Zarakol）《失败后：东方学会如何与西方相处》（*After Defeat: How the East Learned to Live with the West*），Cambridge：Cambridge University Press, 2011 最为突出。

17. 比如理查德·拜慈（Richard Betts）写道"全球范围内都对采用哪种意识形态进行社会组织有巨大的争议——法西斯主义、社会主义或西方自由民主"暗指前两个并非西方起源。《冲突或合作？回顾三种愿景》，《外交》杂志（*Foreign Affairs*），2010 年 11—12 月刊，https://www.foreignaffairs.com/reviews/review-essay/conflict-or-cooperation。

18. 约翰·米尔斯海默（John Mearsheimer），《中国能否和平崛起？》，《国家利益》（*The National Interest*），2015 年 10 月 24 日刊。

19.《麦斯威尔的恶魔和金苹果》（*Maxwell's Demon and the Golden Apple*），Baltimore：Johns Hopkins University Press，2014，第 67 页。

20. 比如，参见亨利·基辛格《论中国》，New York：Penguin Books，2012；哈拉尔德·穆勒（Harald Müller）和卡斯滕·劳赫（Carsten Rauch）《皈依，不要战争：权力改变、冲突不断，避免 1914 再次发生的机会》（Make converts, not war: Power change, conflict constellation, and the chance to avoid another 1914），选自《从一战的教训中看亚洲崛起》（*Lessons from World War I for the Rise of Asia*），安德里亚斯·赫伯格-罗特（Andreas Herberg-Rothe）编辑和丹尼尔·W. 德雷兹内（Daniel W. Drezner）《系统作用：世界如何阻止了另一次大萧条》（*The System Worked: How the World Stopped Another Great Depression*），Oxford：Oxford University Press，2014。

21.《亚太经合组织峰会和争议水域的环太平洋大桥》，《经济学人》，2014 年 11 月 15 日刊。http://www.economist.com/news/leaders/21632452-weeks-summit-beijing-helped-great-power-rivalry-still-threatens-pacific-bridge

22. 马斯坦杜诺（Mastanduno），《世界政治秩序和变化：金融危机和美中大交易的破灭》，第 183 页。

23. 查塔姆研究所伦敦会议小组讨论中安诺斯·福格·拉斯穆森（Anders Fogh Rasmussen）发言，2015 年 6 月 1 日 –2 日。

24.《丢掉中东：为何美国一定不能抛弃该地区》，《经济学人》，2015 年 6 月 6 日封面故事。http://www.economist.com/printedition/covers/2015–06–04/ap–e–eu–la–me–na–uk。

25. 其中一些观点认为非西方行为体对全球历史的塑造和当今秩序的形成和延续有着至关重要的作用，因此对当今全球权力的迁移有着与西方叙事不同的评价。比如，中国中心主义观点指出，西方在过去几个世纪里的崛起一定程度上借用了中国的思想和科技，而且是通过军事统治完成的。并不像西方叙事中认为的那样是必然的，而且中国的复兴很快将结束西方经济的优越性，回归中国认为的"常态"。我们并不是认为这些观点更接近于现实或证据更充分，但其存在可以描绘一幅更加全面的画面。在广泛的文献综述之外，这种分析还依据过去几年的基础研究以及 2015 年在中国、印度、俄罗斯、巴西等国的研究。

26. 我承认"其他势力的崛起"从分析角度来讲是一个很有局限性的概念，因此会在开篇解释使用这种说法仅为方便书写，并解释了"其他势力"的包罗万象——而且最重要的是，"其他"或"非西方"的概念都属于西方中心论世界观的一部分，恰恰也是本书尝试质疑的理念。

27. 参见沈大伟（David Shambaugh）《中国走向全球：部分权力》（*China Goes Global : The Partial Power*），New York : Oxford University Press , 2013。

28. 有一种类似的观点最早由纳兹尼恩·巴玛（Naazneen Barma）等人提出，节选自《没有西方的世界？经验主义模型和理论启示》，《国际政治学》（*Chinese Journal of International Politics*）2，no. 4（2009）: 525 – 44，http://cjip.oxfordjournals.org/content/2/4/525，和莫里茨·鲁道夫（Moritz Rudolf）等人 " Chinas Schatten–Außenpolitik: Parallelstrukturen fordern die internationale Ordnung heraus"，《中国观察》（*China Monitor*），2014 年 9 月 23 日，第 18 页，http://www.merics.org/fileadmin/templates/download/china–monitor/China_Monitor_

No_18.pdf。

29. 杰米尔·艾丁（Cemil Aydin），《亚洲的反西方主义政治：泛伊斯兰和泛亚洲思想的世界秩序愿景》（*The Politics of Anti-Westernism in Asia: Visions of World Order in Pan-Islamic and Pan-Asian Thought*），New York：Columbia University Press，2007，第 75 页。

30. 维特柴斯拉夫·莫洛佐夫（Viatcheslav Morozov），《俄罗斯的后殖民身份：欧洲中心世界下的次级帝国》（*Russia's Postcolonial Identity: A Subaltern Empire in a Eurocentric World*），London：Palgrave Macmillan，2015，第 33 页。

31. 伊沃·达尔德（Ivo Daalder）和詹姆斯·斯塔夫里迪斯（James Stavridis），《北约在利比亚的胜利：正确的干预方式》（NATO's victory in Libya: The right way to run an intervention），《外交》杂志，2012 年 3—4 月刊，https://www.foreignaffairs.com/articles/libya/2012-02-02/natos-victory-libya。

32. 奥利弗·施廷克尔（Oliver Stuenkel）和马科斯·托里诺（Marcos Tourinho），《调节干预：巴西和保护的责任》（Regulating intervention: Brazil and the responsibility to protect），《冲突、安全与发展》（*Conflict, Security & Development*）14，no. 4（2014）：379-402 http://www.tandfonline.com/doi/abs/10.1080/14678802.2014.930593?journalCode=ccsd20。

33. 奥利弗·施廷克尔，《金砖国家和 R2P 的未来：叙利亚和利比亚会是例外吗？》（The BRICS and the future of R2P: Was Syria or Libya the exception?），《全球保护的责任》（*Global Responsibility to Protect*）6，no. 1（2014）：3-28，http://booksandjournals.brillonline.com/content/journals/10.1163/1875984x-00601002。

34. 马蒂亚斯·斯贝克托（Matias Spektor），《如何解读巴西在伊朗问题上的立场》（How to read Brazil's stance on Iran），外交关系协会（Council on Foreign Relations），2010 年 3 月 4 日，http://www.cfr.org/brazil/read-brazils-stance-iran/p21576。

35. 查尔斯·库普干（Charles Kupchan），《没有主宰的世界：西方和正在崛起的其他国家，以及即将到来的全球大转折》（*No One's World: The West, the Rising Rest, and the Coming Global Turn*），New York：Oxford University Press，2013。

36. 库普干，《没有主宰的世界》。

37. 赫德利·布尔（Hedley Bull）和亚当·沃森（Adam Watson），《国际社会的扩张》（*The Expansion of International Society*），London：Oxford University Press，1985。

38. 金砖国家对 R2P 背后的原则从根本上是赞同的。其对 R2P 的第一和第二支柱的支持是毫无保留的，因此也支持国家的首要责任是保护民众免遭屠杀、战争罪行、种族屠杀和有违人权的犯罪的理念，而且支持国际社会必须协助各国实现上述努力。至于第三支柱，金砖国家有时会与西方国家产生分歧，但分歧点不在现有规则下规定一国"宣称"无法保护本国民众时，国际社会有责任"采取及时且果断的行动"避免和阻止上述犯罪，而在于何时和如何采用这种规则。参见奥利弗·施廷克尔《金砖国家和 R2P 的未来》第 3—28 页。

39. 埃塞克·特瓦斯·桑普森（Isaac Terwase Sampson），《保护的责任和西非国家经济共同体的和平与安全机制：评估其在干预方面的趋同和分歧》（The Responsibility to Protect and ECOWAS mechanisms on peace and security: Assessing their convergence and divergence on intervention），《冲突与安全法杂志》（*Journal of Conflict and Security Law*）16，no. 3 (2011), http://jcsl.oxfordjournals.org/content/16/3/507.abstract。

40. 桑普森，《保护的责任和西非国家经济共同体的和平与安全机制》，第 2 页。

41. 拉胡尔·拉奥（Rahul Rao），《第三世界的抗争：在国内与世界之间》（*Third World Protest: Between Home and the World*），New York：Oxford University Press，2010，第 43 页。

42. 瑞安·皮克雷尔（Ryan Pickerell），《中国：通过维和行动投射权力》（China: Projecting power through peacekeeping），《外交官》（*The Diplomat*），

2015 年 10 月 15 日，http://thediplomat.com/2015/10/china-projecting-power-through-peacekeeping/。

43. 比如参见乔纳森·范比（Jonathan Fenby）《中国能否统治 21 世纪？》（*Will China Dominate the 21ˢᵗ Century?*），Cambridge：Polity Press，2014。

44. 阿伦·佛里德伯格（Aaron Friedberg），《霸权的角逐：中国、美国及亚洲控制权之争》（*A Contest for Supremacy: China, America, and the Struggle for Mastery in Asia*），New York：W. W.Norton & Co., 2011，第 176 页。

45. 佛里德伯格，《霸权的角逐》，第 158 页。

46.《不仅仅是稻草人：最大的新兴经济体正在反弹，即使西方没有复苏》（Not just straw men: The biggest emerging economies are rebounding, even without recovery in the West），《经济学人》，2009 年 6 月 18 日刊，http://www.economist.com/node/13871969。

47. 萨米尔·萨兰（Samir Saran）和薇薇安·莎兰（Vivan Sharan），《金砖国家的银行体系》（Banking on BRICS to deliver），《印度教徒报》（*The Hindu*），2012 年 3 月 27 日刊，http://www.thehindu.com/opinion/lead/article3248200.ece。

48. 艾曼·艾尔-申阿维(Eman El-Shenawi),《金砖四国。金砖五国。哪一个？》（The BRIC. The BRICS. The who?),《阿拉伯新闻》（*Al Arabia News*），2011 年 6 月 13 日，http://english.alarabiya.net/articles/2011/06/13/153140.html。

49. 菲利普·斯蒂芬斯（Philip Stephens），《没有灰浆凝聚的金砖故事》（A story of Brics without mortar），《金融时报》（*Financial Times*），2011 年 11 月 24 日，http://www.ft.com/intl/cms/s/0/352e96e8-15f2-11e1-a691-00144feabdc0.html。

50. 关于金砖国家集团历史的详细分析，参见奥利弗·施廷克尔《金砖国家和未来全球秩序》（*The BRICS and the Future of Global Order*），New York：Lexington Books，2015。

51. 瑞贝卡·廖（Rebecca Liao），《走出布雷顿森林：亚投行有何不同》（Out of the Bretton Woods: How the AIIB is Different），《外交》杂志，2015

年 7 月 27 日 刊, https://www.foreignaffairs.com/articles/asia/2015-07-27/out-bretton-woods?cid=soc-tw-rdr。

52. 纳兹尼恩·巴玛（Nazneen Barma）、伊利·拉特纳（Ely Ratner）、史蒂夫·韦伯（Steve Weber），《没有西方的世界》，《国家利益》杂志（*The National Interest*），2007 年 7—8 月刊。该文作者找到了结盟和对抗之外的"第三条路"，但是这条路中有很多对抗元素，因为直接"忽略"西方统治体系却不引起重大摩擦几乎是不可能的。

53. G. 约翰·伊肯伯里，《自由主义利维坦：美利坚世界秩序的起源、危机和转型》（*Liberal Leviathan: The Origins, Crisis, and Transformation of the American World Order*），Princeton: Princeton University Press，2011，前言，第 xiv 页。

54. 黑尔（Hale）等，《僵局》（*Gridlock*），第 31 页。

55. G. 约翰·伊肯伯里等，《美国外交政策危机：二十一世纪的威尔逊主义》（*The Crisis of American Foreign Policy: Wilsonianism in the Twenty-First Century*），Princeton: Princeton University Press，2009，第 14 页。

56. 马克·梅佐尔（Mark Mazower），《谁将主宰世界：支配世界的思想和权力》（*Governing the World: The History of an Idea, 1815 to Present*），New York : Penguin Books, 2013。

57. 珍·L. 科恩（Jean L. Cohen），《舒耳曼关于〈全球化和主权〉的评析》（Reply to Scheuerman's review of Globalization and Sovereignty），《全球宪政化》（*Global Constitutionalization*）3 ,no. 1（2014）: 126。

58. 拉胡尔·拉奥（Rahul Rao），《第三世界的抗争》，第 22 页。

59. 托马斯·卡罗瑟斯（Thomas Carothers）和萨斯基亚·布雷亨马赫（Saskia Brechenmacher），《封闭空间：民主和人权支持遭受批评》（Closing Space: Democracy and Human Rights Support Under Fire），《卡内基国际和平基金会》（*Carnegie Endowment for International Peace*），2014 年刊。然而必须指出，巴西和印度等当今新兴势力对践踏人权和民主败坏的关注并不比美国少，但是他们会按照自己的方式处理这些问题，所秉持的前提也与华盛顿的政策制定者有所不同。

60. 查尔斯·库普干（Charles Kupchan），《解构霸权：等级秩序的社会基础》（Unpacking hegemony: the social foundations of hierarchical order），《权力、秩序和世界政治的变化》（Power, Order and Change in World Politics），G. 约翰·伊肯伯里编辑，Cambridge: Cambridge University Press，2014，第 39 页。

61. 安德鲁·赫里尔（Andrew Hurrell），《全球秩序的研究能否去中心化？》（Can the study of global order be de-centred?），汉堡大学政治科学研究所 2015 年学报（Working paper, Institut für Politikwissenschaft, Universität Hamburg），第 12 页。http://www.primo-itn.eu/PRIMO/wp-content/uploads/2015/07/WorkingPaper-2_Andrew-Hurrell.pdf。

62. 安德鲁·赫里尔（Andrew Hurrell），《全球秩序的研究能否去中心化？》第 23 页。

63. 伊斯兰和中国文明的世界观角度也都是自我中心化的：非伊斯兰信众或未在皇帝统治治下的都被认作是异教徒或蛮夷，而且很难融入群体中。

64. 莫伊塞斯·纳伊姆（Moisés Naím），《权力的终结：权力正在失去，世界如何运转》（The End of Power: From Boardrooms to Battlefields and Churches to States, Why Being in Charge Isn't What It Used to Be），New York: Basic Books，2013，第 52 页。

65. 查尔斯·库普干（Charles Kupchan），《没有主宰的世界：西方和正在崛起的其他国家，以及即将到来的全球大转折》，第 145 页。

66. 兰德尔·斯维勒（Randall Schweller），《麦斯威尔的恶魔和金苹果》，第 132 页。

67. 马丁·雅克（Martin Jacques），《当中国统治世界：中国的崛起和西方文明的终结》（When China Rules the World: The End of the Western World and the Birth of a New Global Order），New York: Penguin Press，2009，第 11 至 12 页。

第 1 章

1. 赫德利·布尔（Hedley Bull）和亚当·沃森（Adam Watson），《国际社会的扩张》（*The Expansion of International Society*），Oxford : Clarendon Press , 1984，第 1 页 ；另参见亚当·沃森《国际社会的进化：综合历史分析》（*The Evolution of International Society: A Comparative Historical Analysis*），London : Routledge, 1992。

2. 查尔斯·库普干（Charles Kupchan），《没有主宰的世界：西方和正在崛起的其他国家，以及即将到来的全球大转折》，第 65 页。

3. 修·特维罗伯（Hugh Trevor-Roper），《基督教欧洲的崛起》（*The Rise of Christian Europe*），London:Thames & Hudson , 1965，第 1 页。

4. 丹尼尔·杜德尼（Daniel Deudney）和 G. 约翰·伊肯伯里，《民主国际主义美国后例外主义时代大战略》（Democratic internationalism: An American grand strategy for a post-exceptionalist era），外交关系协会会刊 http://www.cfr.org/grand-strategy/democratic-internationalism-american-grand-strategy-post-exceptionalist-era/p29417。

5. 罗伯特·卡根（Robert Kagan），《历史重演及梦想终结》（*The Return of History and the End of Dreams*），New York : Alfred A. Knopf , 2008。

6. 还有一个更久远的例子是冈布里奇（Gombrich）的《世界历史小记》（A Little History of the World），该书出版于 1923 年，对非西方历史仅有简单的分析。

7. 该主题最好的分析之一，参见阿玛蒂亚·森（Amartya Sen）《身份与暴力 : 命运的幻觉》，2007。

8. 阿瑟·扎拉库（Ayse Zarakol）《战败之后：东方如何学会与西方共处》（*After Defeat: How the East Learned to Live with the West*），Cambridge : Cambridge University Press, 2011，第 54 页。扎拉库解释称："即便今日也难将这些概念区分开来。到最后欧洲仍被自然而然地看作是'现代的'，而西方人去他处只是为了追寻未经现代触及的'真实'体验……对非西方地区的媒体报道无一例外地都关注于生活的非'现代'方面，至多也就描述成可爱、安静、异域风情，有时则被描述成可怕、不安全和难以捉摸。"

9. 约翰·达尔文（John Darwin），《帖木儿之后：全球帝国的兴起和衰落，1400—2000》，第 499 页。

10. "自由女神像受阿拉伯女性启发"，法新社新闻 2015 年 12 月 2 日报道，http://www.afp.com/en/news/statue-liberty-inspired-arab-woman-researchers-say。

11. 珍妮特·L. 阿布－卢格霍德（Janet L. Abu-Lughod），《在欧洲霸权形成之前：公元 1250—1350 年的世界体系》（*Before European Hegemony: The World System A.D. 1250—1350*），Oxford: Oxford University Press, 1989，第 10 页。

12. 威廉·达尔林普尔（William Dalrymple），《伟大而美丽的失落王国》（*The Great & Beautiful Lost Kingdoms*），《纽约书评》（The New York Review of Books），2015 年 5 月 21 日刊，http://www.nybooks.com/articles/archives/2015/may/21/great-and-beautiful-lost-kingdoms/。

13. 约翰·达尔文（John Darwin），《帖木儿之后：全球帝国的兴起和衰落，1400—2000》，第 38 页。

14. 伊恩·布朗利（Ian Brownlie），《国际社会的扩张：国际法的后果》；选在赫德利·布尔（Hedley Bull）和亚当·沃森（Adam Watson）编写的《国际社会的扩张》（*The Expansion of International Society*），第 360 页。

15. 罗宾·劳（Robin Law），《维达：1727 年—1892 年间西非奴隶"港口"社会历史》（*Ouidah: The Social History of a West African Slaving 'Port' 1727—1892*），Athens : Ohio University Press, 2004，第 37 页。

16. 约翰·达尔文（John Darwin），《帖木儿之后：全球帝国的兴起和衰落，1400—2000》，第 492 页。

17. 阿玛蒂亚·森（Amartya Sen），《印度：一所国际大学的迅速复兴》，《纽约书评》，2015 年 8 月 15 日刊。

18. 保罗·贝洛赫（Paul Bairoch），《1800 年至 1970 年欧洲外贸地理结构和贸易平衡》（*Geographical structure and trade balance of European foreign*

trade from 1800 to 1970），《欧洲经济史杂志》（*Journal of European Economic History* 3，no. 3，1974），引自安德烈·冈德·弗兰克（Andre Gunder Frank）的《重新定位：亚洲时代的全球经济》（*ReOrient: Global Economy in the Asian Age*）Berkeley：University of California Press，1998 一书第 12 页。

19. 王国斌（R. Bin Wong），《转变的中国：历史变迁与欧洲经验的局限》（*China Transformed: Historical Change and the Limits of European Experience*），Ithaca and London :Cornell University Press，2000，节选自马丁·雅克（Martin Jacques），《当中国统治世界：中国的崛起和西方文明的终结》。

20. 马丁·雅克（Martin Jacques），《当中国统治世界：中国的崛起和西方文明的终结》，第 31 页。

21. 苏祖基（Suzuki）等，《早期现代世界的国际秩序》（*International Orders in the Early Modern World*），London：Routledge, 2013，第 24 页。

22. 马丁·雅克（Martin Jacques），《当中国统治世界：中国的崛起和西方文明的终结》，第 31 页。

23. 安格斯·麦迪森（Angus Maddison），《世界经济轮廓，公元 1 年至 2030 年》（Contours of the World Economy, 1—2030 AD），Oxford：Oxford University Press, 2007。

24. 托里诺，《超越扩张》，第 69 页。

25. 弗兰克，《重新定位：亚洲时代的全球经济》，第 166 页。

26. 杰克·古迪，《盗窃历史》，第 6 页。

27. 萨缪尔·P. 亨廷顿（Samuel P. Huntington），《西方：独特，但不具有普遍性》（The West: Unique, not universal），《外交》杂志，1996 年 11 月—12 月刊，第 32 页。

28. 玛蒂亚·森，《身份与暴力：命运的幻觉》，第 50 页。

29. 约翰·达尔文，《帖木儿之后：全球帝国的兴起和衰落，1400—2000》。

30. 查尔斯·库普干（Charles Kupchan），《解构霸权：等级秩序的社会基础》（Unpacking hegemony: the social foundations of hierarchical order），《权力、

秩序和世界政治的变化》（*Power, Order and Change in World Politics*），G. 约翰·伊肯伯里编辑，Cambridge: Cambridge University Press，2014，第 45 页。

31. 马丁·雅克，《当中国统治世界：中国的崛起和西方文明的终结》，第 50 页。

32. 布劳特，《殖民者的世界模式》，第 181 页。

33. 苏祖基（Suzuki）等，《早期现代世界的国际秩序》，第 170 页。

34. 约翰·达尔文，《帖木儿之后：全球帝国的兴起和衰落，1400—2000》，第 26 页。

35. 马丁·雅克，《当中国统治世界：中国的崛起和西方文明的终结》，第 35 页。

36. 霍布森（Hobson），《西方文明的东方源头》（*The Eastern Origins of Western Civilisation*），第 10 页。

37. 爱德华·吉本（Edward Gibbon），《罗马帝国衰亡史》（*The Decline and Fall of the Roman Empire*）第三卷，Philadelphia：B. F. French，1830，第 399 页，节选自戴维·利弗林·刘易斯（David Levering Lewis）《上帝的严酷考验：570 年至 1215 年伊斯兰和欧洲的塑造》（*God's Crucible: Islam and the Making of Europe, 570–1215*），New York：W. W.Norton & Co., 2008，第 171 页。

38. 利弗林，《上帝的严酷考验：570 年至 1215 年伊斯兰和欧洲的塑造》，第 172 页。

39. 弗兰克，《重新定位：亚洲时代的全球经济》，第 16 页。

40. 彼得·卡赞斯坦（Peter Katzenstein）等，《汉化与中国崛起：东西方之外的文明进程》（*Sinicization and the Rise of China: Civilizational Processes Beyond East and West*），London: Routledge, 2013，第 8 页。

41. 潘卡吉·米什拉（Pankaj Mishra），《从帝国废墟上挺立：重塑亚洲的知识分子》（*From the Ruins of Empire: The Intellectuals Who Remade Asia*），New York：Farrar, Straus and Giroux, 2012，第 64 页。

42. 霍布森，《西方文明的东方源头》，第 29 页。

43. 弗兰克，《重新定位：亚洲时代的全球经济》，第 11 页。

44. 安娜·M. 戴维斯（Anna M. Davies），《十九世纪语言学》（Nineteenth-century linguistics），节选自《语言学历史》（*History of Linguistics*）第四卷，朱利奥·莱普希（Giulio Lepsehy）编辑，London: Longman, 1998，由罗比·什利阿姆（Robbie Shilliam）在《国际关系和非西方思想：帝国主义、殖民主义和全球现代化的调查》（*International Relations and Non-Western Thought: Imperialism, Colonialism and Investigations of Global Modernity*），NewYork: Routledge, 2011，第 2 页引用。

45. 詹姆斯·穆勒（James Mill），《英属印度史》（*The History of British India*）第一卷，London: Baldwin, Cradock, and Joy, 1817, 225-6; 玛蒂亚·森《身份与暴力：命运的幻觉》第 87 页引用。

46. T.B. 麦考利（T.B. Macaulay），《印度教育：1835 年 2 月 2 日的一刻》（Indian education: Minute of the 2nd February, 1835），选自《麦考利散文与诗歌》（*Macaulay, Prose and Poetry*），G.M. 扬（G. M.Young）编辑，Cambridge, Mass : Harvard University Press, 1952，第 722 页；玛蒂亚·森《身份与暴力：命运的幻觉》第 128 页引用。

47. 马丁·雅克，《当中国统治世界：中国的崛起和西方文明的终结》，第 36 页。

48. 杰克·古迪《盗窃历史》，第 287 页。

49. 乌代·S. 梅塔（Uday S. Mehta），《自由主义和帝国：19 世纪英国自由主义思想研究》（*Liberalism and Empire: A Study in Nineteenth-Century British Liberal Thought*），Chicago : University of Chicago Press, 1999。

50. 罗伯特·A. 达尔（Robert A. Dahl），《民主、自由和平等》（*Democracy, Liberty, Equality*），Oxford :Oxford University Press, 1988，第 208 页。

51. 阿玛蒂亚·森，《身份与暴力：命运的幻觉》，第 85 页。

52. 约翰·M. 霍布森（John M. Hobson），《欧洲中心化的世界政治理念：西方国际理论》（*The Eurocentric Conception of World Politics: Western International Theory*），Cambridge : Cambridge University Press, 2012，第 6 页。

53. 阿玛蒂亚·森《身份与暴力：命运的幻觉》，第 92 页。

54. 卡尔·马克思（Karl Marx），《不列颠在印度统治的未来结果》（*The Future Results of British Rule in India*），https://marxists.anu.edu.au/archive/marx/works/1853/07/22.htm。考虑到马克思对于如今中国共产党意识形态的重要性，以及这位德国思想家对于"保护"中国大学免受西方影响的重要意义，这些都值得特别注意。比如今年年初，《人民日报》一篇评论文章中写道，人民大学党委书记称马克思主义思想必须"进教材、进课堂、进头脑"。

55. 同上。

56. 潘卡吉·米什拉（Pankaj Mishra），《西方的诱惑：印度，巴基斯坦，西藏等如何现代化》（*Temptations of the West: How to Be Modern in India, Pakistan, Tibet, and Beyond*），New York: Farrar, Staus & Giroux, 2006。

57. 扎拉库，《战败后：东方学会如何与西方相处》，第 55 页。

58. 布劳特，《殖民者的世界模式》，第 5 页。

59. 约翰·达尔文，《帖木儿之后：全球帝国的兴起和衰落，1400—2000》，第 496 页。

60. 贾雷德·M. 戴蒙德（Jared M. Diamond），《枪炮、病菌和钢铁：人类社会的命运》（*Guns, Germs, and Steel: The Fates of Human Societies*），New York: W. W. Norton & Co., 1997。

61. 伊恩·莫里斯（Ian Morris），《西方将主宰多久：东方为什么会落后，西方为什么能崛起》（*Why the West Rules—For Now: The Patterns of History, and What They Reveal About the Future*），New York: Farrar, Straus and Giroux, 2010。

62. 托里诺，《超越扩张》，第 161 页。

63. 马克·梅佐尔（Mark Mazower），《谁将主宰世界：支配世界的思想和权力》（*Governing the World: The History of an Idea, 1815 to Present*），New York: Penguin Books, 2013，第 169 页。托里诺《超越扩张》，第 161 页。

64. 沙西·塔鲁尔（Shashi Tharoor），《本院认为英国应赔偿过去的殖民地》（This House Believes Britain Owes Reparations to her Former Colonies），2015

年 5 月 28 日牛津大学辩论社辩论演讲。

65. 托里诺，《超越扩张》，第 265 页。

66. 维贾·普拉沙德（Vijay Prashad），《暗黑国家：第三世界人民历史》（*The Darker Nations: A People's History of the Third World*），New York：The New Press, 2007，第 145 页。

67. 托里诺，《超越扩张》，第 259 页。

68. 同上。

69. 1792 年乾隆致乔治三世的信函，加利福尼亚大学历史系，http://www.history.ucsb.edu/faculty/marcuse/classes/2c/texts/1792QianlongLetterGeorgeIII.htm。

70. 托里诺，《超越扩张》，第 139 页。

第 2 章

1. 阿玛蒂亚·森，《身份与暴力：命运的幻觉》，第 12 页。

2. 约瑟夫·S. 奈（Joseph S. Nye），《美国的世纪是否已结束？》（*Is the American Century Over?*），Cambridge: Polity Press 2015。

3. 努诺·P. 蒙泰罗（Nuno P. Monteiro），《单极政治理论》（*Theory of Unipolar Politics*），Cambridge: Cambridge University Press，2014，第 11 页。

4. 西蒙·雷奇（Simon Reich）和理查德·勒博（Richard Lebow），《告别霸权！全球系统里的权力与影响》（*Good-bye Hegemony! Power and Influence in the Global System*），Princeton: Princeton University Press, 2014，封底。

5. 直到今日对于国际事务中的权力如何衡量仍有广泛的争论。国家整体实力的大多数指标主要以 GDP 为衡量标准，但有时还会通过人口形态和军事力量加以补充。战争相关项目发明了一个有趣的概念（铃木进[Susumu Suzuki]、沃尔克·克劳斯 [Volker Krause] 和 J. 大卫·辛格 [J. David Singer] "战争相关项目：1964 年至 2000 年战争与和平科学研究历史文献"《冲突管理和和平科学》[*Conflict Management and Peace Science*] 19, no. 2

(2002): 69–107）。正如鲍德温所写："然而，所有此类衡量标准的难处在于它们将实力看作一种财产而非一种关系。尽管将实力定义为一种财产的方式很有诱惑性，但恰恰扭曲了我们兴趣精华所在。"（大卫·A.鲍德温 [David A. Baldwin]《实力和国际关系》，《国际关系手册》[*Handbook of International Relations*]，沃尔特·卡斯纳斯 [Walter Carlsnaes]、托马斯·瑞斯 [Thomas Risse] 和贝斯·A. 西蒙斯 [Beth A. Simmons] 等编辑，London: SAGE Publications, 2002，第 243 页）。尽管意识到现有的问题，但本章的第一部分仍将 GDP（经济体的规模）作为实力的替代品，第二部分将探讨经济实力如何影响军事实力。第 3 章将探讨经济实力如何影响软实力。最后，本书回归到关于实力的经典定义，即通过说服或控制其他相关方做本不会做的事情，从而达成本身需求的能力（鲍德温《实力和国际关系》）。

6. 有一件广为人知的事情，在革命发生前几个月，中央情报局最高分析员向议会证实伊朗国王将继续执政。罗伯特·杰维斯（Robert Jervis）《为什么情报机构会失败：伊朗伊斯兰革命和伊拉克战争启示》（*Why Intelligence Fails: Lessons from the Iranian Revolution and the Iraq War*），Ithaca: Cornell University Press, 2010，第 15 页。

7. M. 艾汉·高丝（M.Ayhan Kose）和伊斯瓦·S. 普拉萨德（Eswar S. Prasad），《新兴市场：全球动荡中的韧性和发展》（*Emerging Markets: Resilience and Growth Amid Global Turmoil*），Washington: The Brookings Institution, 2010，第 2 页。

8. "中等收入陷阱"描述了一种常见的现象，一国达到某一收入水平之后长时间停滞不前。

9. 李世默（Eric Li），《两种政治体系的故事》（A tale of two political systems），TED 全球演讲，2015 年 6 月，https://www.ted.com/speakers/eric_x_li。

10. 黄育川，《中国光明的前景》(*China's brightened prospects*),《金融时报》，2013 年 12 月 13 日刊，http://carnegieendowment.org/2013/12/13/china-s-brightened-prospects。

11. 阿文德·萨勃拉曼尼亚（Arvind Subramanian），《不可避免的超级大国》（The inevitable superpower），《外交》杂志，2011 年 9—10 月刊，https://www.foreignaffairs.com/articles/china/2011-08-19/inevitable-superpower。

12. 沈大伟（David Shambaugh），《中国即将崩溃》（The coming Chinese crackup），《华尔街日报》，2015 年 3 月 6 日刊，http://www.wsj.com/articles/the-coming-chinese-crack-up-1425659198。

13. 罗伯特·A. 罗德（Robert A. Rohde）和理查德·A. 穆勒（Richard A. Muller），《中国的空气污染：集中度和来源》（Air pollution in China: Mapping of concentrations and sources），《伯克利地球》（*Berkeley Earth*），2015 年 7 月刊，http://berkeleyearth.org/wp-content/uploads/2015/08/China-Air-Quality-Paper-July-2015.pdf。

14. 约翰·马修斯（John Mathews）和谭浩（Hao Tan），《中国的绿色能源革命》（China's green-energy revolution），《评论汇编》（*Project Syndicate*），2015 年 5 月 8 日刊，http://www.project-syndicate.org/commentary/china-green-energy-revolution-by-john-a-mathews-and-hao-tan-2015-05。

15. 马克·克利福德（Mark Clifford），《中国燃煤用量减少》（Chinese coal cuts），《评论汇编》（*Project Syndicate*），2015 年 4 月 2 日刊，http://www.project-syndicate.org/commentary/china-reducing-carbon-emissions-by-mark-l-clifford-2015-04。

16. 阿代尔·特纳（Adair Turner），《中国的平衡行为》（China's balancing act），《评论汇编》（*Project Syndicate*），2014 年 10 月 8 日刊，http://www.project-syndicate.org/commentary/china-s-risky-rebalancing-by-adair-turner-2014-10。

17. 同上。

18. 戈登·奥尔（Gordon Orr）和埃里克·罗斯（Erik Roth），《中国的创新引擎加速》（China's innovation engine picks up speed），《麦肯锡季报》（*McKinsey Quarterly*），2013 年 1 月刊。

19. 丹尼尔·A. 贝尔（Daniel A. Bell），《中国模式：贤能政治和民主的局限》（The China Model: Political Meritocracy and the Limits of Democracy），

Princeton : Princeton University Press, 2015，第 9 页。

20. 贝尔，《中国模式：贤能政治和民主的局限》，第 13 页。

21. 弗朗西斯·福山（Francis Fukuyama），《政治秩序与政治衰败：从工业革命到民主全球化》（*Political Order and Political Decay: From the Industrial Revolution to the Globalization of Democracy*），New York: Farrar, Straus and Giroux, 2014，第 524 页。

22. 章家墩（Gordon G.Chang），《中国崩溃论》（*The Coming Collapse of China*），NewYork: Random House, 2001，封面。

23. 李凡（Li Fan），《中国的草根民主》（Grassroots democracy in China），《评论汇编》（*Project Syndicate*），2001 年 12 月 10 日刊，http://www.project-syndicate.org/commentary/grassroots–democracy–in–china。

24. 沈大伟，《中国即将崩溃》。

25. 沈大伟，（David Shambaugh），《中国共产党：衰退和适应》（*China's Communist Party: Atrophy and Adaptation*），Berkeley: University of California Press, 2008，第 176 页。

26. 玛格雷特·麦克米兰（Margaret MacMillan），《历史之韵：伟大战争的教训》（*The Rhyme of History: Lessons of the Great War*），Washington, D.C.: The Brookings Institution, 2013，Kindle 版本第 12 页。

27. 贾汉吉·尔阿齐兹（Jahangir Aziz）和史蒂文·达纳韦（Steven Dunaway），《中国重塑平衡的行动》（China's rebalancing act），《金融与发展》（*Finance and Development*）44, 2007 年 9 月刊，no. 3，http://www.imf.org/external/pubs/ft/fandd/2007/09/aziz.htm。

28. 史蒂芬·S. 罗奇（Stephen S. Roach），《中国的复杂问题》（China's complexity problem），《评论汇编》（*Project Syndicate*），2015 年 8 月 25 日刊，http://www.project-syndicate.org/commentary/china-complexity-problem-by-stephen-s-roach-2015-08。世界银行预测"未来二十年，每年城市人口增长将超过东京或布宜诺斯艾利斯的全市人口，至 2030 年城市居民占总人口比重将从一半攀升至三分之二"。《2030 年的中国：建设一个现代、和谐

和有创造性的社会》,《世界银行》(*World Bank*) 9, http://www.worldbank.
org/content/dam/Worldbank/document/China-2030-complete.pdf。另参见《城镇
人口（占总人口比重）》,《世界银行》, http://data.worldbank.org/indicator/
SP.URB.TOTL.IN.ZS/countries?display=default。

29. 林毅夫（Justin Y. Lin）,《中国将发展多快？》(How fast will China
grow？), 《评论汇编》(*Project Syndicate*), 2015 年 1 月 29 日刊, http://
www.project-syndicate.org/commentary/china-2015-fi ve-year-plan-by-justin-
yifu-lin-2015-01。

30. 联合国经济与社会事务部（United Nations Department of Economic and
Social Affairs）, 人口部,《世界人口预测：2015 年修订版——DVD 版本》
（2015 年）。

31. 佛里德伯格,《霸权的角逐：中国、美国及亚洲控制权之争》, 第
124 页。

32. 吉尔丹·拉赫曼（Gideon Rachman）,《未来仍属于新兴市场》(The
future still belongs to emerging markets）,《金融时报》, 2014 年 2 月 3 日刊,
http://www.ft.com/intl/cms/s/0/e77a70cc-8a9b-11e3-9465-00144feab7de.html。

33. 美国国会预算局预测美国长期年经济增长为 2.2%。《2015 至 2025
预算和经济展望》(The budget and economic outlook: 2015 to 2025）, 美国国
会预算局, 2015 年 1 月, https://www.cbo.gov/sites/default/files/114th-congress-
2015-2016/reports/49892-Outlook2015.pdf。

34. 杰弗瑞·弗兰克尔（Jeffrey Frankel）,《中国仍然是第二》（China
is still number two）,《评论汇编》(*Project Syndicate*),2014 年 5 月 5 日刊,
http://www.project-syndicate.org/commentary/jeffrey-frankel-pours-cold-water-
on-the-claim-that-the-us-economy-has-been-surpassed。

35. 克里斯·贾尔斯（Chris Giles）,《经济增长赛跑，谁更快》（For
every economic growth laggard, there is a gazelle）,《金融时报》, 2015 年 10 月 8
日 刊, http://www.ft.com/intl/cms/s/0/190a48e0-5216-11e5-b029-b9d50a74fd14.
html#axzz3odGmrv4m。

36. 史蒂芬·G. 布鲁克斯（Stephen G. Brooks）和威廉·C. 沃尔福斯（William C. Wohlforth），《失衡的世界：国际关系和美国首要地位的挑战》（*World Out of Balance: International Relations and the Challenge of American Primacy*），Princeton: Princeton University Press, 2008，第 34 页。

37. 吉尔丹·拉赫曼（Gideon Rachman），《新的美国衰落论是真的吗？》（Is America's new declinism for real?），《金融时报》,2008 年 11 月 24 日刊，http://www.ft.com/intl/cms/s/0/ddbc80d0-ba43-11dd-92c9-0000779fd18c.html#axzz3odGmrv4m。

38. 克里斯托弗·莱恩（Christopher Layne），《此次成真：单极化和美式和平的终结》（This time it's real: The end of unipolarity and the Pax Americana），《国际研究季刊》（*International Studies Quarterly*）56 (2012): 203–13。

39. 艾利森，《修昔底德陷阱：美国和中国走向战争》。

40. 格雷厄姆·艾利森（Graham Allison）和罗伯特·布莱克威尔（Robert Blackwill），《李光耀：大师对中国、美国与世界的洞见》（*Lee Kuan Yew: The Master's Insights on China, the United States and the World*），Cambridge: The MIT Press, 2013，第 42 页。

41. 布鲁克斯和沃尔福斯，《失衡的世界：国际关系和美国首要地位的挑战》第 28 页。

42. 米尔斯海默，《中国能否和平崛起？》。

43. 库普干，《解构霸权：等级秩序的社会基础》，第 27 页。

44. 这并非意味着意识形态、民族主义和身份认同在国际事务中不再重要。但是，我坚信典型的冷战思维——大国在意识形态对峙的过程中，积极寻求影响较小国家内部政治——在未来中美双极化秩序下不太可能出现。

45. 艾利森和布莱克威尔，《李光耀：大师对中国、美国与世界的洞见》第 38 页。

46. 蒙泰罗，《单极政治理论》，第 19 页。

47. 梅格哈·拉贾戈帕兰（Megha Rajagopalan），《习近平治下，军费逆经济而长》（Under Xi, China's defense budget seen defying economic

slowdown），路透社2015年2月16日报道，http://www.reuters.com/article/2015/02/16/us-chinadefence-idUSKBN0LK1U520150216。

48. 努诺·蒙泰罗，《世界政治中的权力、秩序和变化》（*Power, Order and Change in World Politics*），由G. 约翰·伊肯伯里（G. John Ikenberry）编辑。《外交与国际关系史圆桌评论》（*H-Diplo*），2015年9月，https://networks.h-net.org/node/28443/reviews/85222/monteiro-ikenberry-power-order-and-change-world-politics。

49.《2014年中国对拉美和加勒比海区域借贷：核心发现》（Chinese lending to LAC in 2014: Key findings），2015年2月27日，http://chinaandlatinamerica.com/2015/02/27/chinese-lending-to-lac-in-2014-key-findings/。

50. 查尔斯·肯尼（Charles Kenny），《美国第2！好消息》（America's No. 2! And that's great news），《华盛顿邮报》（*The Washington Post*），2014年1月17日刊；改编自同作者的著作：查尔斯·肯尼，《颠倒：为何世界的崛起有利西方》（The Upside of Down: Why the Rise of the Rest Is Good for the West），New York: Basic Books, 2013。

51. 蒙泰罗，《单极政治理论》，第26页。

52. 比如参见洁雷米·苏米（Jeremi Suri），《自由最可靠的卫士》（*Liberty's Surest Guardian*），New York: Simon and Schuster, 2011。

53. 米尔斯海默，《中国能否和平崛起？》

54. 克里斯托弗·莱恩（Christopher Layne），《美式和平的终结：西方衰落如何变得不可避免》（The end of Pax Americana: How Western decline became inevitable），《大西洋月刊》（*The Atlantic*），2012年4月26日刊，http://www.theatlantic.com/international/archive/2012/04/the-end-of-pax-americana-how-western-decline-became-inevitable/256388/。

55. 我们能否将未来数十年的秩序描述成双极化或多极化秩序关键在于印度和巴西等势力的发展速度。虽然我认为这些国家将在二十一世纪扮演更重要的角色，但中国仍然是未来数十年里唯一一个能够扮演大国角色的新兴国家。

56. 蒙泰罗，《单极政治理论》，第 5 页。

57. 雷奇和勒博，《告别霸权！全球系统里的权力与影响》，第 171 页。

58. 阿米塔·阿查亚（Amitav Acharya），《美国世界秩序的终结》（*The End of American World Order*），Cambridge: Polity Press, 2014，第 31 页。

59. 弗朗斯 - 保罗·范德皮藤,（Frans-Paul van der Putten），《防御和安全》（Defence and security），《布鲁塞尔 - 北京：改变游戏？》（*Brussels-Beijing: Changing the Game?*），尼古拉·卡萨里尼（Nicola Casarini）编辑，Paris: European Union Institute for Security Studies, 2013，第 57 页。

60. 阿查亚，《美国世界秩序的终结》，第 105 页。

61. 基辛格，《世界秩序》，第 226 页。

62. 马斯坦多诺，《世界政治秩序和变化》，第 165 页。

63. 米尔斯海默，《中国能否和平崛起？》。

64. 佛里德伯格，《霸权的角逐：中国、美国及亚洲控制权之争》，第 41 页。

第 3 章

1. 莱恩，《此次成真：单极化和美式和平的终结》。

2. 约瑟夫·S. 奈（Joseph S. Nye），《注定领导：美国权力的新性质》（*Bound to Lead: The Changing Nature of American Power*），New York: Basic Books, 1990。

3. 比如沈大伟辩称，由于中国缺乏软实力，永远也不可能成为全球性大国。沈大伟，《中国走向全球：部分权力》。

4. 肯特·哈灵顿（Kent Harrington），《中国如何赢得东南亚》（How China is winning Southeast Asia），《评论汇编》（*Project Syndicate*），2015 年 8 月 5 日刊，http://www.project-syndicate.org/commentary/how-china-is-winningsoutheast-asia-by-kent-harrington-2015-08。

5. 迈克尔·赫什（Michael Hirsh），《克林顿遗产：历史将如何评价软实力国务卿》（The Clinton legacy: How will history judge the soft-power Secretary of State?），《外交》杂志，2013 年 5—6 月刊，https://www.foreignaffairs.com/articles/united-states/2013-04-03/clinton-legacy。沙西·塔鲁尔《为什么国家应该追求软实力》（Why nations should pursue soft power），印度 TED 演讲，2009 年 11 月，http://www.ted.com/talks/shashi_tharoor/transcript?language=en。

6. 比如，参见安永进行的一项调研"2012 年春—快速发展市场软实力索引"，http://emergingmarkets.ey.com/wp-content/uploads/downloads/2012/05/TBF-606-Emerging-marketssoft-power-index-2012_LR.pdf。或维多利亚·贝里（Victoria Berry）编辑的《国别品牌索引 2012-2013》（*Country Brand Index 2012-13*），London: Future Brand,2013，http://www.futurebrand.com/images/uploads/studies/cbi/CBI_2012--Final.pdf。

7. 塞尔索·阿莫林（Celso Amorim），《强化巴西的软实力》（Hardening Brazil's soft power），《评论汇编》（*Project Syndicate*），2013 年 7 月 16 日刊，http://www.project-syndicate.org/commentary/a-more-robust-defense-policy-for-brazil-by-celso-amorim。

8. 马特·罗宾逊（Matt Robinson），《争夺影响力，俄罗斯也可以扮演好警察》（In fight for influence, Russia can play good cop too），路透社 2014 年 11 月 30 日报道，http://www.reuters.com/article/2014/11/30/us-europe-russia-influence-insight-idUSKCN0JE07I20141130。

9. 同上。

10. 约瑟夫·S. 奈（Joseph S. Nye），《软实力：世界政坛成功之道》（*Soft Power: The Means To Success in World Politics*），New York: Public Affairs, 2004，第 2 页。

11. 郝拓德（Todd Hall），《不清晰的吸引力：对软实力的批判性分析》（An unclear attraction: A critical examination of soft power as an analytical category），《国际政治学》（*Chinese Journal of International Politics*）3，no. 2 (2010)：189-211。

12. 克里斯托弗·莱恩（Christopher Layne），《软实力不可承受之轻》（The unbearable lightness of soft power），选自《软实力和美国外交政策：理论、历史和现代视角》（*Soft Power and US Foreign Policy: Theoretical, Historical and Contemporary Perspectives*），I. 帕马（I. Parmar）和 M. 寇克思（M. Cox）编辑，New York: Routledge, 2010，第 51 至 82 页。

13. 关于这段故事最好的书是厄里兹·马尼拉（Eriz Manela）所写的《威尔逊运动：民族自决及反殖民民族主义的国际起源》（*The Wilsonian Moment: Self-Determination and the International Origins of Anticolonial Nationalism*），Oxford: Oxford University Press, 2007。

14. 鲍里斯·布鲁克（Boris Bruk），《吸引和规则？从金砖国家得来的软实力教训》（Attract and rule? Lessons of soft power from BRICS countries）现代俄罗斯研究院（*Institute of Morden Russia*），2013 年 4 月 18 日，http://imrussia.org/en/analysis/politics/439-attractand-rule-lessons-of-soft-power-from-brics。

15. 吴玉山（Yu-Shan Wu）和克里斯·阿尔登（Chris Alden），《金砖国家公共外交和软实力的细微差异》（BRICS' public diplomacy and the nuances of soft power），南非国际事务研究所（South African Institute of International Affairs），2014 年 1 月 16 日，http://www.saiia.org.za/opinion-analysis/brics-public-diplomacy-and-the-nuances-of-soft-power。

16. 西蒙·罗梅罗（Simon Romero），《巴西记者遭谋杀进一步拉响警钟》（Murder of Brazilian journalist furthers alarming trend），《纽约时报》，2015 年 8 月 7 日刊，http://www.nytimes.com/2015/08/08/world/americas/murder-of-brazilian-journalist-furthers-alarming-trend.html?_r=0。

17. 虽然在全世界范围内普遍对巴西是正面印象，但其在南美国家中的印象却好坏参半，过去几年里落入低谷。比如，玻利维亚民众就时常批评巴西公司对资源的掠夺。参见乔安娜·内丝奇（Joana Neitsch）《犹豫的领导》（Liderança Hesitante），《消息报》，（*Gazeta do Povo*），2011 年 6 月 25 日刊，http://www.gazetadopovo.com.br/mundo/liderancahesitante-

5hdmlvht0b4ziuv3yr1y51pam。

18. 特雷弗·莫斯（Trevor Moss），《软实力？中国有很多》（Soft power? China has plenty），《外交官》杂志，2013 年 6 月 4 日刊，http://thediplomat.com/2013/06/softpower-china-has-plenty/。

19. 莫斯，《软实力？中国有很多》。

20. 约瑟夫·S. 奈（Joseph S. Nye），《中国软实力的缺失》（China's soft power deficit），《华尔街日报》，2012 年 5 月 8 日刊，http://online.wsj.com/article/SB10001424052702304451104577389923098678842.html。

21. 很多其他例子显示，这种理念很难经得起更严格的审视。如何思考引发海外愤怒和反抗的文化产品？像罗根（Rogen）和古德博格（Goldberg）的《采访》（The Interview）——电影中极尽揶揄金正恩——之类的电影会降低美国在朝鲜的软实力吗？

22. 克里斯蒂娜·施托尔特（Christina Stolte），《巴西的非洲战略：角色设计和对国际地位的追求》（Brazil's Africa Strategy: Role Conception and the Drive for International Status），New York: Palgrave Macmillan, 2015，第 25 页。

23. 李岩（Li Yan），《客位：中国的文化力量》（Guest post: China's culture power），《金融时报》，2011 年 11 月 9 日刊，http://blogs.ft.com/beyond-brics/2011/11/09/guest-post-chinas-culture-power/。和大卫·皮林（David Pilling）《中国需要超过五年的魅力攻势》（China needs more than a five-year charm offensive），《金融时报》，2011 年 11 月 9 日刊，http://www.ft.com/intl/cms/s/0/12ff0d6e-0abc-11e1-b9f6-00144feabdc0.html#axzz3nnYOiAi8。

24. 安德鲁·雅各布（Andrew Jacobs），《追求软实力，中国在非洲新闻上打上烙印》（Pursuing soft power, China puts stamp on Africa's news），《纽约时报》，2012 年 8 月 16 日刊，http://www.nytimes.com/2012/08/17/world/africa/chinasnews-media-make-inroads-in-africa.html。

25. 林和立（Willy Lam），《中国国家媒体走向全球》（Chinese state media goes global），《亚洲时报》（Asia Times），2009 年 1 月 30 日刊；选自迈克尔·皮尔斯伯里（Michael Pillsbury）《百年马拉松：中国取代美国成

为全球超级大国的秘密战略》（*The Hundred-Year Marathon: China's Secret Strategy to Replace America as the Global Superpower*），New York: Henry Holt, 2015。

26. 雅各布，《追求软实力，中国在非洲新闻上打上烙印》。

27. 约瑟夫·S. 奈（Joseph S. Nye），《普京的吸引法则》（Putin's rules of attraction），《评论汇编》（*Project Syndicate*），2014 年 12 月 12 日刊 http://www.project-syndicate.org/commentary/putin-soft-power-declining-by-joseph-s-nye-2014-12。

28. 皮林，《中国需要超过五年的魅力攻势》。

29. 雷奇和勒博，《告别霸权！全球系统里的权力与影响》，第 37 页。

30. 托米拉·兰齐纳（Tomila Lankina）和金嘉·涅姆扎克（Kinga Niemczyk），《普京在软实力上有何动作》（What Putin gets about soft power），《华盛顿邮报》，2014 年 4 月 15 日刊，http://www.washingtonpost.com/blogs/monkey-cage/wp/2014/04/15/what-putin-gets-about-soft-power/。

31. 郝拓德，《不清晰的吸引力：对软实力的批判性分析》。

32. 约书亚·库兰斯基（Joshua Kurlantzick），《魅力攻势：看中国的软实力如何改变世界》（*Charm Offensive: How China's Soft Power is Transforming the World*），New Haven: Yale University Press, 2007。

33. 铃木胜吾（Shogo Suzuki），《中国软实力，不安研究，目光短浅、白日幻觉》（Chinese soft power, insecurity studies, myopia and fantasy），《第三世界季刊》（*Third World Quarterly*）30，no. 4 (2009): 781。

34. 露西·J. 科尔金（Lucy J. Corkin），《中国崛起的软实力：言辞在中非关系建设中的作用》（China's rising soft power: The role of rhetoric in construction of China-Africa relations），《巴西国际政治杂志》（*Revista Brasileira de Política Internacional*）57 (2014)，http://www.scielo.br/scielo.php?pid=S0034-73292014000300049&script=sci_arttext。

35. 克里斯蒂娜·施托尔特（Christina Stolte），《巴西在非洲：是否仅仅又是一个攫取资源的金砖国家？》，伦敦皇家国际事务研究院简报文件（The

Royal Institute of International Affairs, London），2012 年 11 月 1 日，https://www.chathamhouse.org/publications/papers/view/186957。

36. 肯尼斯·金（Kenneth King），《中国在非洲的援助和软实力：教育和培训为例》（*China's Aid & Soft Power in Africa: The Case of Education and Training*），Woodbridge：James Currey, 2013。

37. 莫斯，《软实力？中国有很多》。

38. 约瑟夫·S. 奈（Joseph S. Nye），《中国和俄罗斯所不了解的软实力》（What China and Russia don't get about soft power），《外交政策》杂志（*Foreign Policy*），2013 年 4 月 29 日刊，http://foreignpolicy.com/2013/04/29/what-china-and-russia-dont-get-about-soft-power/。

39. 黄伟安（Edward Wong），《印尼人巧言吸引中国帮助》（Indonesians seek words to attract China's favor），《纽约时报》，2000 年 5 月 1 日刊，http://www.nytimes.com/2010/05/02/world/asia/02chinindo.html。

40. 江学勤（Jiang Xueqin），《中国如何扼杀了创造力》（How China kills creativity），《外交官》，2011 年 7 月 2 日刊，http://thediplomat.com/2011/07/how-china-kills-creativity/。

41. 弗朗西斯·福山接受贝一明（Emanuel Pastreich）采访，《外交官》，2015 年 10 月 15 日刊，http://thediplomat.com/2015/10/interview-francis-fukuyama/。

42. 莫洛佐夫，《俄罗斯的后殖民身份：欧洲中心世界下的次级帝国》，第 119 页。

43. 李岩（Li Yan），《客位：中国的文化力量》（Guest post: China's culture power），《金融时报》，2011 年 11 月 9 日刊，http://blogs.ft.com/beyond-brics/2011/11/09/guest-post-chinas-culture-power/。

44. 宗结（Jie Zong）和珍妮·巴塔洛娃（Jeanne Batalova），《美国移民和移居常用统计数据》（Frequently requested statistics on immigrants and immigration in the United States），《移民政策研究所期刊》（*Migration Policy Institute Journal*），2015 年 2 月 26 日，http://www.migrationpolicy.org/article/

frequently-requested-statistics-immigrants-and-immigration-united-states。

45. 苏长和（Su Changhe），《软实力》（Soft power）《牛津现代外交手册》（*The Oxford Handbook of Modern Diplomacy*），安德鲁·库珀（Andrew Cooper）、豪尔赫·海涅（Jorge Heine）和拉梅什·塔库尔（Ramesh Thakur）编辑，Oxford Oxford University Press, 2012，第 550 页。

第 4 章

1. 亚洲开发银行，《打造亚洲无缝衔接的基础设施》（*Infrastructure for a Seamless Asia*，2009），http://adb.org/sites/default/fi les/pub/2009/2009.08.31. book.infrastructure.seamless.asia.pdf。

2. 迈克尔·斯塔齐伯里（Michael Strutchbury）和格雷格·厄尔（Greg Earl），《基廷猛烈抨击中国银行》（Keating slams China bank snub），《澳大利亚金融评论报》（*The Australian Financial Review*），2014 年 10 月 30 日刊，http://www.afr.com/p/special_reports/opportunityasia/keating_slams_china_bank_snub_ifYIwIRcid6jz8ysVqpMjP。

3. 王政（Zheng Wang），《三步应对"新"中国》（Three steps to dealing with the "new" China），《外交官》，2014 年 12 月 31 日刊，http://thediplomat.com/2014/12/three-steps-to-dealing-with-the-new-china/。

4. 阿米塔·阿查亚（Amitav Acharya），《不必害怕亚投行》（No need to fear the AIIB），《海峡时报》（*The Straits Times*），2015 年 6 月 19 日刊，http://www.straitstimes.com/opinion/no-need-to-fear-the-aiib。

5. 维尔道（Wildau），《上海成立新金砖国家银行，挑战主流机构》（New BRICS bank in Shanghai to challenge major institutions）。

6. 大卫·马龙（David Malone）、拉贾·摩亨（Raja Mohan）和拉加万（Srinath Raghavan）等编辑，《牛津印度外交政策手册》（*The Oxford Handbook of Indian Foreign Policy*），Oxford: Oxford University Press, 2015，第 533 页。

7. 本尼·斯泰尔（Benn Steil），《金砖国家银行是对美元霸权的无力抗争》（The Brics bank is a feeble strike against dollar hegemony），《金融时报》，2014 年 10 月 1 日 刊，http://www.ft.com/intl/cms/s/0/3c84425c-48a9-11e4-9d04-00144feab7de.html#axzz3Ub2APXHk。

8. 拉荻卡·德塞（Radhika Desai），《金砖国家正挑战西方经济霸权》（The Brics are building a challenge to western economic supremacy），《卫报》（The Guardian），2013 年 4 月 2 日刊，http://www.guardian.co.uk/commentisfree/2013/apr/02/brics-challenge-western-supremacy。

9. 罗丝娜·沃拉（Rasna Warah），《金砖国家建立不同的开发援助模式，助力非洲崛起》（Africa rises as BRICS countries set up a different development aid model），《民族日报》（Daily Nation），2013 年 4 月 28 日刊，http://www.nation.co.ke/oped/Opinion/-/440808/1760878/-/k2cwt4z/-/index.html。

10. 大卫·史密斯（David Smith），《金砖国家着眼新卡法银行融资基础设施》（Brics eye infrastructure funding through new development bank），《卫报》，2013 年 3 月 28 日 刊，http://www.guardian.co.uk/global-development/2013/mar/28/brics-countries-infrastructure-spending-development-bank。

11. 亨利·曼斯（Henry Mance），《全球变迁：金砖国家创立、为金砖国家服务的银行待成立》（Global shift: A bank of and for the Brics is in the air），《金融时报》，2012 年 9 月 23 日 刊，http://www.ft.com/intl/cms/s/0/63400496-024f-11e2-8cf8-00144feabdc0.html#axzz2TV0h9qg4。

12. 保罗·拉德（Paul Ladd），《石头与硬地之间》（Between a rock and a hard place），《关注贫穷》（Poverty in Focus）20 (2010): 5，http://www.ipc-undp.org/pub/IPCPovertyInFocus20.pdf。

13. 凯文·格雷（Kevin Gray）和克雷格·N. 墨菲（Craig N. Murphy），《序言：崛起的国家和未来全球治理》（Introduction: Rising powers and the future of global governance），《第三世界季刊》34, no. 2 (2013): 183-93，http://www.tandfonline.com/doi/abs/10.1080/01436597.2013.775778。

14. 马特·昆力（Matt Quingley），《金砖国家峰会成果一览》（Achievements lauded as BRICS Summit ends），《金砖邮报》（The BRICS Post），2013 年

3 月 27 日 刊，http://thebricspost.com/achievements-lauded-as-brics-summit-ends/#.VgAnE99Vikp。

15. 斯泰尔，《金砖国家银行是对美元霸权的无力抗争》。

16. 东盟成员国包括文莱达鲁萨兰国、柬埔寨、印尼、老挝、马来西亚、缅甸、菲律宾、新加坡、泰国和越南。中国、日本和韩国与东盟十国共同组成"东盟+3"。1997 年 9 月，上一次全球金融危机开始时，日本财政部长提议建立亚洲货币基金。尽管这项提议被否决，但是建立区域共同基金以供东亚政府在财政危机时取用的理念却留存下来。C. 兰德尔·海宁（C. Randall Henning）《清迈协议的未来：亚洲货币基金？》（The future of the Chiang Mai Initiative: An Asian Monetary Fund?），彼得森国际经济研究所政策简报（Peterson Institute for International Economics, Washington, DC,）2009 年 2 月，http://jfedcmi.piie.com/publications/pb/pb09-5.pdf。

17. 清迈协议包括两部分：（1）包括东盟十国的扩大东盟互惠信贷协议；和（2）基本包括东盟+3 各国的双边互惠信贷协议和回购协议网络。上述两点使其成为至今为止东亚金融区域主义最先进的组成。

18. 马克·兰德勒（Mark Landler），《健康国家接受国际货币基金组织贷款》（Healthy Countries to Receive I.M.F. Loans），《纽约时报》，2008 年 10 月 29 日 刊，http://www.nytimes.com/2008/10/30/business/worldbusiness/30global.html。

19. 德塞，《金砖国家正挑战西方经济霸权》。

20. 朴英哲（Yung Park）和王允钟（Yunjong Wang），《清迈协议并其他》（The Chiang Mai Initiative and Beyond），《世界经济》（The World Economy）28, no. 1 (2005): 94。

21. 川井真白（Mashiro Kawai），《从清迈协议到亚洲货币基金组织》（From the Chiang Mai Initiative to an Asian Monetary Fund），节选自《未来全球保护体系——亚洲视角》（The Future Global Reserve System-an Asian Perspective）杰弗里·D. 萨克斯（Jeffrey D. Sachs）等编辑，《亚洲开发银行研究所》（Asian Development Bank Institute），2010 年 6 月 刊，http://aric.adb.org/grs/report.

php?p=Kawai%205。

22. 威廉・W. 格莱姆斯（William W. Grimes），《亚洲货币基金组织重生？清迈倡议多边化协议的启示》（The Asian Monetary Fund reborn? Implications of Chiang Mai Initiative multilateralization），《亚洲政策》（Asia Policy）11, no. 1 (2011): 79–104, http://muse.jhu.edu/login?auth=0&type=summary&url=/journals/asia_policy/v011/11.grimes.html。

23. 朴英哲和王允钟，《清迈协议并其他》。

24. 胡锦涛（Hu Jintao），《华尔街日报》"胡锦涛答记者问"，2011 年 1 月 18 日刊，http://www.wsj.com/articles/SB100014240527487035516045760855 14147521334。

25. 莱恩，《此次成真：单极化和美式和平的终结》，第 56 页。

26. 费安娜・李（Fion Li），《中国扩展人民币清算网络，智利人民币合格境外投资者项目》（China extends yuan clearing network, RQFII program to Chile），《彭博商业周刊》（Bloomberg Business），2015 年 5 月 26 日刊，http://www.bloomberg.com/news/articles/2015–05–26/china–extends–yuan–clearing–network–rqfii–program–to–chile。

27.《富有但鲁莽》（Rich but rash），《经济学人》，2015 年 1 月 29 日刊，http://www.economist.com/news/finance–and–economics/21641259–challenge–world–bank–and–imf–china–will–have–imitate–them–rich。

28. 马拉比（Mallaby）和韦辛顿（Wethington），《人民币的未来》（The future of the yuan）。

29. 孙仁柱《中国货币野心面临的五大政治挑战》。

30. 巴里・艾肯格林（Barry Eichengreen），《中国：有责任感的利益相关方》（China the responsible stakeholder），《评论汇编》（Project Syndicate），2015 年 6 月 10 日刊，http://www.project-syndicate.org/commentary/china-silk-road-aiib-policy-initiatives-by-barry-eichengreen-2015-06#KVxYHWQkOEoLcifT.99。

31. 克利福德・库南（Clifford Coonan），《中国银联旅行者建议，爱尔兰是一个友好、简单且乐于助人的民族》，（Irish a kind, simple and helpful people, China's UnionPay advises travelers），《爱尔兰时报》（*The Irish Times*），2015 年 7 月 28 日刊，http://www.irishtimes.com/business/personal-finance/irish-a-kind-simple-and-helpful-people-china-s-unionpay-advises-travellers-1.2298752。

32.《泰国成为银联芯片卡标准"走向全球"的第一站》（Thailand becomes the first stop of UnionPay Chip Card Standard that is "going global"），美通社（PR Newswire）2015 年 8 月 19 日报道，http://www.prnewswire.com/news-releases/thailand-becomes-the-first-stop-of-unionpay-chip-card-standard-that-is-going-global-300130541.html。

33.《维萨、万事达封锁美国制裁的俄罗斯银行》（Visa, Mastercard block US-sanctioned Russian Banks），美通社（PR Newswire）2014 年 3 月 21 日报道，http://rt.com/business/visa-mastercard-russia-sanctions-285/。

34.《俄罗斯发行中国银联卡》（Russia launches China UnionPay credit card），今日俄罗斯（RT）2014 年 8 月 15 日报道，http://www.rt.com/business/180696-china-russia-union-pay/。

35.杨秀吉（Soogil Young）等，《亚太地区金融中心竞争：前景、收益、风险和政策挑战》（*Competition among Financial Centres in Asia-Pacific: Prospects, Benefits, Risks and Policy Challenges*），Singapore: ISEAS, 2009，第 180 页。

36.拉斐尔·巴勒尼瑞（Raphael Balenieri），《中国呼吁设定全球金价》（China clamours to set global gold prices），半岛电视台（Al Jazeera）2015 年 7 月 2 日报道，http://www.aljazeera.com/indepth/features/2015/06/china-clamours-set-global-gold-prices-150629082056754.html。

37.达留什·沃伊奇克（Dariusz Wojcik），《NY-LON 的黑暗面：金融中心和全球金融危机》（The dark side of NY-LON: Financial centres and the global financial crisis），2011 年牛津大学工作论文，http://economics.ouls.ox.ac.uk/15278/1/geog11-12.pdf。

38. "Sherpas"是政府选定的外交官，在特别峰会或进行谈判之前协助国家元首工作。该词原本指尼泊尔的登山引导人员。

39.《俄罗斯深思熟虑建立独立的信用评级体系》（Russia mulls founding of independent credit rating system），《上海日报》（*Shanghai Daily*），2015 年 2 月 25 日刊，http://www.shanghaidaily.com/article/article_xinhua.aspx?id= 269795。

40. 阿图尔·阿纳贾（Atul Aneja），《关于金砖国家评级机构的对话》（Talks on over a BRICS rating agency），《印度教徒报》（*The Hindu*），2015 年 4 月 5 日刊，http://www.thehindu.com/todays-paper/tp-international/talks-on-over-a-brics-rating-agency/article7069202.ece。

41. 席佳琳（Kathrin Hille），《俄罗斯和中国计划建立评级机构对抗西方》（Russia and China plan own rating agency to rival western players），《金融时报》，2014 年 6 月 3 日刊，http://www.ft.com/intl/cms/s/0/03ae1bb8-eb2c-11e3-9c8b-00144feabdc0.html?siteedition=uk#axzz3j0LT7I00。

42.《建立金砖国家评级机构可能性"极低"——世界银行顾问》（Likelihood of creating BRICS rating agency "very low" —World Bank advisor）卫星通讯社（Sputnik）2015 年 5 月 19 日报道，http://sputniknews.com/business/20150519 /1022297068.html。

43. 普拉尚斯·帕拉梅瓦朗（Prashanth Parameswaran），《东盟，携手强化应对埃博拉能力》（ASEAN, partners strengthen regional commitment to tackling Ebola），《外交官》,2014 年 12 月 9 日刊，http://thediplomat.com/2014/12/asean-partners-strengthen-regional-commitment-to-tackling-ebola/。

44. 泰国银行（Bank of Thailand），《东盟与中日韩宏观经济研究办公室成立签约仪式》（The signing ceremony for the Agreement Establishing the ASEAN + 3 Macroeconomic Research Office［AMRO Agreement］），2014 年 10 月媒体报道，https://www.bot.or.th/Thai/PressandSpeeches/Press/News2557/ n4657e.pdf。

45. 东盟与中日韩财长和央行行长《第 18 届 10+3 财长和央行行长会

联合声明》，2015 年 5 月 3 日，http://www.asean.org/news/asean-statement-communiques/item/the-joint-statement-of-the-18th-asean3-finance-ministers-and-central-bank-governors-meeting-3-may-2015-baku-azerbaijan-2。

46. 米雷娅·索利斯（Mireya Solís），《中国操盘 APEC，促 FTAAP 重生》（China flexes its muscles at APEC with the revival of FTAAP），东亚论坛（East Asia Forum），2014 年 11 月 23 日，http://www.eastasiaforum.org/2014/11/23/china-flexes-its-muscles-at-apec-with-the-revival-of-ftaap/。

47. 杰奎琳·布瑞乌波尔 - 瓦格纳（Jacqueline Braveboy-Wagner），《全球南方的机构》（*Institutions of the Global South*），New York: Routledge，2009，第 216 页。

48. 罗伯特，《金砖国家是否建立起非西方的势力群体？》（Are the BRICS building a non-Western concert of powers?）。

第 5 章

1. 比如，皮尔斯伯里《百年马拉松：中国取代美国成为全球超级大国的秘密战略》。

2. 沃尔夫冈·莱马赫（Wolfgang Lehmacher）和维克多·帕迪利亚 - 泰勒（Victor Padilla-Taylor），《"新丝绸之路"前方荆棘密布》（Hurdles ahead along "New Silk Road"），《金融时报》，2015 年 9 月 17 日刊，http://blogs.ft.com/beyond-brics/2015/09/17/hurdles-ahead-along-the-new-silk-road/。

3. 《中国关注：习近平主席提出亚洲安保概念》，新华社 2014 年 5 月 21 日报道，http://news.xinhuanet.com/english/china/2014-05/21/c_133351210.htm。另参见裴敏欣（Minxin Pei）《为何中国应该抛弃"亚洲为亚洲"的口号》（Why China should drop its slogan "Asia for Asians"），《海峡时报》，2014 年 12 月 5 日刊，http://www.straitstimes.com/opinion/why-china-should-drop-its-slogan-of-asia-for-asians。

4. 《俄罗斯、中国寻求多中心世界——拉夫罗夫》（Russia, China to

seek polycentric world—Lavrov），卫星通讯社（Sputnik）2014 年 4 月 15 日报道，http://sputniknews.com/voiceofrussia/news/2014_04_15/Russia–China–to–seek–polycentric–world–Lavrov–7696/。

5. 贝茨·吉尔（Bates Gill），《上海五国：尝试抗衡美国在亚洲的影响？》（Shanghai Five: An attempt to counter U.S. influence in Asia?），布鲁金斯研究所 2001 年 5 月 4 日，http://www.brookings.edu/research/opinions/2001/05/04china–gill。

6.《金砖国家宣布建立联合网络安全集团》（BRICS announce joint cybersecurity group），《金砖邮报》，2013 年 12 月 7 日刊，http://thebricspost.com/brics–announce–joint–cyber–group/#.U5Smsi9hsXx。

7.《金砖国家官员面谈国家安全》（BRICS officials meet on national security），《中国日报美国版》（*China Daily USA*），2013 年 12 月 6 日刊，http://usa.chinadaily.com.cn/world/2013–12/06/content_17158710.htm。

8. 玛利亚·艾迪露扎·冯特尼拉·赖斯（Maria Edileuza Fontenele Reis），《金砖国家：崛起和发展》（BRICS: surgimento e evolução）节选自《巴西、金砖国家，国际议程设定》（*O Brasil, os BRICS e a agenda internacional*），Brasília: Fundação Alexandre de Gusmão, 2012，第 34 页。

9.《IMF 的现状核实》（Reality check at the IMF），《经济学人》，2006 年 4 月 20 日刊，http://www.economist.com/node/6826176。

10.《经济危机可能适度加强金砖国家内部合作》（Crise econômica pode fortalecer países do Bric, afirma Lula），巴西国家通讯社（Agência Brasil）2008 年 11 月 26 日报道，http://economia.uol.com.br/ultnot/2008/11/26/ult4294u1943.jhtm。

11. 巴西外交官，2013 年在巴西利亚接受作者采访。

12. 路易斯·伊纳西奥·卢拉·达席尔瓦（Luiz Inácio Lula da Silva），《构建金砖中的巴西》（Building on the B in BRIC），《经济学人》，2008 年 11 月 19 日，http://www.economist.com/node/12494572。

13. 金砖国家研究群（BRICS Research Group），《2014 年金砖国家福塔雷萨峰会达标报告》（2014 BRICS Fortaleza Summit Compliance Report），金

砖国家信息中心（BRICS Information Centre），2015 年 7 月 6 日，http://www.
brics.utoronto.ca/compliance/2014–fortaleza–compliance.pdf。

14. 菲利普·斯蒂芬斯（Philip Stephens），《没有灰浆凝聚的金砖故事》（A story of Brics without mortar），《金融时报》，（*Financial Times*），2011 年 11 月 24 日，http://www.ft.com/intl/cms/s/0/352e96e8–15f2–11e1–a691–00144feabdc0.html#axzz3mSoX6oB6。

15. 金砖国家峰会每年召开，而对话论坛峰会从 2011 年开始召开。然而，对话论坛集团的外长每年在联合国大会非正式会议期间会面。

16. 来自作者对来自巴西利亚、新德里、北京、莫斯科和比勒陀利亚等金砖国家外交官的采访，2012 年至 2013 年。

17. 印度外交部《金砖国家——巴西、俄罗斯、印度、中国和南非》（BRICS [Brazil, Russia, India, China and South Africa]），2013 年 4 月，http://www.mea.gov.in/Portal/ForeignRelation/BRICS_for_XP_April_2013.pdf。

18. 罗伯托·雅瓜里贝（Roberto Jaguaribe）大使《关于对话论坛和金砖国家》（Conversa sobre IBAS e BRIC），2010 年 4 月 8 日在巴西外交部召开的记者招待会，https://www.youtube.com/watch?v=yWaU4jj6XYc。

19.《乌法行动计划》（Ufa Action Plan)，金砖国家信息中心，2015 年 7 月 9 日，http://www.brics.utoronto.ca/docs/150709–ufa–action–plan–en.html。

20. 习近平，2015 年论坛主旨演讲《迈向命运共同体，开创亚洲新未来》，http://english.boaoforum.org/hynew/19353.jhtml。

21.《博鳌亚洲论坛：中国会议对抗达沃斯》（Boao Forum: Chinese convention rivals Davos），今日俄罗斯（RT）2013 年 4 月 6 日报道，http://rt.com/news/boao–forum–asia–davos–429/。

22. 约翰·F. 萨米斯（John F. Sammis），《使团代理团长约翰·F. 萨米斯在关于接受世界金融和经济危机及其对发展影响的联合国大会上发言》（Statement by John F. Sammis, Alternate Head of Delegation, on the adoption of the outcome at the United Nations Conference on the World Financial and Economic Crisis and Its Impact on Development），美国驻联合国使团（United States Mission to

the United Nations），2009 年 6 月 26 日，http://usun.state.gov/remarks/4335。

23. 查尔斯·克洛弗（Charles Clover）和露西·霍恩比（Lucy Hornby），《中国的伟大游戏：走向新帝国的道路》（China's Great Game: Road to a new empire），《金融时报》，2015 年 10 月 12 日刊，http://www.ft.com/intl/cms/s/2/6e098274–587a–11e5–a28b–.50226830d644.html?ftcamp=social/free_to_read/chinagreatgame/twitter/awareness/editorial&segid=0100320#axzz3oLVvuVtn。

24. http://www.globaltimes.cn/content/910919.shtml。

25. 凯利·布朗（Kerry Brown），《新丝绸之路：中国夺回皇冠》（The New Silk Road: China reclaims its crown），《外交官》，2014 年 11 月 18 日刊，http://thediplomat.com/2014/11/the–new–silk–road–china–reclaims–its–crown/。

26. 奥利弗·施廷克尔（Oliver Stuenkel），《中国新丝绸之路的政治经济》（The Political Economy of China's New Silk Road），《后西方世界》（Post–Western World），2016 年 11 月 6 日，http://www.postwesternworld.com/2016/11/06/political–economy–chinas/。

27. 艾哈曼德·拉希德（Ahmed Rashid），《中国插手保护其在巴基斯坦的当地项目》（China steps in to protect its Pakistan project），《金融时报》，2016 年 10 月 28 日，https://www.ft.com/content/130717a0–352e–3af7–b1de–6f2cb8c77e00。

28. 亚历山大·库里（Alexander Cooley），《"一带一路"崛起的政治经济：促进中亚和中亚以外的联通所面临的挑战》（The Emerging Political Economy of OBOR: the challenges of promoting connectivity in Central Asia and beyond），战略和国际研究中心（Center for Strategic and International Studies），2016 年 10 月 24 日，https://www.csis.org/analysis/emerging–political–economy–obor。

29. 乔恩·李·安德森（Jon Lee Anderson），《指挥官的运河》（The Comandante's Canal），《纽约客》（The New Yorker），2014 年 3 月 10 日刊，http://www.newyorker.com/magazine/2014/03/10/the–comandantes–canal。

30. 同上。

31. 同上。

32. 克里斯多夫·P. 巴伯（Christopher P. Barber）等,《道路、森林砍伐及亚马逊保护区的舒缓效果》（Roads, deforestation, and the mitigating effect of protected areas in the Amazon）,《生物保护》（*Biological Conservation*）177（2014 年 9 月）, 203–9, http://www.sciencedirect.com/science/article/pii/S000632071400264X。

33. 杰克·比克内尔（Jake Bicknell）,《中国的两洋铁路或许两害相较取其轻》（China's Trans–Amazonian railway might be the lesser of two evils）,《对话》（*The Conversation*）, 2015 年 6 月 19 日刊, http://theconversation.com/chinas-trans-amazonian-railway-might-be-the-lesser-of-two-evils-43075。

34. 伊肯伯里,《自由主义利维坦：美利坚世界秩序的起源、危机和转型》第 343 页。

35. G. 约翰·伊肯伯里（G. John Ikenberry）,《地缘政治的幻觉：自由主义秩序的永恒权力》（The illusion of geopolitics: The enduring power of the liberal order）,《外交》杂志, 2014 年 5 月—6 月刊, https://www.foreignaffairs.com/articles/china/2014-04-17/illusion-geopolitics。

36. 米尔斯海默,《中国能否和平崛起？》

37. 尼古拉·K. 戈伐斯德夫（Nikolas K. Gvosdev）,《没有西方守候的世界》（World without the West watch）,《国家利益》, 2007 年 11 月 21 日刊, http://nationalinterest.org/commentary/rapid-reaction-world-without-the-west-watch-1879。

38. 辛西娅·罗伯茨（Cynthia Roberts）,《金砖国家是否建立起非西方的势力群体？》,《国家利益》, 2015 年 7 月 8 日刊, http://nationalinterest.org/feature/are-the-brics-building-non-western-concert-powers-13280?page=show。

39. 肖恩·米尔斯基（Sean Mirski）,《中国融入自由主义国际秩序的虚假承诺》（The false promise of Chinese integration into the liberal international order）,《国家利益》, 2014 年 12 月 3 日刊, http://nationalinterest.org/feature/the-false-promise-chinese-integration-the-liberal-11776?

第6章

1. 施廷克尔和托里诺，《调节干预：巴西和保护的责任》。

2. 理查德·K. 拜慈（Richard K. Betts），《制度帝国主义》（Institutional imperialism），《国家利益》，2011 年 5 月—6 月刊，http://nationalinterest.org/bookreview/institutional–imperialism–5176。

3. 豪尔赫·G. 卡斯塔涅达（Jorge G. Castañeda），《黄金时期尚未就绪》（Not ready for prime time），《外交》杂志，2010 年 9 月—10 月刊，https://www.foreignaffairs.com/articles/south–africa/2010–09–01/not–ready–prime–time。

4. 斯图尔特·帕特里克（Stewart Patrick），《不负责任的利益相关方？》（Irresponsible stakeholders?），《外交》杂志，2010 年 11 月—12 月刊，https://www.foreignaffairs.com/articles/south–africa/2010–11–01/irresponsible–stakeholders。

5. 阿查亚，《美国世界秩序的终结》，第 50 页。

6. 马修·泰勒（Matthew Taylor）和奥利弗·施廷克尔（Oliver Stuenkel），《全球舞台上的巴西：巴西挑战全球自由主义秩序的源头和后果》（Brazil on the global stage: Origins and consequences of Brazil's challenge to the global liberal order），节选自《全球舞台上的巴西》（*Brazil on the Global Stage*），New York: Palgrave Macmillan, 2015，第 1 至 16 页。

7. 理查德·K. 拜慈（Richard K. Betts），《制度帝国主义》（*Institutional imperialism*），《国家利益》，2011 年 5 月—6 月刊，http://nationalinterest.org/bookreview/institutional–imperialism–5176；兰德尔·L. 斯维勒（Randall L.Schweller），《国际秩序问题回顾：综述》（The problem of international order revisited: A review essay），《国际安全》（*International Security*）26, no. 1 (2011):161–86，http://www.mitpressjournals.org/doi/abs/10.1162/016228801753212886#.VhUJmflViko。

8. 伊肯伯里，《自由主义利维坦：美利坚世界秩序的起源、危机和转型》，第 7 页。

9. 拜慈，《制度帝国主义》。

10. 同上。

11. 孙云（Yun Sun），《中国的三点渴望：更多的影响力，更多的尊重，和更多的空间》（China's 3 desires: More influence, more respect, and more space），《国家利益》，2015 年 9 月 21 日刊，http://nationalinterest.org/blog/the-buzz/chinas-3-desires-more-influence-more-respect-more-space-13893。

12. 史蒂芬·M. 沃特（Stephen M. Walt），《美国时代的终结》（The end of the American era），《国家利益》，2011 年 11 月 —12 月 刊，http://nationalinterest.org/article/the-end-the-american-era-6037。

13. 约翰·F. 萨米斯（John F. Sammis），《使团代理团长约翰·F. 萨米斯在关于接受世界金融和经济危机及其对发展影响的联合国大会上发言》（Statement by John F. Sammis, Alternate Head of Delegation, on the adoption of the outcome at the United Nations Conference on the World Financial and Economic Crisis and Its Impact on Development），美国驻联合国使团（United States Mission to the United Nations），2009 年 6 月 26 日，http://usun.state.gov/remarks/4335。

14. 路德·韦奇伍德（Ruth Wedgwood），《给联合国一点竞争》（Give the United Nations a little competition），《纽约时报》，2005 年 12 月 5 日刊，http://www.nytimes.com/2005/12/05/opinion/give-the-united-nations-a-little-competition.html?_r=2。

15. 斯图尔特·M. 帕特里克（Stewart M.Patrick），《北京风格的当下创世中》（Present at the Creation, Beijing-style），《国际主义者报》（The Internationalist），2015 年 3 月 20 日 报 道，http://blogs.cfr.org/patrick/2015/03/20/present-at-the-creation-beijing-style/。

16. 莫伊塞斯·纳伊姆（Moisés Naím），《在 IMF 胜利的战场上，有一种殖民主义的恶臭》（In the IMF succession battle, a stench of colonialism），《华盛顿邮报》，2011 年 5 月 20 日刊，https://www.washingtonpost.com/opinions/in-the-imf-successionbattle-a-stench-of-colonialism/2011/05/19/AF5e6n7G_story.html。

17. 罗伯特·韦德（Robert Wade），《维持实力的艺术》（The art of power maintenance），《挑战》（*Challenge*）56，no. 1 (2014): 29。

18. 布鲁克斯和沃尔福斯，《失衡的世界：国际关系和美国首要地位的挑战》第 37 页。

19.《世界叫停西方规则》（The world calls time on western rules），《金融时报》，2014 年 8 月 1 日刊，http://www.ft.com/intl/cms/s/0/9205153a-196f-11e4-8730-00144feabdc0.html#axzz3mOoa2FFg。

20. 莱斯利·阿米霍(Leslie Armijo)和辛西娅·罗伯茨(Cynthia Roberts)，《新兴力量和全球治理：为什么金砖国家很重要》（The emerging powers and global governance: Why the BRICS matter），选自《新兴经济体手册》（*Handbook of Emerging Economies*），罗伯特·E. 鲁尼（Robert E. Looney）等编辑，NewYork: Routledge, 2014，第 524 页。

21. 英德拉尼·巴格姬（Indrani Bagchi），《金砖国家峰会：成员国抨击西方金融管理不当》（ BRICS summit: Member nations criticize the West for financial mismanagement），《印度时报》（*The Times of India*），2012 年 3 月 30 日报道，http://timesofindia.indiatimes.com/india/BRICS-summit-Member-nations-criticizes-the-Westfor-fi nancial-mismanagement/articleshow/12462502.cms。

22. 伊肯伯里，《自由主义利维坦：美利坚世界秩序的起源、危机和转型》，第 130 页。

23. 斯蒂芬·M. 沃尔特（Stephen M. Walt），《联合国安理会。忙些什么》（The U.N. Security Council. What's up with that），《外交政策》，2015 年 4 月 7 日刊，https://foreignpolicy.com/2015/04/07/the-u-n-security-council-whats-up-with-that/?wp_login_redirect=0。

第 7 章

1. 菲利普·史蒂芬斯（Philip Stephens），《美国不会被特朗普搞乱，而西方则不能幸免》(America can survive Trump. Not so the west.)，《金融时报》，

2016 年 11 月 10 日，https://www.ft.com/content/73313d4c-a68e-11e6-8898-79a99e2a4de6?mhq5j=e3。

2.《亚太经合组织工商领导人峰会：当各国领导人寻求自由贸易选择时习近平许诺经济开放》（APEC Summit: Xi Jinping pledge economic openness as leaders seek free trade options），ABC 新闻网（ABC News），2016 年 11 月 20 日，http://www.abc.net.au/news/2016-11-20/apec-summit-china-pledges-open-trade/8040736。

3. 习近平达沃斯世界经济论坛主旨演讲（Keynote speech at World Economic Forum in Davos）（世界经济论坛演讲，2017 年 1 月），https://america.cgtn.com/2017/01/17/full-text-of-xi-jinping-keynote-at-the-world-economic-forum。

4. 同上。

5. 皮里塔·克拉克（Pilita Clark）《中国警告特朗普不要放弃气候变化协定》（China warns Trump against abandoning climate change deal），《金融时报》，2016 年 11 月 11 日，https://www.ft.com/content/35803636-a82a-11e6-8898-79a99e2a4de6。

6. 皮里塔·克拉克（Pilita Clark），《欧盟和中国加强气候合作，反击美国的退缩》（EU and China strengthen climate ties to counter US retreat），《金融时报》，2017 年 5 月 31 日。

7. 詹宁·阿恩特（Channing Arndt），《随着绿色技术的蓬勃发展，中国能否领导应对气候变化？》（Will China lead on climate change as green technology booms?），《对话》（The Conversation），2016 年 11 月 21 日，http://theconversation.com/will-china-lead-on-climate-change-as-green-technology-booms-68795。

8. 奥利弗·施廷克尔（Oliver Stuenkel），《金砖国家同盟还有何重要性》，《对话》（The Conversation），2016 年 10 月 18 日，http://theconversation.com/why-the-brics-coalition-still-matters-67202。

9. 2014 年金砖国家福塔雷萨峰会合规报告（2014 BRICS Fortaleza Summit

Compliance Report），http://www.brics.utoronto.ca/compliance/2014-fortaleza.
html。

10. 中国外交部《2017 年金砖国家协调人第一次会议成功举办》（2017
First BRICS Sherpa Meeting Concludes Successfully），2017 年 2 月 24 日，
http://www.fmprc.gov.cn/mfa_eng/zxxx_662805/t1441981.shtml。

11. 玛格丽特·梅尔斯（Margaret Myers），《2014 年中国对拉美和
加勒比提供的贷款：重点观察》（Chinese Lending to LAC in 2014: key
Findings），"美洲对话"智库"中拉关系研究室"项目（China and Latin
America），2015 年 2 月 27 日，https://chinaandlatinamerica.com/2015/02/27/chinese-
lending-to-lac-in-2014-key-findings/。

12. 王毅，《面向中美新型大国关系》（Toward a New Model of Major-
Country Relations Between China and the United States），布鲁金斯学会演讲，
2013 年 9 月，https://www.brookings.edu/wp-content/uploads/2013/09/wang-yi-
english-prepared-remarks.pdf。

13. 奥利弗·施廷克尔（Oliver Stuenkel），《评查尔斯·肯尼〈颠
倒：为何世界的崛起有利西方〉一书》（Book review: "Why the Rise of the
Rest Is Good for the West" by Charles Kenny），《后西方世界》（Post-Western
World），2014 年 6 月 21 日，http://www.postwesternworld.com/2014/06/21/
review-charles-kenny/。

14. 查尔斯·肯尼（Charles Kenny），《美国成为第二名！这个消息棒极了》
（America in No. 2! And that's great news），《华盛顿邮报》，2014 年 1 月 17
日，http://www.washingtonpost.com/opinions/america-is-no-2-and-thats-great-
news/2014/01/17/09c10f50-7c97-11e3-9556-4a4bf7bcbd84_story.html。

15. 奥利弗·施廷克尔（Oliver Stuenkel）《评亨利·基辛格〈世界秩
序〉一书》，2015 年 1 月 7 日，http://www.postwesternworld.com/2015/07/07/
review-henry-kissinger/。

16. 狄雨霏（Didi Kirsten Tatlow），《问答：柯伟林谈"中国能领导世
界吗？"》，《纽约时报》专栏"汉文化圈——来自中国的消息"（Sinosphere

– *dispatches from China*），2014 年 6 月 25 日，https://sinosphere.blogs.nytimes.com/2014/06/25/q-and-a-william-c-kirby-on-can-china-lead/?_r=1。

第 8 章

1. 扎卡里·卡拉贝尔（Zachary Karabell），《我们对新兴世界的帝国主义式蔑视》（Our imperial disdain for the emerging world），路透社 2013 年 8 月 23 日报道，http://blogs.reuters.com/edgy-optimist/2013/08/23/our-imperial-disdain-forthe-emerging-world/。

2. 加雷斯·埃文斯（Gareth Evans），《责任并保护》（Responsibility While Protecting），《评论汇编》（*Project Syndicate*），2012 年 1 月 27 日刊，http://www.project-syndicate.org/commentary/responsibility-while-protecting。

3. 奥利弗·施廷克尔（Oliver Stuenkel）和马科斯·托里诺（Marcos Tourinho）和萨拉·布洛克米尔（Sarah Brockmeier），《责任并保护：R2P 实施的改进》（Responsibility While Protecting: Reforming R2P Implementation），《全球社会》（*Global Society*）30，no. 1 (2016)，http://www.tandfonline.com/doi/full/10.1080/13600826.2015.1094452#.Vmr3JUorIdU。

4. 托里诺，《超越扩张》，第 282 页。

致　谢

　　我要感谢在圣保罗和里约热内卢热图力奥·瓦加斯基金会（FGV）随我学习的研究生、大学生和管理生，还要感谢来自世界各地的交换生，他们在与我讨论的过程中提出了自己的见解和批评建议，为本书做出很大的贡献。

　　特别感谢阿米塔·阿查亚（Amitav Acharya）的支持。如果没有他，这本书就不会问世。同样，在写作本书的过程中，政体出版社（Polity Press）的路易斯·奈特（Louise Knight）和涅加涅·田中·加尔多斯（Nekane Tanaka Galdos）给予的鼓励也至关重要。

　　过去一年里，我在不同场合与人探讨过本书中提出的想法，感谢布卢明顿印第安纳大学的苏米特·甘古利（Sumit Ganguly）邀请我做了一次了不起的讨论。我在罗马国际社会科学自由大学（LUISS）做访问教授期间，拉斐尔·马尔凯蒂（Raffaele Marchetti）作为东道主极尽热情，在那里我才有时间撰写并展示自己的研究成果。巴西应用经济研究所（IPEA）的雷纳托·鲍曼（Renato Baumann）亲切邀请我随巴西代表团参加在莫斯科举行的金砖国家学术论坛，我在那里听取了有益的意见，特别是俄罗斯政策制定者和来自新德里的印度观察家研究基金会（ORF）朋友们的意见。宝拉·阿尔梅达（Paula Almeida）邀请我到里约热内卢FGV法学院探讨我的研究成果。罗宾·尼布赖特（Robin Niblett）邀请我参加查塔姆研究所伦敦会议，给了我很好的机会，与来自世界各地的政策制定者探讨我的想法。汤姆·卡罗瑟斯（Tom Carothers）和理查德·扬斯（Richard Youngs）是新兴民主国家网络（Carnegie

Rising Democracies Network）的协调人，我也隶属于该组织。他们在巴厘岛、圣保罗和布鲁塞尔组织了三场别开生面的会议，使我有机会与前政策制定者和学者就本书的部分想法做探讨。法国外交部的让－巴蒂斯特·珍宁·威尔莫（Jean-Baptiste Jeangene Vilmer）邀请我到巴黎政治学院，参加了一场非常棒的讨论。

我是全球公共政策研究所（GPPi）的访问学者。这里的托尔斯腾·班纳（Thorsten Benner）给予了我极大的支持，提出了有益的建议，还腾出在柏林布满绿植的阳台供我写作本书。马科斯·托里诺（Marcos Tourinho）、艾伦·亚历山大洛夫（Alan Alexandroff）、亚历山大·莫雷利（Alexandre Moreli）、若昂·马塞洛·玛雅（João Marcelo Maia）和伊莲娜·拉萨罗（Elena Lazaro）在不同场合给出很多有用的评述。我在圣保罗的同事马蒂亚斯·斯贝克托（Matias Spektor）在各个方面引导我，给我精神上的支持，激励我。玛格丽塔·科斯科娃（Margarita Kostkova）和埃尔蒙特（Al Montero）阅读了本书草稿，亲切地提出意见。我还对政体出版社那些匿名的审稿人心怀感激。但是，本书的一切不足都应由我一人承担。

我要特别感谢乔伊斯·巴巴莱斯科（Joice Barbaresco）、古瑟拉·佩雷拉（Guísela Pereira）、安娜·帕特里夏·席尔瓦（Ana Patrícia Silva）、恩惠金（Eun Hye Kim）、莱安德罗·斯特里尼（Leandro Silvestrini）、若昂·特奥菲罗（João Teófilo）和艾伦·葛雷孔（Allan Greicon）的研究支持，感谢他们保证我们圣保罗办公室能够正常运作。我还要感谢切尔索·卡斯特罗（Celso Castro），感谢他过去五年里给予的支持和鼓励。

玛丽塔·佩德里拉（Marita Pedreira）和赫利奥·佩德里拉（Hélio Pedreira）在马利西亚斯提供的住所是极佳的写作和休息的地方，玛丽艾莎·黛拉科斯塔（Marielza Della Costa）和马塞洛·黛拉科斯塔（Marcelo Della Costa）在新弗莱堡的住处也同样美好。

另外还有几位也极为重要——主要是把我从书桌前拉走——包括赛斯·古克（Seth Kugel）、莱安德罗·皮盖（Leandro Piquet）、弗拉韦娅·古拉特（Flavia Goulart）、安德鲁·道尼（Andrew Downie）、汉娜·梅瑞莱斯（Hanna Meirelles）、法比奥·卢比奥（Fabio Rubio）、帕特里克·施利佩尔（Patrick Schlieper）以及我的姐妹和父母。我的妻子比阿特丽斯（Beatriz）一直以来都对我无比支持，她对本书的若干章节提出了批评意见。她的工作时时提醒我，政治实践主义者有时比做学术要求还高。谨以此书献给我们家中的三位新成员安娜、贾恩和卡琳哈，他们将在后西方世界中成长。

奥利弗·黛拉格科斯塔·施廷克尔写于圣保罗

2016 年 2 月